工程法律实务丛书

建设工程结算诉讼实务与案例解析

（第三版）

吴咸亮　濮新民　卢鹏鹏　陈雷　等　主编

中国建筑工业出版社

图书在版编目（CIP）数据

建设工程结算诉讼实务与案例解析 / 吴咸亮等主编.
3 版 . -- 北京：中国建筑工业出版社，2025. 4.（2025. 9 重印）
（工程法律实务丛书）. -- ISBN 978-7-112-31041-8
　Ⅰ. D922.591.5
中国国家版本馆 CIP 数据核字第 202543UN86 号

　　工程款结算问题是建设工程施工纠纷中最重要的话题，对发承包方事关重大，如何结算工程款也同样是律师、法务人员、法官、仲裁员等关注的问题。本书分析了 76 个不同的工程款结算问题，每个问题均按照有关规定、实务提醒、相关案例三部分进行了介绍，做到了理论与实际相结合，具有很强的可读性。本书可供各类建筑施工、工程承包、项目管理企业、工程造价、房地产开发企业分管副总经理、总法律顾问（法务总监、法务主管），合同管理、造价预算、经营部门负责人、项目经理等学习参考。

　　为了更好地服务于读者，我们建立了读者交流群，有兴趣的读者可与编辑联系。微信号：13683541163，邮箱：5562990@qq.com。

　　责任编辑：周娟华
　　责任校对：芦欣甜

工程法律实务丛书
建设工程结算诉讼实务
与案例解析
（第三版）
吴咸亮　濮新民　卢鹏鹏　陈雷　等　主编
*
中国建筑工业出版社出版、发行（北京海淀三里河路 9 号）
各地新华书店、建筑书店经销
北京鸿文瀚海文化传媒有限公司制版
廊坊市文峰档案印务有限公司印刷
*
开本：787 毫米×1092 毫米　1/16　印张：16½　字数：377 千字
2025 年 6 月第三版　　2025 年 9 月第五次印刷
定价：**78.00** 元
ISBN 978-7-112-31041-8
（44712）

本书编委会

主　编:

濮新民　石言兵　石艳田　梁勤勤　刘红芬
戚兆波　王波涛　张霄霄　卢鹏鹏　陈　雷
赵　军　吴咸亮

副主编:

郭　力　兰新华　欧阳赞　吴立宏　王恒俊

参　编:

陈清标　丁庆林　高　俏　李　莉　韩　淼
李　兴　凌秀红　刘　飞　刘智声　彭自力
王　军　吴立成　原　鹏　张培连　张素玲
周君席　傅蕾蕾　田　伟　陈章明

第三版前言

《建设工程结算诉讼实务与案例解析》第一版、第二版受到了广大读者的好评，为答谢广大读者对本书的厚爱，本书编者在第一版和第二版的基础上，对相关内容进行了修订，在原来 70 个问题的基础上重点增加了停窝工损失索赔等 6 个问题，形成了本书第三版。

随着"一典两解"〔《中华人民共和国民法典》《最高人民法院关于审理建设工程施工合同纠纷案件适用法律问题的解释（一）》（法释〔2020〕25 号）、《最高人民法院关于适用〈中华人民共和国民法典〉合同编通则若干问题的解释》（法释〔2023〕13 号）〕及"新清单"《建设工程工程量清单计价标准》GB/T 50500—2024）的出台，广大建工法律人对新知识的学习热情和需求很高。为此，本书内容新增了"一典两解"及"新清单"相关的知识点，便于读者学习和查阅。

特别需要说明的是，本书相关规定部分不仅新增了"一典两解"及"新清单"相关内容，而且仍然保留了已经废止的《中华人民共和国合同法》《中华人民共和国民法总则》《最高人民法院关于审理建设工程施工合同纠纷案件适用法律问题的解释》（法释〔2004〕14 号）、《最高人民法院关于审理建设工程施工合同纠纷案件适用法律问题的解释（二）》（法释〔2018〕20 号）等相关条款，目的是便于读者对于法律规定前后变化的阅读和理解，同时，也是发布《最高人民法院关于适用〈中华人民共和国民法典〉时间效力的若干规定》的原因。

本书编者水平有限，不妥和不足之处在所难免，恳请各位读者批评指正。

吴咸亮

第二版前言

最近几年，建设工程诉讼实务越来越受到律师、房地产开发公司及建筑施工企业的法务与管理人员、法官和仲裁员的重视。工程结算问题是建设工程诉讼实务中最重要的话题，对发、承包方事关重大。然而，现实情况是懂工程的不懂法律，懂法律的不懂工程，法律对工程人员来说很深奥，工程对法律人员来说也很晦涩。怎样把法律和工程两者通俗地结合在一起，怎样解决工程法律人员增多与相关书籍匮乏的矛盾，这就是编写本书的原因。

本书以司法裁判的"三驾马车"理论为视角，结合案例分析的"立体思维"方法，从法律规定、实务提醒、相关案例等多维度，针对工程结算中经常出现的一些疑难问题，进行了通俗易懂的分析。

司法裁判的"三驾马车"理论是作者独创。中国古代"驾"的意思是"匹"，"三驾马车"是指三匹马为一组拉的一辆车。如果把司法裁判活动看作一辆马车，那么"法律""事实""当事人的意思表示"就是这辆马车的三匹马，"公平正义"是这辆马车的目的地。任何案件的判决都应该坚持尊重法律、坚持尊重事实、坚持尊重当事人的意思表示，在这"三个坚持"的基本原则下，尽量达到公平正义的目的，可以说，"三驾马车"的裁判规则是一切案件的最高裁判规则。

本书分为上、下两篇以及附录。上篇从相关规定、实务提醒、相关案例三个方面解析了工程结算实务中存在的 70 个疑难问题；下篇介绍了运用"三驾马车"理论分析工程结算的 4 个典型实例。附录中将与工程结算有关的法律法规做了汇总。本书注重理论与实际相结合，案例与法规相对照，具有很强的可读性。

本书的读者对象是从事建设工程相关工作的律师、房地产开发公司及建筑公司法务和管理人员、法官、仲裁员，特别是对建设工程法律的初学者更为适用。

本书具有如下特色：①专题性：本书重点是工程结算；②独创性："三驾马车"理论是独创；③实用性：律师及法务人员在实践中经常使用；④通俗性：通俗易懂是本书的最大特点。

阅读本书需要注意的问题如下：

（1）书中每一个案例，都只是根据需要截取了其中有用的一小部分，目的在于说明一个裁判观点。这个观点不要放大来看，如果放在整个案件中来看，也许就是错的，仅借这个案件引出和说明这个裁判观点而已。

（2）一定要树立一个观念：建设工程施工合同纠纷案件没有绝对正确的标准答案，只有更接近公平的相对答案，不要寻求唯一正确的标准答案，每个案件都会有两种以上观点。

（3）本书相关规定部分，不仅列举了《中华人民共和国民法典》《最高人民法院关于审理建设工程施工合同纠纷案件适用法律问题的解释（一）》的条款，而且保留了已经废止的《中华人民共和国合同法》《中华人民共和国民法总则》❶《最高人民法院关于审理建设工程施工合同纠纷案件适用法律问题的解释》（法释〔2004〕14号）、《最高人民法院关于审理建设工程施工合同纠纷案件适用法律问题的解释（二）》（法释〔2018〕20号）的条款，目的是便于读者对于法律规定前后变化的理解与阅读。同时，也是因为《最高人民法院关于适用〈中华人民共和国民法典〉时间效力的若干规定》中规定"民法典施行前的法律事实引起的民事纠纷案件，适用当时的法律、司法解释的规定，但是法律、司法解释另有规定的除外❷。"

限于时间和作者水平，疏漏和不妥之处在所难免，恳请读者和有识之士批评指正。

吴咸亮

---

❶ 《中华人民共和国民法典》第一千二百六十条，本法自 2021 年 1 月 1 日起施行。《中华人民共和国婚姻法》《中华人民共和国继承法》《中华人民共和国民法通则》《中华人民共和国收养法》《中华人民共和国担保法》《中华人民共和国合同法》《中华人民共和国物权法》《中华人民共和国侵权责任法》《中华人民共和国民法总则》同时废止。

❷ 参见《最高人民法院关于适用〈中华人民共和国民法典〉时间效力的若干规定》第一条、第二条、第三条、第四条的规定。

目 录

下篇 "三驾马车"理论在实务中的运用实例四则 / 238

后记 / 248

作者简介 / 249

绪 论

1. 建设工程案件的特点

建设工程案件的特点是三多三高，三多是指涉及的当事人多、法律关系多、专业名词多；三高是指案件上诉率高、改判率高、发回重审率高。很多建设工程专业人员，面对众多的法律关系理不清头绪，面对众多的当事人找不到重点，面对众多的专业术语一脸茫然。虽然每一个汉字都认识，但是这些汉字连在一起就不知道是什么意思了。特别是对于工程结算方面，出现了各种各样的疑难问题，而对于这些问题，理论界和实务界又出现了很多不同的观点和看法。在这种情况下，理清这些问题以及这些问题的解决思路，就显得尤为重要。

2. 司法裁判的"三驾马车"理论

"三驾马车"是指三匹马拉一辆车。中国古代以拉车的马匹的多少来区分地位。所谓"三驾马车"，不是说三辆马拉的车，而是说三匹马为一组拉的一辆车，一共有三匹马和两根缰绳。

公平正义是司法裁判追求的最终目的地。任何案件的判决都应该坚持尊重法律、坚持尊重事实、坚持尊重当事人的意思表示，在此前提之下，尽量达到公平正义的目的。如果说"法律""事实""当事人的意思表示"是三驾马车的"三匹马"，"诚实信用原则"和"保护善意原则"则是驾车人手里的"两根缰绳"，裁判者正是手里拉着"两根缰绳"，驾驶着"三匹马"，平衡着车辆的前进方向，最终到达公平正义的目的地。

如果你坚持尊重法律，按照法律来判，得出一个不符合公平正义的结论，那肯定不是法律的错，是你用错了法律；如果你坚持尊重事实，按照事实来判，得出一个不符合公平正义的结论，那你断定的事实肯定不是事实，而只是一个角度；如果你坚持尊重当事人的意思表示，得出一个不符合公平正义的结论，那这个意思表示肯定是被掩盖了的虚假表示，你看到的仅仅是一种角度，听到的仅仅是一种观点。

3. 案例分析的"立体思维"方法

由于建设工程案件的复杂性和疑难性，决定了律师、公司法务、裁判人员并没有足够的工程知识作出完全准确的判断，这时相关的案例就会起到很好的作用。相信很多律师都有过类似的经历，开庭之前准备了好几天，开庭过程中激烈辩论了几小时，不如对方拿出来一个现成的判决书。与本案类似的案例判决里面的裁判观点，很可能会起到更大的作用。

所谓的"立体思维"分析法，指的是拿到一个案例或者遇到一个问题后，先正面思考分析，得出一个结论；再从相反的角度进行逆向思考，分析得出一个相反的结论；在正向思维和逆向思维的分析过程中，再从其他不同的角度侧方位地寻找问题、分析问题，得出一个或几个其他的结论。然后，对这些结论进行比较、对照、分析，以确定一个更合理的结论。

下面从一份最高人民法院的裁定来看建设工程案件的特点，兼谈案例分析的"立体思维"方法。

中华人民共和国最高人民法院

民 事 裁 定 书

〔2016〕最高法民辖 37 号

原告：龙某，男，汉族，住重庆市璧山区。

被告：陈某，男，汉族，住重庆市北碚区。

被告：杨某，女，汉族，住重庆市北碚区。

原告龙某诉被告陈某、杨某劳务合同纠纷一案，重庆市北碚区人民法院于 2015 年 7 月 14 日立案。龙某诉称，原告为被告承包的装饰工程提供劳务工作。双方于 2014 年 2 月 26 日结算后，被告欠原告人工费 368367 元。之后，被告支付了 191000 元，尚欠原告人工费 177367 元。原告多次催收，此款未果，请求判令：被告支付原告人工费 177367 元，以及以 177367 元为基数，从 2014 年 2 月 26 日起至欠款付清时止的利息；诉讼费由被告承担。

重庆市北碚区人民法院认为，根据被告提交的证据可认定其经常居住地为重庆市九龙坡区，因双方未约定合同履行地，接收货币一方，即本案原告的住所地在重庆市璧山区，故本案被告住所地及合同履行地均不在重庆市北碚区，重庆市北碚区人民法院对本案无管辖权。该院于 2015 年 9 月 25 日作出〔2015〕碚法民管异初字第 00218 号民事裁定：本案移送重庆市九龙坡区人民法院审理。

2016 年 8 月 8 日，重庆市高级人民法院认为本案为装饰装修合同纠纷，属于建设工程施工合同纠纷专属管辖范畴，应由工程所在地的贵州省六盘水市钟山区人民法院管辖，报请本院指定管辖。

最高人民法院认为，本案中原告龙某以个人名义给装饰工程承包方提供劳务，《工程量收方统计表》《贵州省六盘水乐美时尚购物中心装饰工程木工人工费单价》等证据中注明了各项劳务的费用，以及按照龙某完成的工作量应向其支付的劳务费数额。龙某起诉请求支付该笔劳务费，属于在履行劳务合同过程中产生的纠纷。双方争议不符合装饰装修合同纠纷特点，不适用《最高人民法院关于适用〈中华人民共和国民事诉讼法〉的解释》第二十八条第二款关于建设工程施工合同纠纷按照不动产纠纷专属管辖的规定。作为劳务合同纠纷，应按照《中华人民共和国民事诉讼法》第二十三条的规定，由被告住所地或者合同履行地人民法院管辖。重庆市九龙坡区人民法院作为被告经常居住地人民法院，对本案有管辖权。

依照《中华人民共和国民事诉讼法》第三十六条规定，裁定如下：本案由重庆市九龙坡区人民法院审理。

本裁定一经作出即生效。

【逆向思考：从反向思考，找出一个相反的结论】三级法院裁定是否存在问题？（说明：笔者是借此案例探讨建设工程的复杂性，并不是评判该裁判结论正确与否。在不了解案件证据的情况下评判裁判对错，也是没有任何依据的。）

（1）原告的身份：是提供劳务者个人？还是实际施工人？"以个人名义提供劳务就是个人劳务"吗？个人劳务与实际施工人工程款根本的区别是：个人的劳务叫劳务，班组的劳务叫工程款，到法院来帮别人要劳务是不太合适的。

（2）案由：本案是劳务纠纷、装饰装修合同纠纷、建设工程分包合同纠纷，还是建设工程施工合同纠纷？

（3）本案可能存在的法律关系：发包方——（装饰装修合同关系）——某公司——（挂靠、转包、违法分包）——承包方即被告——（违法分包或转包关系）——实际施工人即原告——（劳务关系）——劳动者个人。

【侧方位思考：换个角度再思考问题中的问题】装饰装修合同纠纷由不动产所在地人民法院管辖还是被告所在地管辖？

【案例索引】《张庭瑜诉曾华强装饰装修合同纠纷案》（〔2017〕最高法民再13号）

装饰装修合同纠纷由不动产所在地人民法院管辖还是被告所在地管辖，江西省高级人民法院和中华人民共和国最高人民法院也持不同意见。

江西省高级人民法院审查认为，本案属于装饰装修合同纠纷，不属于不动产纠纷，且合同履行地难以确定，被告住所地在福建省厦门市，故江西省南昌市中级人民法院对本案没有管辖权。故予以驳回。

中华人民共和国最高人民法院认为，本案系装饰装修合同纠纷，根据《民事案件案由规定》，属于第三级案由中建设工程合同纠纷项下的第四级案由，是与建设工程施工合同纠纷相关的案件，由不动产所在地人民法院管辖。

4. 有关工程价款的常用名词

名词1：固定总价

《建设工程价款结算暂行办法》第八条　发、承包人在签订合同时对于工程价款的约定，可选用下列一种约定方式：（一）固定总价。合同工期较短且工程合同总价较低的工程，可以采用固定总价合同方式。

名词2：总价合同

一、《建设工程工程量清单计价规范》（GB 50500—2013）

2.0.12　总价合同

发、承包双方约定以施工图及其预算和有关条件进行合同价款计算、调整和确认的建设工程施工合同。

二、《建设工程施工合同（示范文本）》（GF—2017—0201）

12.1.2　总价合同

总价合同是指合同当事人约定以施工图、已标价工程量清单或预算书及有关条件进行合同价格计算、调整和确认的建设工程施工合同，在约定的范围内合同总价不作调整。合同当事人应在专用合同条款中约定总价包含的风险范围和风险费用的计算方法，并约定风险范围以外的合同价格的调整方法，其中因市场价格波动引起的调整按第11.1款〔市场价格波动引起的调整〕、因法律变化引起的调整按第11.2款〔法律变化引起的调整〕约定执行。

三、《建设工程工程量清单计价标准》（GB/T 50500—2024）

2.0.7　总价合同

发承包双方约定以合同图纸、合同规范进行合同价款计算、调整和确认的建设工程施工合同。总价合同在约定的范围内合同总价不作调整。

名词3：固定单价

《建设工程价款结算暂行办法》

第八条　发、承包人在签订合同时对于工程价款的约定，可选用下列一种约定方式：（二）固定单价。双方在合同中约定综合单价包含的风险范围和风险费用的计算方法，在约定的风险范围内综合单价不再调整。风险范围以外的综合单价调整方法，应当在合同中约定。

名词4：单价合同

一、《建设工程工程量清单计价规范》（GB 50500—2013）

2.0.11　单价合同

发承包双方约定以工程量清单及其综合单价进行合同价款计算、调整和确认的建设工程施工合同。

二、《建设工程施工合同（示范文本）》（GF—2017—0201）

12.1.1　单价合同

单价合同是指合同当事人约定以工程量清单及其综合单价进行合同价格计算、调整和确认的建设工程施工合同，在约定的范围内合同单价不作调整。合同当事人应在专用合同条款中约定综合单价包含的风险范围和风险费用的计算方法，并约定风险范围以外的合同价格的调整方法，其中因市场价格波动引起的调整按第 11.1 款〔市场价格波动引起的调整〕约定执行。

三、《建设工程工程量清单计价标准》（GB/T 50500—2024）

2.0.6　单价合同

发承包双方约定以工程量清单、项目特征及其综合单价进行合同价款计算、调整和确认的建设工程施工合同。单价合同在约定的范围内合同单价不作调整。

名词 5：可调价

一、《建设工程价款结算暂行办法》

第八条　发、承包人在签订合同时对于工程价款的约定，可选用下列一种约定方式：（三）可调价格。可调价格包括可调综合单价和措施费等，双方应在合同中约定综合单价和措施费的调整方法，调整因素包括：1. 法律、行政法规和国家有关政策变化影响合同价款；2. 工程造价管理机构的价格调整；3. 经批准的设计变更；4. 发包人更改经审定批准的施工组织设计（修正错误除外）造成费用增加；5. 双方约定的其他因素。

二、《建设工程施工合同（示范文本）》（GF—2017—0201）

1.13　工程量清单错误的修正

除专用合同条款另有约定外，发包人提供的工程量清单，应被认为是准确的和完整的。出现下列情形之一时，发包人应予以修正，并相应调整合同价格：

（1）工程量清单存在缺项、漏项的；

（2）工程量清单偏差超出专用合同条款约定的工程量偏差范围的；

（3）未按照国家现行计量规范强制性规定计量的。

名词 6：定额价

一、《建设工程定额管理办法》（建标〔2015〕230 号）

第三条　本办法所称定额是指在正常施工条件下完成规定计量单位的合格建筑安装工程所消耗的人工、材料、施工机具台班、工期天数及相关费率等的数量基准。

定额是国有资金投资工程编制投资估算、设计概算和最高投标限价的依据，对其他工程仅供参考。

二、《建设工程工程量清单计价规范》（GB 50500—2013）

2.0.33　企业定额

施工企业根据本企业的施工技术、机械装备和管理水平而编制的人工、材料和施工机械台班等的消耗标准。

名词 7：指导价

一、《中华人民共和国民法典》

第五百一十一条　当事人就有关合同内容约定不明确，依据前条规定仍不能确定的，适用下列规定：

（二）价款或者报酬不明确的，按照订立合同时履行地的市场价格履行；依法应当执行政府定价或者政府指导价的，依照规定履行。

第五百一十三条　执行政府定价或者政府指导价的，在合同约定的交付期限内政府价格调整时，按照交付时的价格计价。逾期交付标的物的，遇价格上涨时，按照原价格执行；价格下降时，按照新价格执行。逾期提取标的物或者逾期付款的，遇价格上涨时，按照新价格执行；价格下降时，按照原价格执行。

二、《中华人民共和国价格法》

第六条　商品价格和服务价格，除依照本法第十八条规定适用政府指导价或者政府定价外，实行市场调节价，由经营者依照本法自主制定。

名词 8：市场价

一、《建设工程施工合同（示范文本）》（GF—2017—0201）

11.1　市场价格波动引起的调整

除专用合同条款另有约定外，市场价格波动超过合同当事人约定的范围，合同价格应当调整。合同当事人可以在专用合同条款中约定选择以下一种方式对合同价格进行调整。

二、《中华人民共和国价格法》

第六条　商品价格和服务价格，除依照本法第十八条规定适用政府指导价或者政府定价外，实行市场调节价，由经营者依照本法自主制定。

名词 9：清单计价

一、《建设工程工程量清单计价规范》（GB 50500—2013）

3.1.1　使用国有资金投资的建设工程发承包，必须采用工程量清单计价。

3.1.2　非国有资金投资的建设工程，宜采用工程量清单计价。

3.1.3　不采用工程量清单计价的建设工程，应执行本规范除工程量清单等专门性规定外的其他规定。

二、《建设工程工程量清单计价标准》（GB/T 50500—2024）

3.1.1　建设工程施工发承包的工程计量与计价应符合以下规定：

1　使用财政资金或国有资金投资的建设工程，应按国家及行业工程量计算标准编制工程量清单，采用工程量清单计价；

2 非使用财政资金或国有投资的建设工程，宜按国家及行业工程量计算标准编制工程量清单，采用工程量清单计价。

名词10：综合单价

一、《建设工程工程量清单计价规范》（GB 50500—2013）

3.1.4 工程量清单应采用综合单价计价。

3.1.5 措施项目中的安全文明施工费必须按国家或省级、行业建设主管部门的规定计算，不得作为竞争性费用。

3.1.6 规费和税金必须按国家或省级、行业建设主管部门的规定计算，不得作为竞争性费用。

二、《建设工程工程量清单计价标准》（GB/T 50500—2024）

3.1.5 工程量清单的清单项目价款确定可采用单价计价、总价计价方式。根据工程项目特点及实际情况不宜采用单价计价、总价计价方式的，可采用费率计价等其他计价方式，并应在招标文件和合同文件中对其计价要求、价款调整规则等予以说明。

3.1.6 工程量清单的清单项目综合单价及合价应为不含增值税的税前全费用价格，由人工费、材料费、施工机具使用费、管理费、利润等组成，包括相应清单项目约定或合理范围的风险费，以及不可或缺的辅助工作所需的费用；清单项目的税金应填写在增值税中，但其他项目清单中的专业工程暂估价已含增值税，工程量清单的增值税中不应再计取其相应税金。

名词11：概算价

《建设工程工程量清单计价规范》（GB 50500—2013）

5.1.5 当招标控制价超过批准的概算时，招标人应将其报原概算审批部门审核。

名词12：投标价

一、《建设工程工程量清单计价规范》（GB 50500—2013）

2.0.46 投标价

投标人投标时响应招标文件要求所报出的对已标价工程量清单汇总后标明的总价。

二、《建设工程工程量清单计价标准》（GB/T 50500—2024）

2.0.20 投标价

投标人投标时响应招标工程设计文件及技术标准规范、招标工程量清单、招标文件的合同条款等要求，在投标文件中的投标总价及已标价工程量清单中标明的合价及其综合单价等价格。

名词 13：招标控制价

一、《建设工程工程量清单计价规范》（GB 50500—2013）

2.0.45 招标控制价

招标人根据国家或省级、行业建设主管部门颁发的有关计价依据和办法，以及拟定的招标文件和招标工程量清单，结合工程具体情况编制的招标工程的最高投标限价。

二、《建设工程工程量清单计价标准》（GB/T 50500—2024）

2.0.19 最高投标限价

招标人根据国家法律法规及相关标准、建设主管部门的有关规定，以及拟定的招标文件和招标工程量清单，并结合工程实际情况，按照本标准规定编制的，限定投标人投标报价的最高价格。

名词 14：标底价

《中华人民共和国招标投标法》

第二十二条 招标人不得向他人透露已获取招标文件的潜在投标人的名称、数量以及可能影响公平竞争的有关招标投标的其他情况。

招标人设有标底的，标底必须保密。

名词 15：合同价

《建设工程施工合同（示范文本）》（GF—2017—0201）

1.1.5.1 签约合同价：是指发包人和承包人在合同协议书中确定的总金额，包括安全文明施工费、暂估价及暂列金额等。

1.1.5.2 合同价格：是指发包人用于支付承包人按照合同约定完成承包范围内全部工作的金额，包括合同履行过程中按合同约定发生的价格变化。

5. 有关工程价款结算的常用名词

名词 1：工程价款结算

《建设工程价款结算暂行办法》（财建〔2004〕369 号）

第三条 本办法所称建设工程价款结算（以下简称"工程价款结算"），是指对建设工程的发承包合同价款进行约定和依据合同约定进行工程预付款、工程进度款、工程竣工价款结算的活动。

名词2：预付款

《建设工程施工合同（示范文本）》（GF—2017—0201）

12.2 预付款

12.2.1 预付款的支付

预付款的支付按照专用合同条款约定执行，但至迟应在开工通知载明的开工日期 7 天前支付。预付款应当用于材料、工程设备、施工设备的采购及修建临时工程、组织施工队伍进场等。

除专用合同条款另有约定外，预付款在进度付款中同比例扣回。在颁发工程接收证书前，提前解除合同的，尚未扣完的预付款应与合同价款一并结算。

发包人逾期支付预付款超过 7 天的，承包人有权向发包人发出要求预付的催告通知，发包人收到通知后 7 天内仍未支付的，承包人有权暂停施工，并按第 16.1.1 项〔发包人违约的情形〕执行。

12.2.2 预付款担保

发包人要求承包人提供预付款担保的，承包人应在发包人支付预付款 7 天前提供预付款担保，专用合同条款另有约定除外。预付款担保可采用银行保函、担保公司担保等形式，具体由合同当事人在专用合同条款中约定。在预付款完全扣回之前，承包人应保证预付款担保持续有效。

发包人在工程款中逐期扣回预付款后，预付款担保额度应相应减少，但剩余的预付款担保金额不得低于未被扣回的预付款金额。

名词3：工程进度款

一、《建设工程价款结算暂行办法》（财建〔2004〕369 号）

第十三条 工程进度款结算与支付应当符合下列规定：

（一）工程进度款结算方式

1. 按月结算与支付。即实行按月支付进度款，竣工后清算的办法。合同工期在两个年度以上的工程，在年终进行工程盘点，办理年度结算。

2. 分段结算与支付。即当年开工、当年不能竣工的工程按照工程形象进度，划分不同阶段支付工程进度款。具体划分在合同中明确。

（二）工程量计算

1. 承包人应当按照合同约定的方法和时间，向发包人提交已完工程量的报告。发包人接到报告后 14 天内核实已完工程量，并在核实前 1 天通知承包人，承包人应提供条件并派人参加核实，承包人收到通知后不参加核实，以发包人核实的工程量作为工程价款支付的依据。发包人不按约定时间通知承包人，致使承包人未能参加核实，核实结果无效。

2. 发包人收到承包人报告后14天内未核实完工程量，从第15天起，承包人报告的工程量即视为被确认，作为工程价款支付的依据，双方合同另有约定的，按合同执行。

3. 对承包人超出设计图纸（含设计变更）范围和因承包人原因造成返工的工程量，发包人不予计量。

（三）工程进度款支付

1. 根据确定的工程计量结果，承包人向发包人提出支付工程进度款申请，14天内，发包人应按不低于工程价款的60%，不高于工程价款的90%向承包人支付工程进度款。按约定时间发包人应扣回的预付款，与工程进度款同期结算抵扣。

2. 发包人超过约定的支付时间不支付工程进度款，承包人应及时向发包人发出要求付款的通知，发包人收到承包人通知后仍不能按要求付款，可与承包人协商签订延期付款协议，经承包人同意后可延期支付，协议应明确延期支付的时间和从工程计量结果确认后第15天起计算应付款的利息（利率按同期银行贷款利率计）。

3. 发包人不按合同约定支付工程进度款，双方又未达成延期付款协议，导致施工无法进行，承包人可停止施工，由发包人承担违约责任。

二、《建设工程施工合同（示范文本）》（GF—2017—0201）

12.4 工程进度款支付

12.4.1 付款周期

除专用合同条款另有约定外，付款周期应按照第12.3.2项〔计量周期〕的约定与计量周期保持一致。

12.4.2 进度付款申请单的编制

除专用合同条款另有约定外，进度付款申请单应包括下列内容：

（1）截至本次付款周期已完成工作对应的金额；

（2）根据第10条〔变更〕应增加和扣减的变更金额；

（3）根据第12.2款〔预付款〕约定应支付的预付款和扣减的返还预付款；

（4）根据第15.3款〔质量保证金〕约定应扣减的质量保证金；

（5）根据第19条〔索赔〕应增加和扣减的索赔金额；

（6）对已签发的进度款支付证书中出现错误的修正，应在本次进度付款中支付或扣除的金额；

（7）根据合同约定应增加和扣减的其他金额。

12.4.3 进度付款申请单的提交

（1）单价合同进度付款申请单的提交

单价合同的进度付款申请，按照第12.3.3项〔单价合同的计量〕约定的时间按月向监理人提交，并附上已完成工程量报表和有关资料。单价合同中的总价项目按月进行支付分解，并汇总列入当期进度付款申请单。

（2）总价合同进度付款申请单的提交

总价合同按月计量支付的，承包人按照第 12.3.4 项〔总价合同的计量〕约定的时间按月向监理人提交进度付款申请单，并附上已完成工程量报表和有关资料。

总价合同按支付分解表支付的，承包人应按照第 12.4.6 项〔支付分解表〕及第 12.4.2 项〔进度付款申请单的编制〕的约定向监理人提交进度付款申请单。

（3）其他价格形式合同的进度付款申请单的提交

合同当事人可在专用合同条款中约定其他价格形式合同的进度付款申请单的编制和提交程序。

12.4.4 进度款审核和支付

（1）除专用合同条款另有约定外，监理人应在收到承包人进度付款申请单以及相关资料后 7 天内完成审查并报送发包人，发包人应在收到后 7 天内完成审批并签发进度款支付证书。发包人逾期未完成审批且未提出异议的，视为已签发进度款支付证书。

发包人和监理人对承包人的进度付款申请单有异议的，有权要求承包人修正和提供补充资料，承包人应提交修正后的进度付款申请单。监理人应在收到承包人修正后的进度付款申请单及相关资料后 7 天内完成审查并报送发包人，发包人应在收到监理人报送的进度付款申请单及相关资料后 7 天内，向承包人签发无异议部分的临时进度款支付证书。存在争议的部分，按照第 20 条〔争议解决〕的约定处理。

（2）除专用合同条款另有约定外，发包人应在进度款支付证书或临时进度款支付证书签发后 14 天内完成支付，发包人逾期支付进度款的，应按照中国人民银行发布的同期同类贷款基准利率支付违约金。

（3）发包人签发进度款支付证书或临时进度款支付证书，不表明发包人已同意、批准或接受了承包人完成的相应部分的工作。

12.4.5 进度付款的修正

在对已签发的进度款支付证书进行阶段汇总和复核中发现错误、遗漏或重复的，发包人和承包人均有权提出修正申请。经发包人和承包人同意的修正，应在下期进度付款中支付或扣除。

名词 4：工程竣工结算

一、《建设工程价款结算暂行办法》（财建〔2004〕369 号）

第十四条 工程完工后，双方应按照约定的合同价款及合同价款调整内容以及索赔事项，进行工程竣工结算。

二、《建设工程施工合同（示范文本）》（GF—2017—0201）

14. 竣工结算

14.1 竣工结算申请

除专用合同条款另有约定外，承包人应在工程竣工验收合格后 28 天内向发包人和监理人提交竣工结算申请单，并提交完整的结算资料，有关竣工结算申请单的资料清单和份数等要求由合同当事人在专用合同条款中约定。

除专用合同条款另有约定外，竣工结算申请单应包括以下内容：

(1) 竣工结算合同价格；

(2) 发包人已支付承包人的款项；

(3) 应扣留的质量保证金。已缴纳履约保证金的或提供其他工程质量担保方式的除外；

(4) 发包人应支付承包人的合同价款。

上篇 关于工程款结算的76个疑难问题与案例解析

问题 1：一份无效合同，如何结算工程款？

◆ **有关规定** ◆

一、《中华人民共和国合同法》

第五十八条　合同无效或者被撤销后，因该合同取得的财产，应当予以返还；不能返还或者没有必要返还的，应当折价补偿。有过错的一方应当赔偿对方因此所受到的损失，双方都有过错的，应当各自承担相应的责任。

二、《最高人民法院关于审理建设工程施工合同纠纷案件适用法律问题的解释》

第一条　建设工程施工合同具有下列情形之一的，应当根据《中华人民共和国合同法》第五十二条第（五）项的规定，认定无效：

（一）承包人未取得建筑施工企业资质或者超越资质等级的；

（二）没有资质的实际施工人借用有资质的建筑施工企业名义的；

（三）建设工程必须进行招标而未招标或者中标无效的。

第二条　建设工程施工合同无效，但建设工程经竣工验收合格，承包人请求参照合同约定支付工程价款的，应予支持。

第三条　建设工程施工合同无效，且建设工程经竣工验收不合格的，按照以下情形分别处理：

（一）修复后的建设工程经竣工验收合格，发包人请求承包人承担修复费用的，应予支持；

（二）修复后的建设工程经竣工验收不合格，承包人请求支付工程价款的，不予支持。

因建设工程不合格造成的损失，发包人有过错的，也应承担相应的民事责任。

第四条　承包人非法转包、违法分包建设工程或者没有资质的实际施工人借用有资质的建筑施工企业名义与他人签订建设工程施工合同的行为无效。人民法院可以根据民法通则第一百三十四条规定，收缴当事人已经取得的非法所得。

三、《最高人民法院关于审理建设工程施工合同纠纷案件适用法律问题的解释（二）》

第十一条　当事人就同一建设工程订立的数份建设工程施工合同均无效，但建设工程质量合格，一方当事人请求参照实际履行的合同结算建设工程价款的，人民法院应予支持。

四、《中华人民共和国民法典》

第一百五十三条　违反法律、行政法规的强制性规定的民事法律行为无效。但是，该强制性规定不导致该民事法律行为无效的除外。

违背公序良俗的民事法律行为无效。

第七百九十一条　发包人可以与总承包人订立建设工程合同，也可以分别与勘察人、设计人、施工人订立勘察、设计、施工承包合同。发包人不得将应当由一个承包人完成的建设工程支解成若干部分发包给数个承包人。

总承包人或者勘察、设计、施工承包人经发包人同意，可以将自己承包的部分工作交由第三人完成。第三人就其完成的工作成果与总承包人或者勘察、设计、施工承包人向发包人承担连带责任。承包人不得将其承包的全部建设工程转包给第三人或者将其承包的全部建设工程支解以后以分包的名义分别转包给第三人。

禁止承包人将工程分包给不具备相应资质条件的单位。禁止分包单位将其承包的工程再分包。建设工程主体结构的施工必须由承包人自行完成。

第七百九十三条　建设工程施工合同无效，但是建设工程经验收合格的，可以参照合同关于工程价款的约定折价补偿承包人。

建设工程施工合同无效，且建设工程经验收不合格的，按照以下情形处理：

（一）修复后的建设工程经验收合格的，发包人可以请求承包人承担修复费用；

（二）修复后的建设工程经验收不合格的，承包人无权请求参照合同关于工程价款的约定折价补偿。

发包人对因建设工程不合格造成的损失有过错的，应当承担相应的责任。

五、《最高人民法院关于审理建设工程施工合同纠纷案件适用法律问题的解释（一）》

第一条　建设工程施工合同具有下列情形之一的，应当依据民法典第一百五十三条第一款的规定，认定无效：

（一）承包人未取得建筑业企业资质或者超越资质等级的；

（二）没有资质的实际施工人借用有资质的建筑施工企业名义的；

（三）建设工程必须进行招标而未招标或者中标无效的。

承包人因转包、违法分包建设工程与他人签订的建设工程施工合同，应当依据民法典

第一百五十三条第一款及第七百九十一条第二款、第三款的规定，认定无效。

◆ **实务提醒** ◆

一、"参照"而不是"按照"。

参照是无效合同的折价补偿原则的体现，而不是无效合同按照有效处理。《中华人民共和国民法典》将最高人民法院司法解释中的"应予支持"修改为"可以"，对承包人请求支付工程价款（折价补偿）的主张，给予法官更大的自由裁量权，合同的约定仅仅起到参考作用。

二、"折价补偿"而不是"支付工程价款"。

《中华人民共和国民法典》将最高人民法院司法解释中的"支付工程价款""结算建设工程价款"修改为"折价补偿"，将建设工程价款支付的性质明确为补偿性，表述上更加合理，性质上更加准确。

常见的合同无效包括应该招标未招标的、中标无效的、承包人不具备资质的、转包挂靠违法分包的、未取得规划许可的等。

三、"合同价"而不是"定额价""市场价"等其他价格。

承包人一般只能参照合同价，没有选择参照"定额价""市场价"等进行结算的权利。

四、"验收合格"而非"竣工验收合格"。

《中华人民共和国民法典》删除了最高人民法院司法解释中"经竣工验收合格"中的"竣工"二字，即只要经验收合格，承包人都可以请求发包人支付工程价款。这样规定是考虑实践中复杂多样，单项工程、阶段性工程不能一概以竣工验收合格为前提条件，目的也是防止发包人不当得利，彰显了《中华人民共和国民法典》第六条的"公平原则"。

五、参照不仅参照约定的合同价，合同约定的结算办法也是参照的依据。

六、合同虽有约定，但是根据约定无法确定工程价款的，应当进行鉴定。

如果合同虽然有约定，但是约定不明或根据约定无法得出合同价的，也就无法参照合同价。在这种情况下，应该进行鉴定，可以采用定额价或其他合理的价格。具体案例参见问题3中的《山东某置业有限责任公司建设工程施工合同纠纷二审民事判决书》（山东省高级人民法院〔2016〕鲁民终586号）。

七、工程款是否包括直接费、间接费、利润、规费和税金在内？

关于这个问题，一共有三种意见：第一种意见认为，只要工程质量合格，承包人应获得相应的工程款；第二种意见认为，承包人可主张参照合同约定结算工程款，但其非法所得要被依法收缴；第三种意见认为，利润、规费等可将其视为合同无效导致的损失，按照《中华人民共和国民法典》第一千一百六十五条的原则，根据当事人过错大小，各自承担相应的责任。

八、参照合同价结算不是"承包人"的单方权利，"发包人"也有参照权。

《最高人民法院关于审理建设工程施工合同纠纷案件适用法律问题的解释（二）》出台前对此曾经有过争议，出台后就没有争议了。《最高人民法院关于审理建设工程施工合同纠纷案件适用法律问题的解释（二）》第十一条规定，当事人就同一建设工程订立的数份建设工程施工合同均无效，但建设工程质量合格，一方当事人请求参照实际履行的合同结算建设工程价款的，人民法院应予支持。该条规定把《最高人民法院关于审理建设工程施工合同纠纷案件适用法律问题的解释》中的"承包人"修改为"一方当事人"。《最高人民法院关于审理建设工程施工合同纠纷案件适用法律问题的解释（一）》第二十四条规定，当事人就同一建设工程订立的数份建设工程施工合同均无效，但建设工程质量合格，一方当事人请求参照实际履行的合同关于工程价款的约定折价补偿承包人的，人民法院应予支持。该条规定将"参照实际履行的合同结算"修改为"折价补偿"，但是关于"一方当事人"的规定没有变化。

九、参照"合同价"的例外情形。

1. 符合《最高人民法院关于审理建设工程施工合同纠纷案件适用法律问题的解释（一）》第十九条规定的情形，即因设计变更导致工程量或者质量标准发生变化，通过评估鉴定据实结算工程款。

2. 合同双方另行协商同意按照定额价或市场价据实结算的，可以不参照合同约定支付工程价款。

3. 重新达成结算协议的情形。

十、注意《最高人民法院关于审理建设工程施工合同纠纷案件适用法律问题的解释（一）》的新变化。

2021年1月1日起施行的《最高人民法院关于审理建设工程施工合同纠纷案件适用法律问题的解释（一）》的第一条，吸收合并修改了《最高人民法院关于审理建设工程施工合同纠纷案件适用法律问题的解释》第一条和第四条。其中第四条修改三处：

1. 删除转包前面的"非法"两字。因为转包都是非法的，不存在合法转包，转包前面加上"非法"属于多余，也容易给人误解为转包还有"合法"与"非法"之分。

2. 删除借用资质的情形。因为借用资质合同无效，这在前面第（一）种情况就已经列明。

3. 删除收缴当事人非法所得的规定。因为人民法院收缴当事人非法所得的规定已经失去了法律基础，2017年10月1日施行的《中华人民共和国民法总则》第一百七十九条对《中华人民共和国民法通则》第一百三十四条进行了修改，并删除了民事责任条款中有关收缴非法所得的规定。民法典中也没有人民法院收缴当事人非法所得的规定。

◆ 相关案例 ◆

《莫某、深圳市某工程有限公司与东莞市某房地产开发有限公司建设工程合同纠纷案》

（最高人民法院〔2011〕民提字第 235 号）

判决书摘录：

1. 应当依据合同约定结算

关于涉案工程款的计算依据。关于涉案工程款是应按照合同约定结算还是据实结算。鉴于建筑工程的特殊性，虽然合同无效，但莫某与某工程公司的劳动和建筑材料已经物化在涉案工程中，依据《最高人民法院关于审理建设工程施工合同纠纷案件适用法律的解释》第二条的规定，建设工程无效合同参照有效合同处理，应当参照合同约定来计算涉案工程款。莫某与某工程公司主张应据实结算工程款，其主张缺乏依据。莫某与某工程公司不应获得比合同有效时更多的利益。涉案工程款应当依据合同约定结算。

2. 只能参照合同约定

关于本案工程款如何确定问题，《中华人民共和国合同法》第五十八条规定："合同无效或者被撤销后，因该合同取得的财产，应当予以返还；不能返还或者没有必要返还的，应当折价补偿。有过错的一方应当赔偿对方因此所受到的损失，双方都有过错的，应当各自承担相应的责任。"本案中莫某与某工程公司要求是请求某房产开发公司支付工程款，而某房产开发公司取得的是莫某与某工程公司将劳动和建筑材料物化的建筑物。鉴于建设工程合同的特殊性，尽管合同被确认无效，但已经履行的内容不能适用返还的方式使合同恢复到签约前的状态，故只能按折价补偿的方式处理。但如何执行，各方当事人未能达成一致意见。如前所述，导致本案合同无效的原因在于莫某与某工程公司，莫某与某工程公司不应因由其过错而导致合同无效反而获得比如期履行有效合同还要多的利益。同时，鉴于某房产开发公司对于已完成工程的质量未提出异议，因此，本案虽然合同无效，但仍应按照实际完成的工程量以合同约定的结算办法来计算工程造价，增加、减少或变更的工程造价应参考合同约定及鉴定单位通常做法来计算，一审法院只能参照合同约定和参考专业机构鉴定结论来确定。

问题 2：多份合同均有效，如何结算工程款？

◆ **有关规定** ◆

一、《中华人民共和国合同法》

第六十条　当事人应当按照约定全面履行自己的义务。

当事人应当遵循诚实信用原则，根据合同的性质、目的和交易习惯履行通知、协助、保密等义务。

第六十一条　合同生效后，当事人就质量、价款或者报酬、履行地点等内容没有约定或者约定不明确的，可以协议补充；不能达成补充协议的，按照合同有关条款或者交易习惯确定。

二、《最高人民法院关于审理建设工程施工合同纠纷案件适用法律问题的解释》

第十六条　当事人对建设工程的计价标准或者计价方法有约定的，按照约定结算工程价款。

因设计变更导致建设工程的工程量或者质量标准发生变化，当事人对该部分工程价款不能协商一致的，可以参照签订建设工程施工合同时当地建设行政主管部门发布的计价方法或者计价标准结算工程价款。

三、《中华人民共和国民法典》

第五百零九条　当事人应当按照约定全面履行自己的义务。

当事人应当遵循诚信原则，根据合同的性质、目的和交易习惯履行通知、协助、保密等义务。

当事人在履行合同过程中，应当避免浪费资源、污染环境和破坏生态。

◆ 实务提醒 ◆

一、存在多份合同均有效，且这些合同不相互矛盾的情形。

当存在多份有效合同，而且这多份合同不相互矛盾时，这些合同是互为补充的关系，共同成为合同的组成部分，都应当作为结算的依据。

二、存在多份合同均有效，但这些合同有的地方存在相互矛盾的情形。

当存在多份有效合同，但是这多份合同的内容并不完全一致，而且有些内容存在相互矛盾时，则要看哪一份合同能够体现当事人真实的意思表示，哪一份合同是实际履行的合同，哪一份合同是最后签订的合同。

三、存在多份合同，其中有几份合同是有效的，其他合同是无效的情形。

建设工程案件是复杂的，存在多份合同是普遍现象。而有的时候，这些合同中，有几份合同是有效的，有几份合同又是无效的。在这种有效合同与无效合同并存的情况下，只考虑有效的合同，无效的合同一般不能作为工程款结算的依据。

◆ 相关案例 ◆

《申诉人禄某因与被申诉人李某土地租赁合同、建设工程施工合同纠纷一案》（甘肃省庆阳市中级人民法院〔2013〕庆中民再字第 15 号）

判决书摘录：禄某与李某先后签订了《原永和烟站土地租赁协议》《关于租赁原永和镇烟站的补充协议》和《永和镇超市土建及基础工程承包协议》，表明李某先向禄某出租 1600 平方米的土地。被拆除地上建筑物的国有土地使用权用于建设超市，后又承揽超市土建基础部分的施工建设，禄某向李某支付租赁费、施工费的对价，双方当事人之间形成土地租赁合同关系和建设工程施工合同关系，意思表示真实，不违反法律、行政法规的强制性规定且不损害国家、集体和社会公共利益，是合法、有效的合同，当事人应当按照合同约定全面实际地履行各自的义务。

问题 3：多份合同均无效，如何确定并参照实际履行的合同结算工程款？

◆ 相关规定 ◆

一、《最高人民法院关于审理建设工程施工合同纠纷案件适用法律问题的解释（二）》

第十一条　当事人就同一建设工程订立的数份建设工程施工合同均无效，但建设工程质量合格，一方当事人请求参照实际履行的合同结算建设工程价款的，人民法院应予支持。

实际履行的合同难以确定，当事人请求参照最后签订的合同结算建设工程价款的，人民法院应予支持。

二、《中华人民共和国合同法》

第五十八条　合同无效或者被撤销后，因该合同取得的财产，应当予以返还；不能返还或者没有必要返还的，应当折价补偿。有过错的一方应当赔偿对方因此所受到的损失，双方都有过错的，应当各自承担相应的责任。

第六十二条　当事人就合同价款或者报酬约定不明确，依照《中华人民共和国合同法》第六十一条的规定仍不能确定的，按照订立合同时履行地的市场价格履行；依法应当执行政府定价或者政府指导价的，按照规定履行。

三、《中华人民共和国民法典》

第一百五十七条　民事法律行为无效、被撤销或者确定不发生效力后，行为人因该行为取得的财产，应当予以返还；不能返还或者没有必要返还的，应当折价补偿。有过错的一方应当赔偿对方由此所受到的损失；各方都有过错的，应当各自承担相应的责任。法律另有规定的，依照其规定。

第五百一十条　合同生效后，当事人就质量、价款或者报酬、履行地点等内容没有约定或者约定不明确的，可以协议补充；不能达成补充协议的，按照合同相关条款或者交易习惯确定。

第五百一十一条　当事人就有关合同内容约定不明确，依据前条规定仍不能确定的，适用下列规定：

（一）质量要求不明确的，按照强制性国家标准履行；没有强制性国家标准的，按照推荐性国家标准履行；没有推荐性国家标准的，按照行业标准履行；没有国家标准、行业标准的，按照通常标准或者符合合同目的的特定标准履行。

（二）价款或者报酬不明确的，按照订立合同时履行地的市场价格履行；依法应当执行政府定价或者政府指导价的，依照规定履行。

四、《最高人民法院关于审理建设工程施工合同纠纷案件适用法律问题的解释（一）》

第二十四条　当事人就同一建设工程订立的数份建设工程施工合同均无效，但建设工程质量合格，一方当事人请求参照实际履行的合同关于工程价款的约定折价补偿承包人的，人民法院应予支持。

实际履行的合同难以确定，当事人请求参照最后签订的合同关于工程价款的约定折价补偿承包人的，人民法院应予支持。

◆ **实务提醒** ◆

一、价款有约定的，可以参照合同约定价。

当事人有约定的，可以参照《最高人民法院关于审理建设工程施工合同纠纷案件适用法律问题的解释（一）》第二十四条规定，即合同约定的价格。

二、没有约定或无法参照合同约定的部分，应该按照市场价格或政府指导价来确定。

《中华人民共和国民法典》第五百一十条规定：（二）价款或者报酬不明确的，按照订立合同时履行地的市场价格履行；依法应当执行政府定价或者政府指导价的，按照规定履行。

三、实际履行的合同不一定就只有一份，实践中可能存在数份合同都是实际履行的合同。

◆ **相关案例** ◆

《山东某置业有限责任公司建设工程施工合同纠纷二审民事判决书》（山东省高级人民法院〔2016〕鲁民终 586 号）

判决书摘录：一审法院认为，综合本案，因承包人在本案建设施工中投入的人力、物力已物化到建筑物上，不能返还，发包人应进行折价补偿，应依据《中华人民共和国合同法》有关无效合同的规定处理本案。对折价补偿的标准，考虑定额计价标准是一些地方建设工程市场价格的重要参照标准，一审法院确定以双方签订施工合同时的山东省定额计价标准为涉案施工合同计价标准，承包人放弃以山东省定额计价标准确定的工程造价中利润，是其对自身权利的处分，一审予以准许。一审法院基于上述情况，从平衡双方当事人利益的角度处理本案，本院予以支持。

问题 4：多份合同均无效，实际履行的合同也无法查清，如何结算工程款？

◆ 有关规定 ◆

一、《最高人民法院关于审理建设工程施工合同纠纷案件适用法律问题的解释（二）》

第十一条 当事人就同一建设工程订立的数份建设工程施工合同均无效，但建设工程质量合格，一方当事人请求参照实际履行的合同结算建设工程价款的，人民法院应予支持。

实际履行的合同难以确定，当事人请求参照最后签订的合同结算建设工程价款的，人民法院应予支持。

二、《最高人民法院关于审理建设工程施工合同纠纷案件适用法律问题的解释（一）》

第二十四条 当事人就同一建设工程订立的数份建设工程施工合同均无效，但建设工程质量合格，一方当事人请求参照实际履行的合同关于工程价款的约定折价补偿承包人的，人民法院应予支持。

实际履行的合同难以确定，当事人请求参照最后签订的合同关于工程价款的约定折价补偿承包人的，人民法院应予支持。

◆ 实务提醒 ◆

一、在多份合同均无效、实际履行的合同也无法查清的情况下，如何结算工程款，这存在很大争议。但是，随着《最高人民法院关于审理建设工程施工合同纠纷案件适用法律问题的解释（二）》的出台，这一争议有了定论。《最高人民法院关于审理建设工程施工合同纠纷案件适用法律问题的解释（一）》也作了相同的规定。

二、"实际履行"的合同是能够确定的，参照"实际履行"的合同。只有在实际履行的合同"无法确定"的情况下，才参照"最后签订的合同"。

三、最后签订的合同推定为当事人的真实意思表示。

四、本规定的适用条件是"建设工程质量合格"，包括：未完工程质量合格、竣工验收合格、擅自使用视为合格、经质量鉴定合格等情形。

《成都某投资有限公司、四川某建设有限公司建设工程施工合同纠纷二审民事判决书》（四川省成都市中级人民法院〔2018〕川01民终364号）

判决书摘录：根据现有证据，本院无法判断双方实际履行的是哪一份合同。《最高人民法院关于审理建设工程施工合同纠纷案件适用法律问题的解释》第十一条规定："当事人就同一建设工程订立的数份建设工程施工合同均无效，但建设工程质量合格，一方当事人请求参照实际履行的合同结算建设工程价款的，人民法院应予支持。实际履行的合同难以确定，当事人请求参照最后签订的合同结算建设工程价款的，人民法院应予支持。"如上所述，因双方先后签订的两份合同均无效，在四川某建设有限公司主张按签订在后的合同结算工程价款的情况下，本案应以2011年6月8日签订的合同认定工程价款。

问题 5：多份合同均无效，实际履行和最后签订的合同均无法查清，如何结算工程款？

一、《最高人民法院关于审理建设工程施工合同纠纷案件适用法律问题的解释（二）》

第十一条　当事人就同一建设工程订立的数份建设工程施工合同均无效，但建设工程质量合格，一方当事人请求参照实际履行的合同结算建设工程价款的，人民法院应予支持。

实际履行的合同难以确定，当事人请求参照最后签订的合同结算建设工程价款的，人民法院应予支持。

二、《中华人民共和国合同法》

第五十八条　合同无效或者被撤销后，因该合同取得的财产，应当予以返还；不能返还或者没有必要返还的，应当折价补偿。有过错的一方应当赔偿对方因此所受到的损失，双方都有过错的，应当各自承担相应的责任。

第六十二条　当事人就合同价款或者报酬约定不明确，依照《中华人民共和国合同法》第六十一条的规定仍不能确定的，按照订立合同时履行地的市场价格履行；依法应当执行政府定价或者政府指导价的，按照规定履行。

三、《中华人民共和国民法典》

第五百一十条　合同生效后，当事人就质量、价款或者报酬、履行地点等内容没有约定或者约定不明确的，可以协议补充；不能达成补充协议的，按照合同相关条款或者交易习惯确定。

第五百一十一条 当事人就有关合同内容约定不明确，依据前条规定仍不能确定的，适用下列规定：

（一）质量要求不明确的，按照强制性国家标准履行；没有强制性国家标准的，按照推荐性国家标准履行；没有推荐性国家标准的，按照行业标准履行；没有国家标准、行业标准的，按照通常标准或者符合合同目的的特定标准履行。

（二）价款或者报酬不明确的，按照订立合同时履行地的市场价格履行；依法应当执行政府定价或者政府指导价的，依照规定履行。

四、《最高人民法院关于审理建设工程施工合同纠纷案件适用法律问题的解释（一）》

第二十四条 当事人就同一建设工程订立的数份建设工程施工合同均无效，但建设工程质量合格，一方当事人请求参照实际履行的合同关于工程价款的约定折价补偿承包人的，人民法院应予支持。

实际履行的合同难以确定，当事人请求参照最后签订的合同关于工程价款的约定折价补偿承包人的，人民法院应予支持。

◆ 实务提醒 ◆

一、建设工程案件是复杂的，实践中有的合同根本就没有签订合同的日期，有的甚至为了规避某些问题，倒签合同的现象也有。这就给如何认定最后签订的合同带来很大麻烦。

二、在最后一次签订的合同无法确定的情况下，如何结算工程款呢？《最高人民法院关于审理建设工程施工合同纠纷案件适用法律问题的解释》没有作出规定。

有的观点认为，应当通过鉴定，参照政府指导价或市场价。比如下面介绍的相关案例一，三份合同均无效，价格各不相同，签订合同时间均为同一天，无法辨别真伪。法院认为应当通过鉴定，参照政府指导价或市场价来确定工程价款。如果所涉工程属于政府定价工程，则可采用政府定价或政府指导价。如果不属于政府定价工程，可以市场价作为合同履行的依据，这样对双方当事人更公平，应当适用市场价。

有的观点认为，应当结合工程质量、过错程度及诚信原则综合考虑。比如下面介绍的相关案例二。

◆ 相关案例 ◆

相关案例一：《齐河某钢结构有限公司与济南某物资有限责任公司建设工程施工合同纠纷案》（最高人民法院〔2011〕民提字第104号民事判决书）

判决书摘录:

1. 通过鉴定确定工程款

尽管当事人签订的三份建设工程施工合同无效,但在工程已竣工并交付使用的情况下,根据无效合同的处理原则和建筑施工行为的特殊性,对于齐河某钢结构公司实际支出的施工费用应当采取折价补偿的方式予以处理。本案所涉建设工程已经竣工验收且质量合格,在工程款的确定问题上,按照《最高人民法院关于审理建设工程施工合同纠纷案件适用法律问题的解释(二)》的规定,可以参照合同约定支付工程款。但是,由于本案双方当事人提供了由相同的委托代理人签订的、签署时间均为同一天、工程价款各不相同的三份合同,在三份合同价款分配没有规律且无法辨别真伪的情况下,不能确认当事人对合同价款约定的真实意思表示。因此,该三份合同均不能作为工程价款结算的依据。一审法院为解决双方当事人的讼争,通过委托鉴定的方式,依据鉴定机构出具的鉴定结论对双方当事人争议的工程价款作出司法认定,并无不当。

2. 不应参照定额价

本案不应以定额价作为工程价款结算依据。一审法院委托实信造价公司进行鉴定时,先后要求实信造价公司通过定额价和市场价两种方式鉴定。2007年1月19日,实信造价公司出具的《鲁实信基鉴字〔2006〕第006号鉴定报告》载明,采用定额价结算方式认定无异议部分工程造价为15772204.01元,其中直接工程费和措施费合计12097423.01元,有异议部分工程造价为39922.82元。一、二审判决以直接工程费和措施费合计12097423.01元作为确定工程造价的依据;山东省高级法院再审判决则以无异议部分15772204.01元作为工程造价。首先,建设工程定额标准是各地建设主管部门根据本地建筑市场建筑成本的平均值确定的,是完成一定计量单位产品的人工、材料、机械和资金消费的规定额度,是政府指导价范畴,属于任意性规范而非强制性规范。在当事人之间没有作出以定额价作为工程价款的约定时,一般不宜以定额价确定工程价款。其次,以定额为基础确定工程造价没有考虑企业的技术专长、劳动生产力水平、材料采购渠道和管理能力,这种计价模式不能反映企业的施工、技术和管理水平。本案中,齐河某钢结构公司假冒中国某冶金建设公司第五工程公司的企业名称和施工资质承包涉案工程,如果采用定额取价,也不符合公平原则。再次,定额标准往往跟不上市场价格的变化,而建设行政主管部门发布的市场价格信息更贴近市场价格,更接近建筑工程的实际造价成本。此外,本案所涉钢结构工程与传统建筑工程相比属于较新型建设工程,工程定额与传统建筑工程定额相比还不够完备,按照钢结构工程造价鉴定的惯例,以市场价鉴定的结论更接近造价成本,更有利于保护当事人的利益。最后,根据《中华人民共和国合同法》第六十二条第(二)项规定,当事人就合同价款或者报酬约定不明确,依照《中华人民共和国合同法》第六十一条的规定仍不能确定的,按照订立合同时履行地的市场价格履行;依法应当执行政府定价或者政府指导价的,按照规定履行。本案所涉工程不属于政府定价,因此,以市场价作为合同履行的依据不仅更符合法律规定,而且对双方当事人更公平。

3. 参照市场价更合理。

以市场价进行鉴定的结论应当作为定案依据。实信造价公司于 2007 年 8 月 10 日出具的《补充说明（一）》已经明确载明，《鲁正基审字〔2004〕第 0180 号造价咨询报告》中的综合单价 388.35 元，比较符合当时的市场情况。对于这一鉴定结论，双方当事人均未提供充分证据予以反驳。《关于山东某有限公司钢结构厂房工程结算的审核报告》委托主体是否为本案合同双方当事人，以及该报告所涉 452 万元施工合同是否有效，均不影响对综合单价每平方米 388.35 元的认定。一、二审和原再审判决对以市场价出具的鉴定结论不予采信的做法不当，应予纠正。本案所涉工程总面积为 29240m²，故工程总造价按市场价应为 11355354 元。

编者注：鉴定机构分别按照定额价和市场价作出鉴定结论的，在确定工程价款时，一般应以市场价确定工程价款。这是因为，以定额为基础确定的工程造价，大多未能反映企业的施工、技术和管理水平，定额标准往往跟不上市场价格的变化，而建设行政主管部门发布的市场价格信息，更贴近市场价格，更接近建筑工程的实际造价成本，并且符合《中华人民共和国民法典》的有关规定，对双方当事人更公平。

相关案例二：《江苏省某建筑安装集团股份有限公司、唐山市某房地产开发有限公司建设工程施工合同纠纷二审民事判决书》（〔2017〕最高法民终 175 号）

判决书摘录：在合同被确认无效后，只能按照折价补偿的方式予以返还。本案当事人主张根据《最高人民法院关于审理建设工程施工合同纠纷案件适用法律问题的解释》第二条规定，参照合同约定支付工程价款，案涉《备案合同》与《补充协议》分别约定不同结算方式，应首先确定当事人真实合意并实际履行的合同。

结合本案《备案合同》与《补充协议》，从签订时间而言，《备案合同》落款时间为 2009 年 12 月 1 日，2009 年 12 月 30 日在唐山市建设局进行备案；《补充协议》落款时间为 2009 年 12 月 28 日，签署时间仅仅相隔 20 天。从约定施工范围而言，《备案合同》约定的施工范围包括施工图纸标识的全部土建、水暖、电气、电梯、消防、通风等工程的施工安装；《补充协议》约定的施工范围包括金色和园项目除土方开挖、通风消防、塑钢窗、景观、绿化、车库管理系统、安防、电梯、换热站设备、配电室设备、煤气设施以外的所有建筑安装工程，以及雨污水、小区主环路等市政工程。实际施工范围与两份合同约定并非完全一致。从约定结算价款而言，《备案合同》约定的是固定价，《补充协议》约定执行河北省 2008 年定额及相关文件，建筑安装工程费结算总造价降 3‰，《补充协议》还约定价格调整、工程材料由甲方认质认价。综上分析，当事人提交的证据难以证明其主张所依据的事实，一审判决认为，当事人对于实际履行合同并无明确约定，两份合同内容比如甲方分包、材料认质认价等，在合同履行过程中均有所体现，无法判断实际履行合同并无不当。

在无法确定双方当事人真实合意并实际履行的合同时，应当结合缔约过错、已完工程质量、利益平衡等因素，根据《中华人民共和国合同法》第五十八条规定，由各方当事人按过错程度分担因合同无效造成的损失。一审法院认定，本案中以无法确定真实合意并实际履行的两份合同之间的差价作为损失，基于唐山市某房地产开发公司作为依法组织进行招标投标的发包方，江苏省某建筑安装公司作为对于招标投标法等法律相关规定也应熟知的具有特级资质的专业施工单位的过错，结合本案工程竣工验收合格的事实，由唐山市某房地产开发公司与江苏省某建筑安装公司按 6∶4 比例分担损失并无不当。

编者注：本案判决后江苏省某建筑安装公司不服判决，申请再审。再审认为："本案中，因双方当事人对于实际履行哪份合同并无明确约定，两份合同内容比如甲方分包、材料认质认价在合同履行中均亦有所体现，故原审法院在认定无法判断实际履行哪份合同且两份合同均为无效的前提下，依据一审法院委托的鉴定机构关于按照备案合同即固定价合同，鉴定工程总造价 117323856.47 元；按照补充协议即可调价合同，鉴定工程总造价为 150465810.58 元的审计结果，根据双方的过错程度以两份合同造价差价的 6∶4 的中间点认定总工程款数额，不缺乏事实依据，亦无不当。"（最高人民法院〔2018〕最高法民申 2819 号）

问题 6：多份合同，有的有效、有的无效，如何结算工程款？

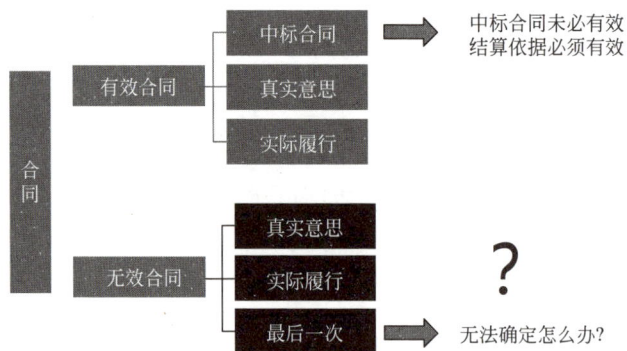

第一步，找出哪些合同是有效合同，哪些是无效合同。

第二步，如果存在多份有效合同的情况，在多份有效合同中找出：

1. 哪一份是备案的中标合同？考虑中标通知书，按照招标文件签订并备案。

2. 哪一份合同是当事人的真实意思表示？考虑的因素和证据有合同签订的先后顺序，比如，签订的时间、背景、内容衔接。

3. 哪一份合同是实际履行的合同？考虑的因素和证据有实际施工的内容、工程签证、工程量确认、结算单。

第三步，如果存在全部是无效合同的情况下：

4. 哪一份合同是实际履行的合同？

5. 哪一份合同是最后签订的合同？

第四步，如果无法查清合同是否有效、哪一份合同是当事人的真实意思表示、哪一份合同是否实际履行的合同、哪一份合同是最后签订的合同，则结合法律，公平、合理地综合考虑。

问题 7：黑白合同下，如何结算工程款？

◆ 有关规定 ◆

一、《最高人民法院关于审理建设工程施工合同纠纷案件适用法律问题的解释》

第二十一条　当事人就同一建设工程另行订立的建设工程施工合同与经过备案的中标合同实质性内容不一致的，应当以备案的中标合同作为结算工程价款的根据。

二、《最高人民法院关于审理建设工程施工合同纠纷案件适用法律问题的解释（二）》

第一条　招标人和中标人另行签订的建设工程施工合同约定的工程范围、建设工期、工程质量、工程价款等实质性内容，与中标合同不一致，一方当事人请求按照中标合同确定权利义务的，人民法院应予支持。

招标人和中标人在中标合同之外就明显高于市场价格购买承建房产、无偿建设住房配套设施、让利、向建设单位捐赠财物等另行签订合同，变相降低工程价款，一方当事人以该合同背离中标合同实质性内容为由请求确认无效的，人民法院应予支持。

三、《第八次全国法院民事商事审判工作会议（民事部分）纪要（二）》

关于工程价款问题31　招标人和中标人另行签订改变工期、工程价款、工程项目性质等影响中标结果实质性内容的协议，导致合同双方当事人就实质性内容享有的权利义务发生较大变化的，应认定为变更中标合同实质性内容。

四、《最高人民法院关于审理建设工程施工合同纠纷案件适用法律问题的解释（一）》

第二条　招标人和中标人另行签订的建设工程施工合同约定的工程范围、建设工期、工程质量、工程价款等实质性内容，与中标合同不一致，一方当事人请求按照中标合同确定权利义务的，人民法院应予支持。

招标人和中标人在中标合同之外就明显高于市场价格购买承建房产、无偿建设住房配套设施、让利、向建设单位捐赠财物等另行签订合同，变相降低工程价款，一方当事人以该合同背离中标合同实质性内容为由请求确认无效的，人民法院应予支持。

◆ 实务提醒 ◆

一、实践中对于实质性内容的理解存在争议。

《最高人民法院关于审理建设工程施工合同纠纷案件适用法律问题的解释（一）》虽

然进一步厘清了实质性变更的范围，即工程范围、建设工期、工程质量、工程价款属于实质性内容，对实质性内容进行变更的，应以"白合同"作为结算依据，但是实践中依然对什么是实质性内容存在很大争议。

二、关于"黑白合同"与合同效力的理解。

"黑合同"并非无效，"白合同"并非有效；本是两码事，标准各不同；"黑白合同"的判断标准是行政法，合同效力的判断标准是民法典。

三、结算依据与合同效力的区别。

谈及"黑白合同"，只是讨论工程款的结算依据，无论是"黑合同"还是"白合同"，作为结算依据的时候，先考虑合同效力，再看是"黑合同"还是"白合同"：管它是"黑合同"还是"白合同"，有效才行，如果合同都无效，看哪个是实际履行的合同，哪个是真实意思表示的合同。

笔者认为：司法解释中规定的"应当以备案的中标合同作为结算工程价款的根据"，这里的适用前提当然是这个"备案的中标合同"必须是有效的合同。如果备案的合同也无效，那么适用多份合同无效的结算条款之规则。

四、"黑白合同"的差价并不等于非法所得（见下面介绍的相关案例二）。

五、关于重新达成的结算协议之效力。

跳出"黑白"两界外，以新的结算协议为依据。如果在合同履行过程中，双方对工程款的结算重新达成结算协议，那么这个结算协议应当作为结算依据。

六、"黑白合同"均无效的情况下，如何结算工程款？

针对这一问题，各地的法院均有不同的规定，大致归纳有三种意见。

1. 以"黑合同"为依据。

比如，《北京市高级人民法院关于审理建设工程施工合同纠纷案件的指导意见》规定："备案的中标合同与当事人实际履行的施工合同均因违反法律、行政法规的强制性规定被认定为无效的，可以参照当事人实际履行的合同结算工程价款。"

2. 以"白合同"为依据。

比如，《山东省高级人民法院关于建设工程施工合同纠纷会谈纪要》规定："审判实践中曾经出现了当事人双方请求按照'黑合同'作为工程款结算依据的情形，对此，会议认为，'白合同'是依据招标投标这一法定形式确认的，虽然'黑合同'可能是当事人的真实意思表示，但由于合同内容规避法律规定、合同形式不合法，不能代替'白合同'即中标备案合同的效力，即不能依据'黑合同'作为结算工程款的依据。"

3. 按照施工当时市场价结算工程款。

理由如下：

（1）"黑"高"白"低："黑合同"价款有时候高于"白合同"价款，其原因是当事人为了排挤竞争对手，获取非法利益，这违背了公平的市场秩序。对当事人非法获利的部分，法律不应当支持，应当按照市场价结算工程款。

（2）"黑"低"白"高："黑合同"价款有时候低于"白合同"价款，这种情形是发包人利用市场优势地位，在不公平的前提下与承包人签订的合同。承包人在建筑市场中处于弱势地位，有时候为了承接工程，不顾风险而签订合同。因此，在"黑合同"价款低于备案施工合同价款的情况下，为保证工程质量合格，应当按照市场价结算工程款。

笔者认为：《最高人民法院关于审理建设工程施工合同纠纷案中适用法律问题的解释（二）》已经出台，那么在"黑白合同"均无效的情况下，应当参照实际履行的合同；在实际履行的合同无法查清的情况下，则参照最后一次签订的合同；在最后一次合同也无法查清的情况下，则应当综合考虑各方利益，在"三个坚持"，即坚持当事人真实意思表示、坚持实际履行、坚持法律规定的前提下，尽量达到各方利益的均衡和公正公平，这才是正确的裁判规则，也是任何案件的裁判规则。

七、《最高人民法院关于审理建设工程施工合同纠纷案件适用法律问题的解释（二）》删除了"备案合同"的表述，住房和城乡建设部废除了备案制度，以后还有没有"黑白合同"或者"阴阳合同"呢？

自 2018 年 9 月 28 日起，我国正式废除了中标合同的备案制度。住房和城乡建设部于 2018 年 9 月 28 日发布了《关于修改〈房屋建筑和市政基础设施工程施工招标投标管理办法〉的决定》，其中第 5 条明确规定："删去第四十七条第一款中的'订立书面合同后 7 日内，中标人应当将合同送工程所在地的县级以上地方人民政府建设行政主管部门备案'。"《最高人民法院关于审理建设工程施工合同纠纷案件适用法律问题的解释（二）》也删除了"备案合同"的表述。

但是，笔者认为，中标合同备案制的取消不代表我国"黑白合同"或"阴阳合同"的消失，反而增加了"黑白合同"的种类，使"黑白合同"变得更加复杂化。

◆ **相关案例** ◆

相关案例一：《淮安某置业有限公司与某建设有限公司建设工程施工合同纠纷二审民事判决书》（江苏省高级人民法院〔2015〕苏民终字第 00394 号）

判决书摘录：虽然施工合同是备案的中标合同，但因该合同系串标形成，故本案不存在"黑白合同"之分，在补充协议及施工合同均为无效合同的情况下，应以双方实际履行的合同作为结算的依据。

相关案例二：《江苏某建设工程有限公司、湖北某置业有限公司建设工程施工合同纠纷二审民事判决书》（湖北省高级人民法院〔2017〕鄂民终 305 号）

判决书摘录：该规定不允许当事人以约定的方式排除强制性规定的适用，同时已经充分考虑是否存在非法获利的情况，显然最高人民法院不认为"黑白合同"的差价属于非法所得，故本案应当依据中标合同即《湖北省建设工程施工合同》予以结算。

问题 8：重新达成结算协议的情形下，如何结算工程款？

◆ 有关规定 ◆

一、《中华人民共和国合同法》

第七十七条　当事人协商一致，可以变更合同。法律、行政法规规定变更合同应当办理批准、登记等手续的，依照其规定。

二、《最高人民法院关于审理建设工程施工合同纠纷案件适用法律问题的解释（二）》

第十二条　当事人在诉讼前已经对建设工程价款结算达成协议，诉讼中一方当事人申请对工程造价进行鉴定的，人民法院不予准许。

三、《中华人民共和国民法典》

第五百四十三条　当事人协商一致，可以变更合同。

四、《最高人民法院关于审理建设工程施工合同纠纷案件适用法律问题的解释（一）》

第二十九条　当事人在诉讼前已经对建设工程价款结算达成协议，诉讼中一方当事人申请对工程造价进行鉴定的，人民法院不予准许。

◆ 实务提醒 ◆

一、结算协议相对于施工合同是独立的合意，施工合同有效或无效，均不影响其结算效力。

二、国家审计机关做出的审计报告也不影响双方结算协议的效力。

三、如果协议本身违法无效，那当然不能作为结算依据。

四、在"问题 6：多份合同，有的有效、有的无效，如何结算工程款"的步骤中，还可以增加一步：有没有重新达成的结算协议？如果有，则排在第一步。

五、注意区分"补充协议"和"结算协议"以及其合同效力。

1. 如果"补充协议"是"结算协议"：若"补充协议"是对施工合同中发包人和承包人之间既存债权债务关系的结算和清理，则其具有独立性，其效力应当独立判断，不因施工合同无效而当然无效，有可能有效，也有可能无效。

2. 如果"补充协议"只是"补充协议"，而不是"结算协议"：施工合同无效，若"补充协议"是对施工合同中没有约定或约定不明确的内容进行补充约定或变更施工合同部分内容的，则其具有从属性，也应当认定为无效协议。

六、注意"大结算"和"小结算"的区别："大结算"是指包括工程造价、索赔款、违约金在内的终局的一揽子结算，而"小结算"一般只是指对某一部分或某一阶段工程造价的结算。实践中，当事人达成的结算协议存在"大结算"协议和"小结算"协议，其在结算范围上并不同，此处的结算协议应指"大结算"协议。

◆ 相关案例 ◆

《重庆某建工集团股份有限公司与某集团有限公司建设工程合同纠纷再审案》（最高人民法院〔2012〕民提字第205号）

判决书摘录：根据《中华人民共和国合同法》第七十七条第一款的规定，双方当事人签订结算协议并实际履行的行为，亦可视为对分包合同约定的原结算方式的变更，该变更对双方当事人具有法律拘束力。在双方当事人已经通过结算协议确认了工程结算价款并已基本履行完毕的情况下，国家审计机关做出的审计报告，不影响双方结算协议的效力。

问题9：让利情形下，如何结算工程款？

◆ 有关规定 ◆

一、《最高人民法院关于审理建设工程施工合同纠纷案件适用法律问题的解释（二）》

第一条 招标人和中标人另行签订的建设工程施工合同约定的工程范围、建设工期、工程质量、工程价款等实质性内容，与中标合同不一致，一方当事人请求按照中标合同确定权利义务的，人民法院应予支持。

招标人和中标人在中标合同之外就明显高于市场价格购买承建房产、无偿建设住房配套设施、让利、向建设单位捐赠财物等另行签订合同，变相降低工程价款，一方当事人以该合同背离中标合同实质性内容为由请求确认无效的，人民法院应予支持。

二、《第八次全国法院民事商事审判工作会议（民事部分）纪要》

31 招标人和中标人另行签订改变工期、工程价款、工程项目性质等影响中标结果实质性内容的协议，导致合同双方当事人就实质性内容享有的权利义务发生较大变化的，应认定为变更中标合同实质性内容。

三、《最高人民法院关于审理建设工程施工合同纠纷案件适用法律问题的解释（一）》

第二条 招标人和中标人另行签订的建设工程施工合同约定的工程范围、建设工期、工程质量、工程价款等实质性内容，与中标合同不一致，一方当事人请求按照中标合同确定权利义务的，人民法院应予支持。

招标人和中标人在中标合同之外就明显高于市场价格购买承建房产、无偿建设住房配套设施、让利、向建设单位捐赠财物等另行签订合同，变相降低工程价款，一方当事人以该合同背离中标合同实质性内容为由请求确认无效的，人民法院应予支持。

◆ **实务提醒** ◆

一、让利真的无效吗？让利多少才算实质性变更？《最高人民法院关于审理建设工程施工合同纠纷案件适用法律问题的解释（一）》第二条规定："招标人和中标人在中标合同之外就明显高于市场价格购买承建房产、无偿建设住房配套设施、让利、向建设单位捐赠财物等另行签订合同，变相降低工程价款，一方当事人以该合同背离中标合同实质性内容为由请求确认无效的，人民法院应予支持。"该条规定仅仅解决了实质性内容的范围问题，但没有解决"量"的问题。是不是只要让利，无论让利多少，都属于实质性内容变更呢？

二、从各地案例来看，对于让利是否属于实质性变更，是否必然导致让利条款无效，存在不同的认识。有的认为，只要是让利，无论多少都属于实质性变更；有的认为，让利幅度大才属于实质性变更，但是什么样的幅度才算大呢，又存在不同的观点。

三、对于让利的理解，有观点认为"合同让利指的是对利润的让利而非合同价款的让利，更符合当事人的真实本意"（见相关案例四）。

四、非强制性招标项目，尊重当事人意思表示，让利条款一般不认定无效。

◆ **相关案例** ◆

相关案例一：《沈阳某空调净化工程有限公司与沈阳某实业有限公司建设工程施工合同纠纷申诉案》（最高人民法院〔2009〕民提字第64号民事判决书）

判决书摘录：当事人双方签订的《建设工程施工合同》中，约定按照"最后双方认可的工程总价"的2％由施工方予以让利。该约定表明：双方让利2％的意思表示是一致而明确的，关于该条款生效，双方未附加任何条件。"双方认可的工程总价"是确定具体让利数额的计算基数，不能以双方对计算基数存在争议为由就否定让利关系的存在。

最高人民法院法官观点：对施工合同中双方约定的让利条款应当如何理解的问题。现实生活中，当事人双方通过签订补充合同等方式，由施工方在合同约定工程总造价基础上进行一定的返点、让利，乃是目前建筑行业中较为普遍存在的一种现象。不过，本案中双方当事人争议的焦点问题不是让利条款本身是否有效，而是让利条款的生效是否属于附条件，在这方面存在认识上的分歧。双方在施工合同中约定，按照"双方认可的工程总价"的2％由施工方予以让利。对"双方认可的工程总价"应当如何理解，一种观点认为，该约定表明：双方让利2％的意思表示是一致而明确的，关于该条款生效，双方未附加任何条件。让利2％是施工方的义务，取得2％让利是发包方的权利。所谓"双方认可的工程总价"，不过是确定 2％ 的具体让利数额的计算基础。至于双方对最后的工程总价始终未达成共识，并不是否定让利关系存在的理由。另一种观点认为，双方关于工程总价 2％ 让利条款的约定，是一个附有生效条件的条款，条件就是"双方认可的工程总价"。只有双方认可的工程总价明确、固定时，让利 2％ 的条款才因条件成熟而生效；否则，让利条款就未生效。在双方对工程总价尚未达成共识前，根据让利条款约定对应付工程款项作出认定，属于对合同约定内容的误解。按照此种观点，本案"双方认可的工程总价"这一条件一直未能成就，故 2％ 的让利条款未生效，二审法院以及鉴定部门采信该让利条款就是错误的。正确解读合同约定内容，一方面要根据合同的基本文义、所使用的语句，另一方面要结合行业惯例和习惯性做法。前述的后一种观点显然有些牵强，也不符合行业内部的惯常做法。二审法院作沈阳某空调净化公司应当向沈阳某实业公司给予 2％ 让利的认定，结论是正确的。

编者注：让利 2％ 不构成实质性变更。

相关案例二：《北京某工程建设有限公司与北京某房地产开发有限公司建设工程施工合同纠纷二审民事判决书》（〔2013〕高民终字第 1039 号）。

判决书摘录：关于补充协议中"关于执行 2001 预算定额的间接费，按最终工程结算价款的 3％ 扣除，作为总包施工单位的让利"问题。根据招标文件第 3.5 条投标报价约定，涉案工程实行"定额量、市场价、竞争费"的计价原则。建工一建公司在投标中利润由 2001 定额 7％ 的利润率调整为 6％，进行投标，已然是"竞争费"的表现。北京某工程建设公司与北京某房地产开发公司于 2004 年 9 月 27 日签订的《补充协议》中约定的让利条款，是对投招标结果的实质性变更，应为无效条款。北京某工程建设公司不同意履行该约定，本院予以支持。

编者注：本案例观点是让利 3％，构成实质性变更。

相关案例三：《江苏某建设工程有限公司、安徽某投资有限公司建设工程施工合同纠纷二审民事判决书》（最高人民法院〔2018〕最高法民终 305 号）

判决书摘录：关于工程价款结算的让利系数。安徽某投资公司主张对于江苏某建设工程公司的已完工程价款，应当按照双方约定的让利系数下浮 13.6％ 计算。虽然安徽某投资公司与江苏某建设工程公司签订的《建筑工程施工合同》约定工程价款按审核后下浮 13.6％ 确定，但该让利系数适用的前提是江苏某建设工程公司依约将施工范围内的工程全部施工完毕，工程款整体下浮 13.6％。鉴于案涉工程为未完工程，且工程各施工阶段的施工难易程度、施工成本、所获利润等均存在较大差异，一审法院依据江苏某建设工程公司的实际施工进度及本案的具体情况，按照已完工程造价与合同约定工程款总额的占比，酌定让利系数为 3.52％，符合实际，并无不妥。

编者注：本案例观点是让利 3.52％ 并无不妥。

相关案例四：《中启某集团有限公司与青岛某置业有限公司建设工程施工合同纠纷一审民事判决书》（山东省青岛市中级人民法院〔2015〕青民一初字第 110 号）

判决书摘录：合同让利问题。原告认为，关于合同让利部分，因合同无效，故让利条款的约定也应无效，不应该计取。被告认为，双方合同虽然无效，但对于合同价款的约定仍然应参照执行。本院认为，合同让利是指利润的让利而非合同价款的让利更符合当事人的真实本意，但本案属于未完工程的结算处理，利润尚无法确定，进而该让利数额也无法确定，故本院对于被告主张的扣减让利部分不予支持。从另外一个角度分析，本案涉案工程依法属于必须招标投标工程，而招标投标活动的基本原则决定了原告在合同中的让利条款应认定为无效条款。因原告对承建工程予以大幅让利（让利幅度达到8％），虽然双方对于让利范围存在争议，但该让利条款构成对工程价款的实质性变更，应属无效。不仅因为双方签订的施工合同无效，进而该让利条款约定无效，更重要的是该让利条款的原因很复杂，有可能侵害公共利益，并给工程质量带来隐患。据此，本院认定双方在施工合同中约定的让利条款无效。退一步讲，即使如被告认为有效，也因为双方对于让利范围存在争议，从而导致鉴定机构及本院无法确定具体让利数额，就该问题被告应承担举证不能的法律后果，此也可视为双方就让利问题约定不明，本院在本案中也无法扣减让利数额。

编者注： 本案例观点是让利8％属于实质性变更，让利是对利润的让利而非合同价款的让利。

问题 10：规费和安全文明费等不可竞争性费用能否下浮，如何结算工程款？

◆ 有关规定 ◆

一、《建设工程安全生产条例》

第八条 建设单位在编制工程概算时，应当确定建设工程安全作业环境及安全施工措施所需费用。

二、《企业安全生产费用提取和使用管理办法》（财企〔2012〕16号）

第七条 建设工程施工企业以建筑安装工程造价为计提依据。各建设工程类别安全费用提取标准如下：

（一）矿山工程为2.5％；

（二）房屋建筑工程、水利水电工程、电力工程、铁路工程、城市轨道交通工程为2.0％；

（三）市政公用工程、冶炼工程、机电安装工程、化工石油工程、港口与航道工程、公路工程、通信工程为1.5％。

建设工程施工企业提取的安全费用列入工程造价，在竞标时，不得删减，列入标外管理。国家对基本建设投资概算另有规定的，从其规定。

总包单位应当将安全费用按比例直接支付分包单位并监督使用，分包单位不再重复提取。

三、《建筑工程安全防护、文明施工措施费用及使用管理规定》（建办〔2005〕89号）

第三条　本规定所称安全防护、文明施工措施费用，是指按照国家现行的建筑施工安全、施工现场环境与卫生标准和有关规定，购置和更新施工安全防护用具及设施、改善安全生产条件和作业环境所需要的费用。安全防护、文明施工措施项目清单详见附表。

建设单位对建筑工程安全防护、文明施工措施有其他要求的，所发生费用一并计入安全防护、文明施工措施费。

第四条　建筑工程安全防护、文明施工措施费用是由《建筑安装工程费用项目组成》（建标〔2003〕206号）中措施费所含的文明施工费、环境保护费、临时设施费、安全施工费组成。

其中，安全施工费由临边、洞口、交叉、高处作业安全防护费，危险性较大工程安全措施费及其他费用组成。危险性较大工程安全措施费及其他费用项目组成由各地建设行政主管部门结合本地区实际自行确定。

第十一条　施工单位应当确保安全防护、文明施工措施费专款专用，在财务管理中单独列出安全防护、文明施工措施项目费用清单备查。施工单位安全生产管理机构和专职安全生产管理人员负责对建筑工程安全防护、文明施工措施的组织实施进行现场监督检查，并有权向建设主管部门反映情况。

第十三条　建设单位未按本规定支付安全防护、文明施工措施费用的，由县级以上建设行政主管部门依据《建设工程安全生产管理条例》第五十四条规定，责令限期整改；逾期未改正的，责令该建设工程停止施工。

第十四条　施工单位挪用安全防护、文明施工措施费用的，由县级以上建设主管部门依据《建设工程安全生产管理条例》第六十三条规定，责令限期整改，处挪用费用20%以上50%以下的罚款；造成损失的，依法承担赔偿责任。

四、《建设工程工程量清单计价规范》（GB 50500—2013）

3.1.5　措施项目中的安全文明施工费必须按国家或省级、行业建设主管部门的规定计算，不得作为竞争性费用。

五、《建设工程工程量清单计价标准》（GB/T 50500—2024）

3.2.5　措施项目清单中的安全生产措施费应按国家及省级、行业主管部门的相关规定计价。

◆ 实务提醒 ◆

一、安全文明施工费属于措施费的一种，包含在工程造价中。

二、安全文明施工费由发包人承担。

三、安全文明施工费应当专款专用。

四、安全文明施工费不得作为竞争性费用，不得扣减。

五、安全文明施工费不能拖欠。

《建设工程施工合同（示范文本）》（GF—2017—0201）通用条款规定：除专用合同条款另有约定外，发包人应在开工后 28 天内预付安全文明施工费总额的 50%，其余部分与进度款同期支付。发包人逾期支付安全文明施工费超过 7 天的，承包人有权向发包人发出要求预付的催告通知，发包人收到通知后 7 天内仍未支付的，承包人有权暂停施工，并按第 16.1.1 项〔发包人违约的情形〕执行。

六、安全文明施工费应当随时（势）增加。

因基准日期后合同所适用的法律或政府有关规定发生变化，增加的安全文明施工费由发包人承担。

七、安全文明施工费下浮，一般也不宜认定无效。"违反行政管理规定，其应承担的是相应行政性处理后果，而不是转嫁到原先订立的有效合同之上"（见下面相关案例二）。

◆ 相关案例 ◆

相关案例一：《耒阳市某房地产开发有限公司与某建设工程施工合同纠纷申请再审民事裁定书》（最高人民法院〔2015〕民申字第 2560 号）

裁定书摘录：关于规费和安全文明施工费是否应下浮问题。再审申请人主张依据相关强制性规定，规费和安全文明施工费不应下浮。经审查，衡阳中院于 2014 年 6 月 19 日向湖南省建设工程造价管理总站就涉及本案工程结算的定额规定等进行调查，并根据该站的口头答复制作了备忘录，备忘录记载"管理费、利润分开算可优惠，国家税收、规费、安全文明施工费等强制性收费不优惠。"住房和城乡建设部发布的《建设工程工程量清单计价规范》（GB 50500—2013）第 3.1.6 条规定："规费和税金必须按国家或省级、行业建设主管部门的规定计算，不得作为竞争性费用。"由此可见，规费、安全文明施工费等应依法缴纳，且不能减免。根据《建设工程施工内部承包合同》第十九条关于工程价款的约定，规费、安全文明施工费等已列入了工程价款，第 19.1 款第 3 项约定"税前造价优惠12.6%"，该优惠应视为对全部工程价款的优惠，既然工程价款中已包括了规费、安全文明施工费，该费用就应当按约定比例下浮。合同对工程价款的约定对双方当事人具有约束力，工程价款下浮，并不必然导致向国家缴纳相关费用的减少。而且在一审审理过程中，一审法院委托鉴定机构对工程造价进行了鉴定，鉴定结论经过质证、认证，作为定案依据，现再审申请人并未提供证据推翻鉴定结论。因此，原判决在合同约定框架下，判令规费、安全文明费下浮，并无不当。

相关案例二：《福建省某建筑工程公司与福建某有限公司建设工程施工合同纠纷二审民事判决书》（福建省高级人民法院〔2014〕闽民终字第 897 号）

判决书摘录：关于劳保费、安全文明施工费不应下浮的问题。本院认为，工程造价由包括这些费用在内的多种费用构成，而整体工程造价的确定属于当事人意思自治范畴，以当事人协商一致为原则，除非法律、行政法规有强制性规定。在原审已正确认定本案施工合同合法有效的情形下，双方关于工程造价优惠下浮12%的约定亦应认定为当事人的真实意思表示，且已实际履行；因本案工程并非规定的必须招投标工程项目，故根据《最高人民法院关于审理建设工程施工合同纠纷案件适用法律问题的解释》第二十一条的规定，并不适用于本案情形；而且，有关建设主管部门对劳保费、安全文明施工费用要求予以单列明确且作为不可竞争费用等规定，并不影响市场主体在签约时基于其自身实力和对市场行情的自主判断，从工程造价其他具有竞争优势的费用构成中进行调整以充实这些费用，达到有关建设主管部门对该相关规定的要求；如果市场主体在作出工程造价优惠承诺后，不予信守，而是机械地或有意地不作此种调整，必然会违反上述行政管理规定，其应承担的是相应行政性处理后果，而不是转嫁到原先订立的有效合同之上。

问题 11： 临时设施的权属之争以及如何结算工程款？

◆ 有关规定 ◆

一、《企业所得税法实施条例》

第五十七条　企业所得税法第十一条所称固定资产，是指企业为生产产品、提供劳务、出租或者经营管理而持有的、使用时间超过12个月的非货币性资产，包括房屋、建筑物、机器、机械、运输工具以及其他与生产经营活动有关的设备、器具、工具等。从税法规定的固定资产概念来看，建筑业企业工地使用时间超过12个月的临时设施应属于固定资产中的房屋、建筑物。考虑临时设施的特殊性，在会计核算上，建筑企业应将临时设施单独核算，专门设置"临时设施""临时设施摊销"科目核算临时设施的成本和摊销。

二、《建筑安装工程费用项目组成》（建标〔2013〕44号）

附件2临时设施费是指施工企业为进行建设工程施工所必须搭设的生活和生产用的临时建筑物、构筑物和其他临时设施费用。包括临时设施的搭设、维修、拆除、清理费或摊销费等。

◆ 实务提醒 ◆

一、临时设施费是指施工企业为进行建筑工程施工所必须搭设的生活和生产用的临时建筑物、构筑物和其他临时设施费用等。临时设施费属于工程款的一部分。

二、临时设施费有的是一次性投入，有的是循环利用，分次摊销在工程款中。

三、在工程结算时一般按实际发生的费用予以支付。如果承包人前期已对临时设施费一次性投入完毕，而承包人修建的临时设施是为整个项目服务，由于发包人自身原因导致项目停工，则一般由鉴定机构根据承包人已施工完毕部分的工程造价，计取临时设施费，其余已投入的临时设施费用不作为工程款计入工程造价范围内，应作为违约损失由发包人进行赔偿。

四、临时设施的权属问题，视具体情况而定。承包人组织工人建设的临时设施是施工所需，产生的工程利益也由发包人最终享有，临时设施拆除后的材料的剩余价值也是由发包人最终支配，故承包人可以向发包人要求支付该部分工程款。对于可以多次周转使用的设施设备，承包人仍可进行周转使用，发包人仅支付本次周转使用费，该权属应该属于承包人。

◆ 相关案例 ◆

相关案例一：合肥某工程建设承包有限责任公司与安徽某置业有限公司宁国分公司建设工程合同纠纷一审民事判决书（〔2015〕宁民二初字第00533号）

判决书摘录：本案焦点系原告、被告制作现场临时设施、材料统计清单后，该临时设施、材料的所有权归属。首先，双方对临时设施、材料进行了估价，具备买卖合同性质；其次，涉案临时设施、材料曾由被告交于第三方使用，被告当时具有一定的处分权；最后，涉案临时设施、材料在被第三方使用中，价值必然被减损，如仍将该临时设施、材料的所有权归属原告，对原告显然不公平。因此，本院认定双方在制作清单时具有买卖的真实意思表示，其后现场临时设施、材料的所有权应归属被告，被告应支付相应对价。故对原告诉请被告支付临时设施、材料款337773元，并自起诉之日起按照中国人民银行同期同类贷款利率支付利息，本院予以支持。超过部分无事实依据，本院不予支持。

相关案例二：某建设集团有限公司、江西省某置业有限公司建设工程施工合同纠纷二审民事判决书（江西省高级人民法院〔2019〕赣民终580号）

判决书摘录：关于临时设施费。经查，本案已施工部分的工程造价按照合同约定的综合费率计算（即包含临时设施费），未完工项目所含的临时设施费未包括在内，而临时设施一般在工程施工前期全部修建并在整个合同项目全过程中使用，且依据现有材料也证明承包人已经修建，一审法院将该未完工项目所含的临时设施费用604999.25元纳入涉案工程造价中并无不当，不存在重复计算。

相关案例三：李某某、惠州市某实业发展有限公司建设工程施工合同纠纷一案民事二审判决书（广东省惠州市中级人民法院〔2019〕粤13民终7794号）

判决书摘录：首先是临时设施费用的问题，李某某组织工人建设的临时设施是施工所需，产生的工程利益亦是由实业公司最终享有，临时设施拆除后的材料的剩余价值也是由实业公司最终支配，故该部分工程款应由实业公司支付给李某某。

问题 12：低于成本价，如何结算工程款？

◆ 有关规定 ◆

一、《中华人民共和国招标投标法》

第三十三条　投标人不得以低于成本的报价竞标，也不得以他人名义投标或者以其他方式弄虚作假，骗取中标。

第四十一条第二款　中标人的投标应当能够满足招标文件的实质性要求，并且经评审的投标价格最低；但是，投标价格低于成本的除外。

二、《中华人民共和国合同法》

第五十二条第（五）项　违反法律、行政法规的强制性规定的合同无效。

三、《湖南省房屋建筑和市政基础设施工程施工投标报价成本评审办法》（湘建监督〔2021〕233 号）

第八条　采用综合评估法评标的，投标总报价小于基准价 92% 的，视为以低于成本报价竞争，该投标人报价为无效报价，应当否决其投标。

四、《最高人民法院关于审理建设工程施工合同纠纷案件适用法律问题的解释（一）》

第二十四条　当事人就同一建设工程订立的数份建设工程施工合同均无效，但建设工程质量合格，一方当事人请求参照实际履行的合同关于工程价款的约定折价补偿承包人的，人民法院应予支持。实际履行的合同难以确定，当事人请求参照最后签订的合同关于工程价款的约定折价补偿承包人的，人民法院应予支持。

五、《最高人民法院关于适用〈中华人民共和国民法典〉合同编通则若干问题的解释》（法释〔2023〕13 号）

第十六条　合同违反法律、行政法规的强制性规定，有下列情形之一，由行为人承担行政责任或者刑事责任能够实现强制性规定的立法目的的，人民法院可以依据民法典第一百五十三条第一款关于"该强制性规定不导致该民事法律行为无效的除外"的规定认定该合同不因违反强制性规定无效：（一）强制性规定虽然旨在维护社会公共秩序，但是合同的实际履行对社会公共秩序造成的影响显著轻微，认定合同无效将导致案件处理结果有失公平公正；（二）强制性规定旨在维护政府的税收、土地出让金等国家利益或者其他民事主体的合法利益而非合同当事人的民事权益，认定合同有效不会影响该规范目的的实现；（三）强制性规定旨在要求当事人一方加强风险控制、内部管理等，对方无能力或者无义务审查合同是否违反强制性规定，认定合同无效将使其承担不利后果；（四）当事人一方虽然在订立合同时违反强制性规定，但是在合同订立后其已经具备补正违反强制性规定的条件却违背诚信原则不予补正；（五）法律、司法解释规定的其他情形。法律、行政法规的强制性规定旨在规制合同订立后的履行行为，当事人以合同违反强制性规定为由请求认定合同无效的，人民法院不予支持。但是，合同履行必然导致违反强制性规定或者法律、司法解释另有规定的除外。依据前两款认定合同有效，但是当事人的违法行为未经处理的，人民法院应当向有关行政管理部门提出司法建议。当事人的行为涉嫌犯罪的，应当将案件线索移送刑事侦查机关；属于刑事自诉案件的，应当告知当事人可以向有管辖权的人民法院另行提起诉讼。

第十七条　合同虽然不违反法律、行政法规的强制性规定，但是有下列情形之一，人民法院应当依据民法典第一百五十三条第二款的规定认定合同无效：（一）合同影响政治安全、经济安全、军事安全等国家安全的；（二）合同影响社会稳定、公平竞争秩序或者损害社会公共利益等违背社会公共秩序的；（三）合同背离社会公德、家庭伦理或者有损人格尊严等违背善良风俗的。人民法院在认定合同是否违背公序良俗时，应当以社会主义核心价值观为导向，综合考虑当事人的主观动机和交易目的、政府部门的监管强度、一定期限内当事人从事类似交易的频次、行为的社会后果等因素，并在裁判文书中充分说理。当事人确因生活需要进行交易，未给社会公共秩序造成重大影响，且不影响国家安全，也不违背善良风俗的，人民法院不应当认定合同无效。

六、《建筑工程施工发包与承包计价管理办法》（住房和城乡建设部令第 16 号）

第十一条　投标报价低于工程成本或者高于最高投标限价总价的，评标委员会应当否决投标人的投标。对是否低于工程成本报价的异议，评标委员会可以参照国务院住房城乡建设主管部门和省、自治区、直辖市人民政府住房城乡建设主管部门发布的有关规定进行评审。

七、《铁路工程建设项目招标投标管理办法》（交通运输部令 2018 年第 13 号）

第三十二条　评标委员会认为投标人的报价明显低于其他投标报价，有可能影响工程质量或者不能诚信履约的，可以要求其澄清、说明是否低于成本价投标，必要时应当要求其一并提交相关证明材料。投标人不能证明其报价合理性的，评标委员会应当认定其以低于成本价竞标，并否决其投标。

八、《公路工程建设项目评标工作细则（2022 版）》（交公路规〔2022〕8 号）

第二十七条　评标委员会发现投标人的投标报价明显低于其他投标人报价或者在设有标底时明显低于标底的，应当按照本细则第二十五条规定的程序要求该投标人对相应投标报价作出书面说明，并提供相关证明材料。如果投标人不能提供相关证明材料，或者提交的相关材料无法证明投标人可以按照其报价以及招标文件规定的质量标准和履行期限完成招标项目的，评标委员会应当认定该投标人以低于成本价竞标，并否决其投标。

◆ 实务提醒 ◆

一、成本分为社会平均成本和企业个别成本。社会平均成本代表了行业内发展的平均水平，管理先进、经营能力强的企业其成本可能低于社会平均成本，而管理落后、经营能力差的企业其成本就会比社会平均成本高一些。社会平均成本的认定主要依据行业内的计价规范和定额标准，以建筑行业为例，一般的社会平均成本指的就是预算成本，其反映了社会平均的成本水平，主要以施工图确定的工程量和国家规定的工程预算定额及取费标准为依据求得。

企业个别成本是企业在经营活动中除去必要的支出以外没有任何盈利空间的成本价格。对于企业个别成本的认定，主要是纵向分析比较其在历史投标过程中的报价趋势，面向项目特征类似、项目需求接近、项目标准一致的项目，在报价时应当处于一个比较稳定的报价区间，而不应当出现较大幅度的波动，如果发现报价明显低于其历次同类型报价，就一般应当作为异常低价来看待。

二、低于成本价指的是社会平均成本还是企业个别成本，实践中存在争议。如何认定低于成本价，实践中判断较为困难。对此形成两种观点：第一种观点认为应当参考建筑市场的社会平均成本进行判断。第二种观点认为应当以企业的个别成本作为判断依据，基于每个企业人力、管理、技术、财务控制等实际情况千差万别，因此各自的建造成本也各不相同，以建筑市场社会平均成本作为判断是否低于成本价并不科学，故对低于成本价的判断标准应以企业个别成本为依据，综合建筑市场社会平均成本予以判断。

三、低于成本价中标的合同是有效还是无效，实践中也存在争议。对此问题也存在两种不同的观点。第一种观点认为，《中华人民共和国招标投标法》第三十三条的规定属于管理性强制性规定，违反该规定需要承担相应的行政责任，但并不影响施工合同的效力。第二种观点认为，《中华人民共和国招标投标法》第三十三条的规定属于效力性强制性规定，违反该规定的合同无效。理由如下：《中华人民共和国招标投标法》第三十三条规定，禁止投标人以低于成本的报价竞标，其目的在于保证招标投标竞争秩序和确保工程质量，维护经济秩序和社会公共利益。《中华人民共和国招标投标法》第四十一条第（2）项规定，中标人的投标应当符合能够满足招标文件的实质性要求，并且经评审的投标价格最低，但是投标价格低于成本的除外。《中华人民共和国招标投标法实施条例》第五十一条第（5）项规定，投标报价低于成本或者高于招标文件设定的最高投标限价的，评标委员会应当否决其投标。因此，低于成本价中标的建设工程施工合同应当认定为无效。

四、低于成本价中标的合同工程款如何结算，实践中也存在争议。第一种观点认为，根据《中华人民共和国民法典》第七百九十三条"建设工程施工合同无效，但是建设工程经验收合格的，可以参照合同关于工程价款的约定折价补偿承包人"的规定，合同无效后参照合同约定折价补偿承包人，若适用该条规定，那么在项目中承包人试图以合同无效为由主张调整合同价格的目的将落空。第二种观点认为，低于成本价导致合同无效的不应再参照合同约定支付工程价款，应当按实结算。理由是：第一，从文义解释角度来看，《最高人民法院关于审理建设工程施工合同纠纷案件适用法律问题的解释（一）》第二条规定的建设工程施工合同无效并未明确情形，应当包括因低于成本价中标而导致施工合同无效的情形。第二，从司法价值取向来看，对于低于成本价中标的施工合同，如果允许按实结算，将导致结算价高于中标价，使得否定施工合同效力的目的落空，违法行为反而获得比合法行为更多的利益。依据合同约定结算工程价款对低于成本价投标的行为，可以起到相应的约束引导作用。从平衡双方当事人利益来看，依据合同约定结算工程价款符合双方当事人的合同预期。

◆ 相关案例 ◆

相关案例一：佛山市某建筑工程有限公司与佛山某纺织有限公司建设工程施工合同纠纷审判监督民事判决书（最高人民法院〔2015〕民提字第142号）

判决书摘录：基于粤辉造价公司对涉案工程出具的不含利润的《工程造价鉴定书》（方案一）分析，即使不考虑佛山市某建筑工程有限公司应获得的人工利润，该工程造价成本也需要37886958.71元，相对双方签订的《建设工程施工合同》约定的29134105.62元，差额比例超过20％。对于工程的招标投标，《中华人民共和国招标投标法》第四十一条第二款规定："中标人的投标应当能够满足招标文件的实质性要求，并且经评审的投标价格最低；但是，投标价格低于成本的除外"，佛山某纺织有限公司将自身需建造的工程发包也受此强制性规定约束。因《工程造价鉴定书》效力已予以确认，而双方签订的《建设工程施工合同》约定的中标价远低于《工程造价鉴定书》认定的造价，违反了上述法律规定，依照《中华人民共和国合同法》第五十二条第五项规定的"违反法律、行政法规的强制性规定的合同无效"，据此佛山市某建筑工程有限公司请求确认与佛山某纺织有限公司就涉案工程所签订的《建设工程施工合同》无效、正当合法，予以支持。

（编者注：以上是一审判决，合同有效。）

根据粤辉造价公司对涉案工程出具的不含利润的《工程造价鉴定书》（方案一）的分析，即使不考虑佛山市某建筑工程有限公司应获得的人工利润，该工程造价成本也需要37886958.71元，相对双方签订的《建设工程施工合同》约定的29134105.62元，差额比例超过20％，即涉案工程的投标价远低于成本价，不符合《中华人民共和国招标投标法》第四十一条第二款的规定。鉴于双方签订的《建设工程施工合同》约定的中标价远低于《工程造价鉴定书》认定的造价，违反了上述法律规定，依照《中华人民共和国合同法》第五十二条第（五）项规定的"违反法律、行政法规的强制性规定的合同无效"，双方就涉案工程所签订的《建设工程施工合同》（编号为06-142）应属无效，一审法院依法予以确认并无不当。

（编者注：以上是二审判决，合同无效。）

关于案涉施工合同效力应如何认定的问题。根据已经查明的案件事实，佛山某纺织有限公司系采用邀请招标的方式发包案涉工程，虽然在具体实施中不符合邀请招标的相关程序规定，但考虑佛山市南海区发展和改革局对工程发包方式已予核准，可以认定案涉工程履行了招标投标程序，应当适用《中华人民共和国招标投标法》的相关规定。对于本案是否存在《中华人民共和国招标投标法》第三十三条规定的以低于成本价竞标的问题。本院认为，法律禁止投标人以低于成本的报价竞标，主要目的是规范招标投标活动，避免不正当竞争，保证项目质量，维护社会公共利益，如果确实存在低于成本价投标的，应当依法确认中标无效，并相应认定该建设工程施工合同无效。但是，对何为"成本价"应作正确理解，所谓"投标人不得以低于成本的报价竞标"应指投标人投标报价不得低于其为完成投标项目所需支出的企业个别成本。招标投标法并不妨碍企业通过提高管理水平和经济效益降低个别成本，以提升其市场竞争力。原判决根据定额标准所作鉴定结论为基础据以推定投标价低于成本价，但依据不充分。佛山市某建筑工程有限公司未能提供证据证明对案涉项目的投标报价低于其企业的个别成本，其以此为由主张《建设工程施工合同》无效，无事实依据。案涉《建设工程施工合同》是双方当事人真实的意思表示，不违反法律和行政法规的强制性规定，合法、有效。原判决认定合同无效，事实和法律依据不充分，本院予以纠正。

（编者注：以上是最高院判决，合同有效。）

相关案例二：山西某建筑工程有限公司、山西某房地产开发有限公司建设工程施工合同纠纷二审民事判决书（山西省高级人民法院〔2017〕晋民终108号）

判决书摘录：关于合同约定工程造价是否显失公平问题。山西某建筑工程有限公司系经招标投标承揽该工程，其作为多年从事建筑行业、有资质的企业，理应经过专业性成本及利润核算后再进行投标。《中华人民共和国招标投标法》第三十三条规定，投标人不得以低于成本的报价投标。这里的成本应指企业的个别成本，本案一审期间运城市建信工程造价服务有限公司所出具的鉴定结论系依据行业主管部门颁布的工程定额标准和价格信息编制，而定额和价格信息反映的是建筑市场的社会平均成本。企业个别成本与企业规模、管理水平相关。管理水平越高的企业，其个别成本越低，故运城市建信工程造价服务有限公司所出具的鉴定结论不能作为山西某建筑工程有限公司投标价低于涉案建设工程成本价的依据，山西某建筑工程有限公司该项主张本院不予支持。

问题 13：存在不合理压缩工期情形下，如何结算工程款？

◆ 有关规定 ◆

一、《建设工程质量管理条例》（国务院令第714号）

第十条　建设工程发包单位不得迫使承包方以低于成本的价格竞标，不得任意压缩合理工期。建设单位不得明示或者暗示设计单位或者施工单位违反工程建设强制性标准，降低建设工程质量。

二、《建设工程定额管理办法》（建标〔2015〕230号）

第三条　本办法所称定额是指在正常施工条件下完成规定计量单位的合格建筑安装工程所消耗的人工、材料、施工机具台班、工期天数及相关费率等的数量基准。定额是国有资金投资工程编制投资估算、设计概算和最高投标限价的依据，对其他工程仅供参考。

三、《房屋建筑和市政基础设施项目工程总承包管理办法》（建市规〔2019〕12号）

第二十四条　建设单位不得设置不合理工期，不得任意压缩合理工期。工程总承包单位应当依据合同对工期全面负责，对项目总进度和各阶段的进度进行控制管理，确保工程按期竣工。

四、《最高人民法院关于印发〈第八次全国法院民事商事审判工作会议（民事部分）纪要〉的通知》（法〔2016〕399号）

30. 要依法维护通过招投标所签订的中标合同的法律效力。当事人违反工程建设强制性标准，任意压缩合理工期、降低工程质量标准的约定，应认定无效。对于约定无效后的工程价款结算，应依据建设工程施工合同司法解释的相关规定处理。

五、《建设工程工程量清单计价规范》（GB 50500—2013）

9.11.1　招标人应依据相关工程的工期定额合理计算工期，压缩的工期天数不得超过定额工期的20%。超过者应在招标文件中明示增加赶工费。

六、《北京市住房和城乡建设委员会关于执行2018年〈北京市建设工程工期定额〉和2018年〈北京市房屋修缮工程工期定额〉的通知》（京建法〔2019〕4号）

（三）发包人压缩定额工期的，应提出保证工程质量、安全和工期的具体技术措施，并根据技术措施测算确定发包人要求工期。压缩定额工期的幅度超过10%（不含）的，应组织专家对相关技术措施进行合规性和可行性论证，并承担相应的质量安全责任。

（四）招标人压缩定额工期的，应在招标工程量清单的措施项目中补充编制赶工增加费项目，并在招标文件的附件中列明相关技术措施。

◆ 实务提醒 ◆

一、工期分为合同工期、定额工期和合理工期。

合同工期是指在定额工期的指导下，由工程建设的承发包双方根据项目建设的具体情况，经招标投标或协商一致后在承包合同书中确认的建设工期。合同工期一经确定，对合同双方都具有约束效力。对于强制性招标项目而言，工期为合同的主要条款之一，投标人在投标时须作出实质性响应，如在中标之后更改合同工期，可能会导致施工合同因背离中标合同的实质性内容而无效。

定额工期是指在正常施工条件下完成规定计量单位的合格工程项目所消耗的工期天数的数量基准。定额反映的是平均建设和管理水平条件下所体现出的经济数据，与每一个承包方的实际水平会存在一定的差异性。

合理工期是指在正常建设条件下，采取科学合理的施工工艺和管理方法，以现行的建设行政主管部门颁布的工期定额为基础，结合项目建设的具体情况，而确定的使投资方及各参加单位均获得满意的经济效益的工期，合理工期要以工期定额为基础而确定，但不一定与定额工期完全一致，可依施工条件等作适当调整。

二、可以合理地压缩工期，不能不合理地压缩工期。

如何界定是否属于压缩合理工期？法律并无明确规定，实务处理也存在差异。《建设工程工程量清单计价规范》（GB 50500—2013）明确工期压缩率在 20％ 以内的为合理工期。部分地区文件对压缩合理工期作出了解释，以合同工期低于定额工期或低于定额工期一定幅度这一标准作为"压缩合理工期"的认定依据。如《北京市住房和城乡建设委员会关于进一步规范北京市房屋建筑和市政基础设施工程施工发包承包活动的通知》规定："建设单位应严格执行本市现行的工期定额及有关规定，任何单位和个人不得任意压缩定额工期。确需调整的，建设单位应当组织专门论证和审定。建设单位要求施工工期小于定额工期时，必须在招标文件中明示增加费用，压缩的工期天数不得超过定额工期的 30％。超过 30％ 的，视为任意压缩合理工期，依照《建设工程质量管理条例》处理。"《上海市城乡建设和交通委员会关于加强本市建设工程施工工期管理的意见》规定："建设单位应当依据现行的工期指导标准（或工期定额，下同）计算施工工期，并在招标文件中注明工期要求。如果无工期指导标准的，应当组织专家对施工工期进行单独评估，并出具专家评审认可的合理施工工期评估报告。如确需压缩施工工期的，且压缩幅度超过 15％（含 15％），应当再次组织论证。施工工期评估报告作为招标文件备案的内容。"《浙江省住房和城乡建设厅关于规范建设工程施工招标文件计价条款的指导意见》规定："合理确定施工工期。不得盲目压缩工期，原则上不得在招标文件中设置工期比定额工期提前 30％ 以上的要求。确需提前 30％ 以上工期的，招标控制价编制时除计取缩短工期增加费外，还应包括相应的施工方案。同时，招标文件应要求投标人提供与自身报价相应的施工方案，确保工程质量和施工安全。"《河北省住房和城乡建设厅关于加强建设工程工期管理有关工作的通知》（冀建市〔2015〕14 号）规定："拟定的招标工期可以小于定额工期，但不得小于定额工期的 70％，否则视为任意压缩合理工期。"山东省济南市政府行政主管部门发布的《关于加强建筑安装工程工期管理的通知》（济建标字〔2011〕5 号）规定："招标工期不得小于定额工期的 70％（不含），招标工期小于定额工期的 70％（不含），视为发包人任意压缩合理工期。"《成都市政府性工程建设质量管理十条措施》规定："确保合理工期。建设单位应充分考虑项目建设全过程风险，科学合理地确定工程建设的施工总工期和进度目标，不得随意延误或压缩合理工期。当项目确需调整施工工期时，除特殊情况外压缩工期的天数不应超过定额工期的 20％，并应提出保证工程质量的技术措施和方案。"实务中在具体确定和理解是否存在不合理压缩工期，一般可结合《建设工程工程量清单计价规范》（GB 50500—2013）中规定的"压缩的工期天数不得超过定额工期的 20％"的标准，并参考各地方政府部门颁发的法律文件关于压缩合理工期的认定标准来具体判断工程项目是否构成不合理压缩工期。

三、合理地压缩工期，应当支付赶工费。

《建设工程工程量清单计价规范》（GB 50500—2013）规定："9.11.1 招标人应依据相关工程的工期定额合理计算工期，压缩的工期天数不得超过定额工期的 20％，超过者，应在招标文件中明示增加赶工费用。9.11.2 发包人要求合同工程提前竣工的应征得承包人同意后与承包人商定采取加快工程进度的措施，并应修订合同工程进度计划。发包人应承担承包人由此增加的提前竣工（赶工补偿）费用。9.11.3 发承包双方应在合同中约定提前竣工每日历天应补偿额度，此项费用应作为增加合同价款列入竣工结算文件中，应与结算款一并支付。"

四、不合理地压缩工期，如何认定工期条款的效力。

观点一认为压缩合理工期条款有效，理由是：首先，应尊重合同双方当事人的意思自治，严守合同约定，尊重双方当事人对自身权利义务的处分。其次，当事人签署合同时对工期问题协商一致，发生纠纷后又否认工期条款的效力，有违诚实信用原则。再次，承包方作为专业人士，应有能力判断和确定是否能按照约定工期完成施工义务，定额工期反映的仅仅是一般施工条件下施工企业的平均施工水平，但并不能排除科技进步、改善管理等原因促使施工效率提升进而缩短其实际施工工期的情形。定额工期仅具备参考价值，不具备强制约束力，不应直接认定短于定额工期的工期条款无效。最后，《建设工程质量管理条例》第十条关于工期的规定仅仅属于管理性规定，并非效力性强制性规定。因此，定额工期仅作为参考依据，合同中压缩合理工期的条款应属有效。

观点二认为压缩合理工期条款无效，理由是：首先，任意压缩合理工期会导致建设工程质量无法得到保障，损害社会公众的生命和财产安全，而《中华人民共和国民法典》明确规定损害社会公共利益的法律行为无效。因此，从保障建设工程质量、维护社会公共利益的角度，应认定不合理压缩工期的条款约定无效。其次，《建设工程质量管理条例》第十条规定："建设工程发包单位，不得迫使承包方以低于成本的价格竞标，不得任意压缩合理工期。建设单位不得明示或者暗示设计单位或者施工单位违反工程建设强制性标准，降低建设工程质量。"《最高人民法院第八次全国法院民事商事审判工作会议（民事部分）纪要》第 30 条规定："要依法维护通过招投标所签订的中标合同的法律效力。当事人违反工程建设强制性标准，任意压缩合理工期、降低工程质量标准的约定，应认定无效。对于约定无效后的工程价款结算，应依据建设工程施工合同司法解释的相关规定处理。"根据该行政法规和最高法司法解释的规定，任意压缩合理工期的条款，应当认定无效。

观点三认为，任意压缩工期条款应当以有效说为原则，无效说为例外。如合同工期的确定是建立在发承包双方平等协商、充分沟通的基础上进行的，则关于压缩工期的事项属于双方对自身权利的自愿处分，原则上应当尊重合同当事人的意思自治，认定约定工期有效。如发承包双方并未进行充分沟通，而系发包方基于其强势地位而单方决定，则承包方可主张不合理压缩工期的相关条款无效。

值得注意的是，《建设工程工程量清单计价标准》（GB/T 50500—2024）删除了《建设工程工程量清单计价规范》（GB 50500—2013）第 9.11.1 条的规定。

◆ 相关案例 ◆

相关案例一：某（北京）投资有限公司等建设工程施工合同纠纷二审民事判决书

（〔2019〕京民终366号）

判决书摘录：关于涉案工程的工期。建工公司主张涉案工程根据《北京市建设工程工期定额》计算定额工期为1290天，本案实际工期为1004天，而总承包合同约定的工期为547天，资产公司属于任意压缩合理工期，故总承包合同中工期条款无效，建设公司应支付建工公司压缩工期增加费和抢工措施费。对此法院认为，《北京市建设工程工期定额》并非全国人民代表大会及其常委会和国务院制定的法律、行政法规，故总承包合同中关于工期的约定是否合法不以《北京市建设工程工期定额》为依据。同时，根据《中华人民共和国招标投标法》第四十六条第一款规定，招标人和中标人应当自中标通知书发出之日起三十日内，按照招标文件和中标人的投标文件订立书面合同。招标人和中标人不得再行订立背离合同实质性内容的其他协议。本案中，547天工期在招投标期间已经明确，在总承包合同中亦未变更，资产公司并未背离招投标期间确定的工期而另行约定工期，故亦不违反《中华人民共和国招标投标法》第四十六条第一款规定。故总承包合同约定的工期为547天的条款合法有效，建工公司主张资产公司支付其增加费和抢工措施费的诉讼请求，缺乏依据，法院不予支持。建工公司主张对涉案工程压缩工期增加费和抢工措施费的进行鉴定的申请亦无必要，法院不予准许。

相关案例二：《玉环县某投资有限公司、浙江某建设集团股份有限公司建设工程施工合同纠纷二审民事判决书》（浙江省高级人民法院〔2016〕浙民终940号）

判决书摘录：关于工期约定是否无效问题。浙江某建设集团股份有限公司上诉提出合同约定工期远远少于合理工期，对此本院认为，建设工程是系统性工程，工期长短不仅取决于工程规模，同时与建筑企业自身的资金、施工能力、管理能力密切相关，不能简单地以工程规模来核定合理工期。本案玉环县某投资公司发布的招标文件中确定的工期为360天，浙江某建设集团股份有限公司作为具有特级资质的建筑企业，在对相关的人力、物力进行测算后，提交投标函并作出352天的工期承诺系其真实意思表示。其现推翻其在投标函中的承诺，显然违背诚信原则，对此不予采纳，对其提出的工期鉴定申请依法不予准许。

相关案例三：泰宁县某房地产开发有限公司、福建省某建设发展有限公司建设工程施工合同纠纷二审民事判决书（〔2020〕闽04民终148号）

判决书摘录：一审法院：（一）对于工期定额。鉴定机构根据《全国统一建筑安装工程工期定额》（2000年2月16日）计算，确认案涉工程定额工期为937天，合同工期为456天，合同工期仅为定额工期的 $456/937=48.66\%$，明显低于定额工期的70%，应视为任意压缩合理工期。根据《最高人民法院关于印发〈第八次全国法院民事商事审判工作会议（民事部分）纪要〉的通知》（法〔2016〕399号）第30条规定"当事人违反工程建设强制性标准，任意压缩合理工期、降低工程质量标准的约定，应认定无效"，本案中，案涉合同约定的工期条款应当认定为无效。对此，对案涉工程合同工期予以适当调整，酌定最低合理工期即定额工期的 $70\%=937\times70\%=656$ 天确认为案涉补充合同工期。

二审法院：本案合同约定的工期为 456 天，鉴定机构根据《全国统一建筑安装工程工期定额》（2000 年 2 月 16 日）计算，确认涉案工程定额工期为 937 天，即合同约定的工期明显低于定额工期的 70%。因定额工期是编制招标文件的依据，是签订施工合同、确定合理工期及施工索赔的基础，是施工企业编制施工组织设计、确定投标工期、安排施工进度的参考；同时，合理工期是工程质量的保证，任意压缩合理工期的行为，必然会导致工程质量降低。一审法院据此酌情确定最低合理工期为 656 天，该处理结果并无不当。

问题 14：三边工程如何结算工程款？

◆ **有关规定** ◆

一、《最高人民法院关于审理建设工程施工合同纠纷案件适用法律问题的解释》

第十六条　当事人对建设工程的计价标准或者计价方法有约定的，按照约定结算工程价款。

因设计变更导致建设工程的工程量或者质量标准发生变化，当事人对该部分工程价款不能协商一致的，可以参照签订建设工程施工合同时当地建设行政主管部门发布的计价方法或者计价标准结算工程价款。

二、《中华人民共和国合同法》

第六十二条　当事人就有关合同内容约定不明确，依照本法第六十一条的规定仍不能确定的，适用下列规定：

（二）价款或者报酬不明确的，按照订立合同时履行地的市场价格履行；依法应当执行政府定价或者政府指导价的，按照规定履行。

三、《中华人民共和国民法典》

第五百一十条　合同生效后，当事人就质量、价款或者报酬、履行地点等内容没有约定或者约定不明确的，可以协议补充；不能达成补充协议的，按照合同相关条款或者交易习惯确定。

第五百一十一条　当事人就有关合同内容约定不明确，依据前条规定仍不能确定的，适用下列规定：

（一）质量要求不明确的，按照强制性国家标准履行；没有强制性国家标准的，按照推荐性国家标准履行；没有推荐性国家标准的，按照行业标准履行；没有国家标准、行业标准的，按照通常标准或者符合合同目的的特定标准履行。

（二）价款或者报酬不明确的，按照订立合同时履行地的市场价格履行；依法应当执行政府定价或者政府指导价的，依照规定履行。

四、《最高人民法院关于审理建设工程施工合同纠纷案件适用法律问题的解释（一）》（法释〔2020〕25 号）

第十九条　当事人对建设工程的计价标准或者计价方法有约定的，按照约定结算工程价款。因设计变更导致建设工程的工程量或者质量标准发生变化，当事人对该部分工程价款不能协商一致的，可以参照签订建设工程施工合同时当地建设行政主管部门发布的计价方法或者计价标准结算工程价款。建设工程施工合同有效，但建设工程经竣工验收不合格的，依照《民法典》第五百七十七条的规定处理。

◆ 实务提醒 ◆

一、三边工程的质量、安全、进度等存在较大不确定性。三边工程指的是边勘察、边设计、边施工的工程，其不确定性较大，工程项目质量及安全存在较大隐患，容易导致工程质量、安全、进度、造价等发生全面失控的局面。

二、三边工程容易引发工期责任问题。三边工程在施工时所采用的施工图纸一般是未经审查的图纸，部分工程只有设计研究院临时出具的草图，现场施工缺少应有的图纸指导，随意施工，边施工、边整改，甚至返工。对于该工期延误是属于设计方责任，还是施工方责任，抑或是甲方责任不容易分析，有可能导致推诿，极易导致赶工期的项目工期进一步发生了拖延。

三、三边工程容易引发返工，增加施工成本。三边工程勘察工作一般滞后，甚至常常发生重勘、补勘等情况，勘察工作不能及时为设计提供依据，极易引发设计变更；施工图纸未经过图审就展开施工，图审时提出的问题不得不改，客观上造成大量工程变更或拆除返工，如不能整改的，还会面临责令整改及罚款等不利后果。而且勘察设计等工作的变化，直接导致工程变更，已施工的工程可能还面临着拆除的风险，会造成重大经济损失，引起工程结算纠纷。在这一过程中，因勘察设计工作变化导致的变更，施工单位注意及时对接，及时签证，做好证据的留存工作。否则，如签证不及时或者取证工作未到位，极易导致工程结算争议。

四、三边工程的结算以工程质量合格为前提。三边工程由于勘察设计的不完整性，让施工单位无据可依，违背常规建设施工，施工顺序混乱，极易引发质量问题。因此，施工单位应注意严格控制施工质量，保证建设项目质量验收合格是其获得工程价款的前提条件。

◆ 相关案例 ◆

相关案例一：《河南某建设有限公司与河南某纺织服装有限公司建设工程施工合同纠纷案一审民事判决书》（河南省鹤壁市中级人民法院〔2014〕鹤民初字第 50 号）

判决书摘录：本涉案工程开工前被告未办理施工许可证，且没有设计施工图纸。原、被告双方对涉案工程是边设计边施工。设计图纸是具体施工的根本依据，也是工程计价的基础所在。由于没有施工图纸，双方合同约定的固定总价则没有依据。基于此，本案工程价款应该依据实际发生的工程量据实结算。经鉴定，涉案工程工程造价为 7346520.35 元，被告已经支付原告工程款 4122373.9 元，即剩余 3224146.45 元（鉴定价款 7346520.35 元—已支付价款 4122373.9 元）工程款未支付。

关于本案原告是否未按合同约定如期完工问题，本院认为涉案工程是边设计边施工，该情形造成竣工时间具有不确定性，双方对此均有过错，且原告在 2010 年 8 月 6 日、2010 年 8 月 8 日两次向被告出具了工期顺延报告，被告对工期顺延报告没有答复即视为对工期顺延的认可，故被告以原告未按合同约定如期完工，原告无权要求被告支付工程款的抗辩理由不能成立，本院不予支持。

相关案例二：《沈阳某房地产开发有限公司与某有限公司建设工程施工合同纠纷二审民事判决书》（最高人民法院〔2013〕民一终字第 168 号）

判决书摘录：关于某有限公司是否应当承担涉案工程工期延误责任的问题。涉案工程工期的确存在延误问题，但涉案工程本身就是"边设计、边施工"工程。加之，涉案工程存在大量设计变更的情形。而且，从双方的约定来看，付款方式为按形象进度付款，沈阳某房地产开发有限公司又存在拖欠工程款的行为。此种情况下，一审法院认定涉案工程工期的延误原因是多方面的，不能归因于本案一方当事人，令双方自行承担工期延误的损失并无不当。

问题 15：三无工程如何结算工程款？

◆ 有关规定 ◆

一、《中华人民共和国合同法》

第五十八条　合同无效或者被撤销后，因合同取得的财产，应当予以返还；不能返还或者没有必要返还的，应当折价补偿。有过错的一方应当赔偿对方因此所受到的损失，双方都有过错的，应当各自承担相应的责任。

二、《中华人民共和国民法典》

第一百五十七条　民事法律行为无效、被撤销或者确定不发生效力后，行为人因该行为取得的财产，应当予以返还；不能返还或者没有必要返还的，应当折价补偿。有过错的一方应当赔偿对方由此所受到的损失；各方都有过错的，应当各自承担相应的责任。法律另有规定的，依照其规定。

三、《最高人民法院关于审理建设工程施工合同纠纷案件适用法律问题的解释（二）》

第二条　当事人以发包人未取得建设工程规划许可证等规划审批手续为由，请求确认建设工程施工合同无效的，人民法院应予支持，但发包人在起诉前取得建设工程规划许可证等规划审批手续的除外。

发包人能够办理审批手续而未办理，并以未办理审批手续为由请求确认建设工程施工合同无效的，人民法院不予支持。

四、《中华人民共和国城乡规划法》（2019 修正）

第三十八条　在城市、镇规划区内以出让方式提供国有土地使用权的，在国有土地使用权出让前，城市、县人民政府城乡规划主管部门应当依据控制性详细规划，提出出让地块的位置、使用性质、开发强度等规划条件，作为国有土地使用权出让合同的组成部分。未确定规划条件的地块，不得出让国有土地使用权。以出让方式取得国有土地使用权的建设项目，建设单位在取得建设项目的批准、核准、备案文件和签订国有土地使用权出让合同后，向城市、县人民政府城乡规划主管部门领取建设用地规划许可证。城市、县人民政府城乡规划主管部门不得在建设用地规划许可证中，擅自改变作为国有土地使用权出让合同组成部分的规划条件。

第三十九条　规划条件未纳入国有土地使用权出让合同的，该国有土地使用权出让合同无效；对未取得建设用地规划许可证的建设单位批准用地的，由县级以上人民政府撤销有关批准文件；占用土地的，应当及时退回；给当事人造成损失的，应当依法给予赔偿。

第四十条　在城市、镇规划区内进行建筑物、构筑物、道路、管线和其他工程建设的，建设单位或者个人应当向城市、县人民政府城乡规划主管部门或者省、自治区、直辖市人民政府确定的镇人民政府申请办理建设工程规划许可证。申请办理建设工程规划许可证，应当提交使用土地的有关证明文件、建设工程设计方案等材料。需要建设单位编制修建性详细规划的建设项目，还应当提交修建性详细规划。对符合控制性详细规划和规划条件的，由城市、县人民政府城乡规划主管部门或者省、自治区、直辖市人民政府确定的镇人民政府核发建设工程规划许可证。城市、县人民政府城乡规划主管部门或者省、自治区、直辖市人民政府确定的镇人民政府应当依法将经审定的修建性详细规划、建设工程设计方案的总平面图予以公布。

第六十四条　未取得建设工程规划许可证或者未按照建设工程规划许可证的规定进行建设的，由县级以上地方人民政府城乡规划主管部门责令停止建设；尚可采取改正措施消除对规划实施的影响的，限期改正，处建设工程造价百分之五以上百分之十以下的罚款；无法采取改正措施消除影响的，限期拆除，不能拆除的，没收实物或者违法收入，可以并处建设工程造价百分之十以下的罚款。

五、《最高人民法院关于审理建设工程施工合同纠纷案件适用法律问题的解释（一）》（法释〔2020〕25 号）

第三条、当事人以发包人未取得建设工程规划许可证等规划审批手续为由，请求确认建设工程施工合同无效的，人民法院应予支持，但发包人在起诉前取得建设工程规划许可证等规划审批手续的除外。发包人能够办理审批手续而未办理，并以未办理审批手续为由请求确认建设工程施工合同无效的，人民法院不予支持。

◆ 实务提醒 ◆

一、三无工程签订的施工合同无效。

三无工程，指的是未取得建设用地规划许可证、国有土地使用权证和建设工程规划许可证的工程。根据《中华人民共和国城乡规划法》及《最高人民法院关于审理建设工程施工合同纠纷案件适用法律问题的解释（一）》第三条的规定，在未取得建设工程规划许可证的情况下，所签订的施工合同无效。

二、三无工程，虽然合同无效，但是只要质量合格，支付工程款应当支持（见相关案例一）。

根据《中华人民共和国民法典》第七百九十三条的规定，建设工程施工合同无效，但如果工程经验收合格，可以参照合同关于工程价款的约定折价补偿承包人。

三、三无工程质量合格，承包人就该工程是否享有优先受偿权存在争议。

一种观点认为，三无工程虽属于"违法建筑"，具有违法性，但在未被行政部门拆除前，仍具有一定的使用价值，承包人对其仍享有建设工程价款优先受偿权。

另一种观点认为，三无工程属于"违法建筑"，因无法实现折价、拍卖，故承包人对其不享有建设工程价款优先受偿权。

四、三无工程的履约保证金在确认合同无效后，可要求返还，造成的损失一般根据过错原则确定赔偿（见相关案例二）。

履约保证金是工程发包人为防止承包人在合同执行过程中违反法律规定或合同约定，并弥补给发包人造成的经济损失的担保措施。当合同无效时，该履约保证金的功能已经丧失，依据《中华人民共和国民法典》第一百五十七条的规定，合同无效，因该合同取得的财产，应当予以返还。在确认施工合同无效的情况下，发包人应当返还履约保证金，有过错的一方还应当赔偿对方因此所受到的损失，双方都有过错的，应当各自承担相应的责任。

◆ 相关案例 ◆

相关案例一：《丁某与慈溪市某毛绒厂建设工程施工合同纠纷一审民事判决书》（慈溪市人民法院〔2018〕浙 0282 民初 6518 号）

判决书摘录：本院认为，首先，涉案工程的建设未经依法审批，且在本案法庭辩论终结前，亦未能补办相关审批手续，故原告与被告之间签订的施工合同，因违反法律、行政法规的强制性规定，应属无效。虽然施工合同无效，但工程施工完毕后，原告与被告之间进行结算，被告认可尚欠原告 6510000 元的行为，应属当事人的真实意思表示，不违反法律规定，应属有效。因被告确认 2018 年 1 月 19 日涉案工程已经交付被告使用，故原告诉请要求被告支付 6510000 元及自起诉之日支付利息，利率按照中国人民银行公布的同期同类贷款利率计算，合理合法，本院予以支持。因涉案工程的建设未经依法审批，故原告主张的建设工程价款优先受偿权，欠缺事实和法律依据，本院不予支持。

相关案例二：《西安市某建筑工程总公司与重庆某旅游开发有限公司建设工程施工合同纠纷一审民事判决书》（重庆市南川区人民法院〔2019〕渝 0119 民初 248 号）

判决书摘录：虽然原告、被告于 2017 年 5 月 23 日签订的《建设工程施工合同》系双方当事人的真实意思表示，但由于涉案工程至今未取得规划许可等审批手续，所以该合同依法应当无效。由于合同无效，根据《中华人民共和国合同法》第五十八条 "合同无效或者被撤销后，因合同取得的财产，应当予以返还；不能返还或者没有必要返还的，应当折价补偿。有过错的一方应当赔偿对方因此所受到的损失，双方都有过错的，应当各自承担相应的责任" 的规定，被告旅游公司应当退还原告建筑公司履约保证金 300 万元，因此本院对原告建筑公司要求被告旅游公司退还履约保证金 300 万元的诉讼请求予以支持。同时对原告建筑公司因合同无效造成的利息损失，本院根据本案的实际情况，从原告建筑公司付款之日起予以计算，即以 300 万元为基数，从 2017 年 5 月 23 日起按照中国人民银行发布的同期同类贷款利率计算利息至 2019 年 1 月 24 日止（即原告某建筑公司主张的起止期限）；对原告建筑公司主张超出部分的利息损失，于法无据，本院不予支持。

问题 16：未完工程如何结算工程款？

◆ 有关规定 ◆

一、《最高人民法院关于审理建设工程施工合同纠纷案件适用法律问题的解释》

第十条　建设工程施工合同解除后，已经完成的建设工程质量合格的，发包人应当按照约定支付相应的工程价款；已经完成的建设工程质量不合格的，参照本解释第三条规定处理。

二、《广东省高级人民法院关于审理建设工程施工合同纠纷案件若干问题的指导意见》

第五条　建设工程施工合同约定工程款实行固定价，如建设工程尚未完工，当事人对已完工工程造价产生争议的，可将争议部分的工程造价委托鉴定，但应以建设工程施工合同约定的固定价为基础，根据已完工工程占合同约定施工范围的比例计算工程款。当事人一方主张以定额标准作为造价鉴定依据的，不予支持。

三、《最高人民法院关于审理建设工程施工合同纠纷案件适用法律问题的解释（一）》

第十九条　当事人对建设工程的计价标准或者计价方法有约定的，按照约定结算工程价款。

因设计变更导致建设工程的工程量或者质量标准发生变化，当事人对该部分工程价款不能协商一致的，可以参照签订建设工程施工合同时当地建设行政主管部门发布的计价方法或者计价标准结算工程价款。

建设工程施工合同有效，但建设工程经竣工验收不合格的，依照民法典第五百七十七条规定处理。

四、《中华人民共和国民法典》

第八百零六条　承包人将建设工程转包、违法分包的，发包人可以解除合同。发包人提供的主要建筑材料、建筑构配件和设备不符合强制性标准或者不履行协助义务，致使承包人无法施工，经催告后在合理期限内仍未履行相应义务的，承包人可以解除合同。合同解除后，已经完成的建设工程质量合格的，发包人应当按照约定支付相应的工程价款；已经完成的建设工程质量不合格的，参照本法第七百九十三条的规定处理。

五、《建设工程价款结算暂行办法》（财建〔2004〕369 号）

第十一条　工程价款结算应按合同约定办理，合同未作约定或约定不明的，发、承包双方应依照下列规定与文件协商处理：（一）国家有关法律、法规和规章制度；（二）国务院建设行政主管部门、省、自治区、直辖市或有关部门发布的工程造价计价标准、计价办法等有关规定；（三）建设项目的合同、补充协议、变更签证和现场签证，以及经发、承包人认可的其他有效文件；（四）其他可依据的材料。

◆ 实务提醒 ◆

一、未出现设计变更及工程增减的结算

已经完成的工程，如果没有设计变更、没有出现工程增减，依据合同严守原则，则应当按照合同约定的方式进行结算。

二、存在设计变更及工程增减的结算

已经完成的工程，如果出现设计变更、工程量增减，那么就要区分该工程是合同之内的，还是合同之外的。

1. 合同之外的工程。合同内有同样或类似项目价款的，按照合同约定确定；合同无约定或无类似项目价款的，一般按照市场价据实结算。

2. 合同之内的工程。约定完成的没有完成，仍要结算该未完工程款，结算时当然应该考虑违约原因，结合合同约定。具体的可参考如下方法：合同范围内对于未完工工程的价款假设为 Y，施工合同中约定的工程固定总价为 A，工程定额价为 B，已完成工程定额价为 C，那么 $Y=C\times A/B$。

三、不平衡报价情况下的结算

由于原来合同约定的固定价款是在全部完成条件下的综合报价，在存在不平衡报价的情况下，未完工程仍按照原来的约定结算，有时候就会造成严重的不公平。这种情况下，需要按照比例来据实结算。

四、承包人对于未完工程的工程量负有举证责任

需要注意的是，如果工程没有完工，工程量和工程款无法确定且又不具备鉴定条件的，根据"谁主张谁举证"的原则，承包人举证不能将面临不利后果，无法要求发包人支付工程款。

五、实务中常见的未完工程的结算方式

司法实践中大致有三种方法：一是以合同约定总价与全部工程预算总价的比值作为下浮比例，再以该比例乘以已完工程预算价格进行计价；二是已完施工工期与全部应完施工工期的比值作为计价系数，再以该系数乘以合同约定总价进行计价；三是依据政府部门发布的定额进行计价。实务中，根据具体情况的不同，可能会有不同的结算方式，具体仍需要结合实际情况进行确定。

六、未完工程的责任承担

区分工程未完工的原因来判断责任承担问题，如工程因承包人造成烂尾，承包人应当根据合同约定承担违约责任，并赔偿发包人的损失；需要注意的是违约责任的承担，并不妨碍发包人对已完工程价款进行结算。如果工程因发包人造成烂尾，则承包人不仅可以要求发包人据实结算已完工程价款，还可要求发包人赔偿其损失。

◆ 相关案例 ◆

相关案例一：《青海某建筑安装工程有限责任公司与青海某置业有限公司建设工程施工合同纠纷二审民事判决书》（最高人民法院〔2014〕民一终字第69号）

判决书摘录：司法实践中大致有三种方法：一是以合同约定总价与全部工程预算总价的比值作为下浮比例，再以该比例乘以已完工程预算价格进行计价；二是已完施工工期与全部应完施工工期的比值作为计价系数，再以该系数乘以合同约定总价进行计价；三是依据政府部门发布的定额进行计价。

相关案例二：《赤峰某建筑有限责任公司与大连某食品有限公司建设工程施工合同纠纷申请再审民事裁定书》（〔2016〕最高法民申892号）

判决书摘录：关于涉案已完工程的造价问题。根据二审法院查明的事实可知，成达公司作为发包方，不按约履行支付工程进度款的合同义务，致使赤峰某建筑公司无法继续施工，赤峰某建筑公司遂依据约定解除合同。由于合同约定的固定单价结算是以合同完全履行为前提，而本案所涉合同未完全履行，且合同解除的过错方为大连某食品公司，故大连某食品公司要求按照固定单价折算已完工程造价，不符合合同约定。在涉案工程没有完工的情况下，应当按照实际完成的工程量据实结算。1号鉴定报告是按照内蒙古自治区2009年工程定额的计价标准，对实际完成工程量作出的造价鉴定，二审法院采信此鉴定报告，并依此认定已完工程的造价为12130170元，并无不当。

问题 17："固定总价"和"据实结算"之争以及如何结算工程款？

◆ 有关规定 ◆

一、《最高人民法院关于审理建设工程施工合同纠纷案件适用法律问题的解释》

第十六条　当事人对建设工程的计价标准或者计价方法有约定的，按照约定结算工程价款。

因设计变更导致建设工程的工程量或者质量标准发生变化，当事人对该部分工程价款不能协商一致的，可以参照签订建设工程施工合同时当地建设行政主管部门发布的计价方法或者计价标准结算工程价款。

第二十二条　当事人约定按照固定价结算工程价款，一方当事人请求对建设工程造价进行鉴定的，不予支持。

二、《广东省高级人民法院关于审理建设工程施工合同纠纷案件若干问题的指导意见》

第五条　建设工程施工合同约定工程款实行固定价，如建设工程尚未完工，当事人对已完工工程造价产生争议的，可将争议部分的工程造价委托鉴定，但应以建设工程施工合同约定的固定价为基础，根据已完工工程占合同约定施工范围的比例计算工程款。当事人一方主张以定额标准作为造价鉴定依据的，不予支持。

三、《最高人民法院关于审理建设工程施工合同纠纷案件适用法律问题的解释（一）》

第十九条　当事人对建设工程的计价标准或者计价方法有约定的，按照约定结算工程价款。

因设计变更导致建设工程的工程量或者质量标准发生变化，当事人对该部分工程价款不能协商一致的，可以参照签订建设工程施工合同时当地建设行政主管部门发布的计价方法或者计价标准结算工程价款。

建设工程施工合同有效，但建设工程经竣工验收不合格的，依照民法典第五百七十七条规定处理。

四、《中华人民共和国建筑法》

第十八条　建筑工程造价应当按照国家有关规定，由发包单位与承包单位在合同中约定。公开招标发包的，其造价的约定须遵守招标投标法律的规定。发包单位应当按照合同的约定及时拨付工程款项。

五、《重庆市高级人民法院、四川省高级人民法院关于审理建设工程施工合同纠纷案件若干问题的解答》（2022 年 12 月 28 日施行）

（十三）建设工程施工合同约定工程价款实行固定价结算，因设计变更导致工程量或者质量标准发生变化，当事人请求对工程价款进行调整如何处理？

答：当事人约定按照固定价结算工程价款，在合同约定的风险范围和风险费用内，按照合同约定执行，一方当事人请求对工程造价进行鉴定并依据鉴定结论结算的，人民法院不予支持。因设计变更导致建设工程的工程量或者质量标准发生变化，当事人请求对工程价款予以调整的，如果合同对工程价款调整的计算方法有约定的，依照其约定；没有约定或者约定不明的，由当事人协商解决，不能协商一致的，可以参照合同约定标准对变更部分予以结算，无法参照合同约定结算可以参照工程所在地建设行政主管部门发布的计价方法或者计价标准结算；涉及新材料、新工艺等在建设行政主管部门发布的计价方法或者计价标准中没有规定的项目，可根据市场行情据实结算。

六、《山东省高级人民法院关于审理建设工程施工合同纠纷案件若干问题的解答》（2020 年 11 月 4 日施行）

4. 建设工程施工合同约定工程价款按照固定总价结算，当事人主张施工范围、工程量增减的，如何处理？

合同约定按照固定总价结算工程价款，实际施工未超出约定施工范围的，应当适用固定价结算。当事人主张施工范围增减的，按照以下情形分别处理：（1）合同有约定的，按照合同约定对增减的工程量进行结算；（2）合同没有约定的，可以参照合同约定标准对工程量增减部分予以单独结算，无法参照约定标准结算的，可以参照施工地所在建设行政主管部门发布的计价方法或者计价标准结算；（3）工程尚未完工的，合同已约定固定总价，承包人要求支付工程款的，对于能够确定已完工工程占合同约定施工范围比例的工程，应以合同约定的固定价为基础按比例折算；无法确定已完工比例的，双方对工程造价有争议的，可将争议部分工程造价委托进行鉴定。主张工程量增减的当事人，对工程量增减是否存在、实际数量及价款承担举证责任。

◆ 实务提醒 ◆

一、固定总价是指特定情形下价款是固定的，但并不意味着工程价款是完全固定不变的。

固定总价是指在合同约定的风险范围内工程价款不作调整，一般施工合同在约定采取固定总价计价方式时，双方会明确风险范围及风险幅度，同时约定固定总价范围之外的风险调整方式和方法。固定总价的前提是图纸固定、工程量固定、施工条件固定等，在此基础上进行总价的固定。但在工程总承包模式下，因为设计和施工是一体化考虑的，所以在报价时虽然承包方并无施工图，但承包方与发包方确定的固定总价仍应是合同价款结算的依据。

二、在发生工程设计变更、工程量变更等的情况下，固定总价便不再固定，应当据实调整。

固定总价合同中工程价款固定的前提是施工条件、施工内容等与合同签订之初相比未发生变化，而如果在施工合同履行过程中，工程项目发生了设计变更、工程范围增加或者减少，履行方式发生重大变化（如材料由甲供材变更为承包人包工包料等）。诸如此类，固定总价固定的前提已经发生改变，如仍按原约定的固定总价结算，可能会导致双方利益的失衡，此时合同主体可以根据合同的实际履行情况确定是否调整合同结算方式。如果合同中对于合同价款的调整有约定，则按照合同约定进行调整。需要注意的是，如工程量的增加因承包人自身原因所导致，如工程质量不合格进行返工等，则承包人无权主张增加工程款。

三、在约定固定总价的情况下，固定总价如果一开始就没有固定的基础，就不是固定总价，应据实调整。

在部分工程中，发包方在报价或者签订合同时并未向承包方提供经过设计审查确认的施工图，承包方仅仅根据施工草图确定工程预算价，那么固定总价固定的基础条件尚不具备。此时，如仍按照合同约定的固定总价结算工程款，既缺乏依据，也显失公平，应根据工程实际施工情况及时调整合同价款。

◆ **相关案例** ◆

相关案例一：《广东省某建筑工程公司与某发电厂有限公司建设工程施工合同纠纷申诉、申请民事判决书》（最高人民法院〔2016〕最高法民再135号）

判决书摘录：由于本案中双方当事人于2006年12月6日签订施工合同时仅有一份简略的《发电厂（B厂）三期扩建工程厂区总平面布置图》可资参考，对具体的施工范围以及相对准确的工程量等与工程价款的厘定有密切关系的基本事实并未确定，而具体的施工图纸在合同签订后自2007年5月起至2009年11月期间方由某发电厂向广东省某建筑工程公司陆续提交，因此，即便广东省某建筑工程公司作为专业建设施工单位，具有相当丰富的施工经验和市场风险判断能力，对于涉案大型基础建设施工工程而言，也不可能基于一份简略的《发电厂（B厂）三期扩建工程厂区总平面布置图》而对工程量和造价作出相对准确的评估。另外，施工合同中关于"2.11工程项目价格表，合计为20495万元，本工程为土建总承包，范围含有合同中所列表格内容，但不限于该内容，详见施工图纸"的条款也说明，随着陆续提供的详细施工图纸所确定的实际施工范围会逐步超出合同签订时预估的施工范围，那么这种以协商不足的固定价款来对应不断增加的工程量交易方式，对施工方而言是极不公平的。

相关案例二：《青海某建筑安装工程有限责任公司与青海某置业有限公司建设工程施工合同纠纷二审民事判决书》（最高人民法院〔2014〕民一终字第69号）

判决书摘录：存在不平衡报价的固定总价合同，在未完工工程适用固定总价显失公平的情况下，可以适用定额价据实结算。

问题 18：不平衡报价情形下，如何结算工程款？

◆ 有关规定 ◆

一、《中华人民共和国合同法》

第五十二条　有下列情形之一的，合同无效：（一）一方以欺诈、胁迫的手段订立合同，损害国家利益；（二）恶意串通，损害国家、集体或者第三人利益；（三）以合法形式掩盖非法目的；（四）损害社会公共利益；（五）违反法律、行政法规的强制性规定。

二、《最高人民法院关于审理建设工程施工合同纠纷案件适用法律问题的解释》

第一条　建设工程施工合同具有下列情形之一的，应当根据《中华人民共和国合同法》第五十二条第（五）项的规定，认定无效：（一）承包人未取得建筑施工企业资质或者超越资质等级的；（二）没有资质的实际施工人借用有资质的建筑施工企业名义的；（三）建设工程必须进行招标而未招标或者中标无效的。

三、《中华人民共和国民法典》

第一百四十三条　具备下列条件的民事法律行为有效：

（一）行为人具有相应的民事行为能力；

（二）意思表示真实；

（三）不违反法律、行政法规的强制性规定，不违背公序良俗。

第一百四十四条　无民事行为能力人实施的民事法律行为无效。

第一百四十六条　行为人与相对人以虚假的意思表示实施的民事法律行为无效。

以虚假的意思表示隐藏的民事法律行为的效力，依照有关法律规定处理。

第一百五十三条　违反法律、行政法规的强制性规定的民事法律行为无效。但是，该强制性规定不导致该民事法律行为无效的除外。

违背公序良俗的民事法律行为无效。

第一百五十四条　行为人与相对人恶意串通，损害他人合法权益的民事法律行为无效。

四、《中华人民共和国招标投标法》

第四十六条　招标人和中标人应当自中标通知书发出之日起三十日内，按照招标文件和中标人的投标文件订立书面合同。招标人和中标人不得再行订立背离合同实质性内容的其他协议。招标文件要求中标人提交履约保证金的，中标人应当提交。

五、《最高人民法院关于审理建设工程施工合同纠纷案件适用法律问题的解释（一）》（法释〔2020〕25 号）

第十九条　当事人对建设工程的计价标准或者计价方法有约定的，按照约定结算工程价款。因设计变更导致建设工程的工程量或者质量标准发生变化，当事人对该部分工程价款不能协商一致的，可以参照签订建设工程施工合同时当地建设行政主管部门发布的计价方法或者计价标准结算工程价款。建设工程施工合同有效，但建设工程经竣工验收不合格的，依照民法典第五百七十七条规定处理。

六、《建设工程工程量清单计价规范》（GB 50500—2013）

9.3.1 因工程变更引起已标价工程量清单项目或其工程数量发生变化时，应按照下列规定调整：

1 已标价工程量清单中有适用于变更工程项目的，应采用该项目的单价；但当工程变更导致该清单项目的工程数量发生变化，且工程量偏差超过15％时，该项目单价应按照本规范第9.6.2条的规定调整。

2 已标价工程量清单中没有适用但有类似于变更工程项目的，可在合理范围内参照类似项目的单价。

3 已标价工程量清单中没有适用也没有类似于变更工程项目的，应由承包人根据变更工程资料计量规则和计价办法、工程造价管理机构发布的信息价格和承包人报价浮动率提出变更工程项目的单价，并应报发包人确认后调整。承包人报价浮动率可按下列公式计算：

招标工程：

承包人报价浮动率 $L=$（1－中标价/招标控制价）×100％；　　　　　　　　　　(9.3.1-1)

非招标工程：

承包人报价浮动率 $L=$（1－报价/施工图预算）×100％　　　　　　　　　　　(9.3.2-2)

9.6.2 对于任一招标工程量清单项目，当工程量偏差超过15％时，可进行调整。当工程量增加15％以上时，增加部分的工程量的综合单价应予调低。当工程量减少15％以上时，减少后剩余部分的工程量的综合单价应予以调高。

七、《建设工程工程量清单计价标准》（GB/T 50500—2024）

8.9.1 采用单价合同的工程，因工程变更或工程量清单缺陷引起分部分项工程的清单项目变化（项目增减），或清单工程量发生变化且工程量变化不超出15％（含15％）时，发承包双方应依据本标准第7.1节、第7.2节、第7.4节规定确认的工程变更或工程量清单缺陷引起变化的工程量，按下列规定确定综合单价并计价，调整合同价格：

1 相同施工条件下实施相同项目特征的清单项目，应采用相应的合同单价；

2 相同施工条件下实施类似项目特征的清单项目或类似施工条件下实施相同项目特征的清单项目，应采用类似清单项目的合同单价换算调整后的综合单价；

3 相同施工条件下实施不同项目特征的清单项目或不同施工条件下实施相同项目特征的清单项目，可依据工程实施情况，结合类似项目的合同单价计价规则及报价水平，协商确定市场合理的综合单价；

4 不同施工条件下实施不同项目特征的清单项目，可依据工程实施情况，结合同类工程类似清单项目的综合单价，协商确定市场合理的综合单价；

5 因减少或取消清单项目的工程变更显著改变了实施中的工程施工条件，可根据实施工程的具体情况、市场价格、合同单价计价规则及报价水平协商确定工程变更的综合单价。

8.9.2 采用单价合同的工程，因工程变更或工程量清单缺陷引起分部分项工程的清单工程量发生变化，且工程量变化超出 15%（不含 15%）时，发承包双方应按本标准第 7.1 节、第 7.2 节、第 7.4 节规定确认的工程变更或工程量清单缺陷引起变化的工程量，按下列规定调整合同价格：

1 如工程变更或工程量清单缺陷引起增加清单项目及相应清单项目工程量的，可依据本标准第 8.9.1 条的规定，并结合因增加工程数量引起的人工及材料采购价格优惠的影响，在合理下调其合同单价及新增综合单价后，计算相应清单项目价格，调整合同价格；

2 如工程变更或工程量清单缺陷引起减少清单项目及相应清单项目工程量的，可依据本标准第 8.9.1 条的规定，并结合因减少工程数量引起的人工及材料采购价格失去优惠的影响，在合理上调其合同单价及新增综合单价后，计算相应清单项目价格，调整合同价格。

◆ 实务提醒 ◆

一、不平衡报价是相对常规报价（正常报价）而言的。

不平衡报价是在工程项目的投标总价确定后，根据招标文件的付款条件，合理地调整投标文件中子项目的报价，在不抬高投标总价以免影响中标的前提下，将某些子项目的报价调高或调低，以实现早回款、早获利的一种结算方式。

二、对不平衡报价的效力实务处理存在争议。

观点一认为有效，理由是：首先，不平衡报价并未违反《中华人民共和国招标投标法》及《中华人民共和国民法典》等法律的效力性强制性规定，投标人也未突破招标文件中关于投标限价的要求；其次，不平衡报价是投标人根据自身经营情况、工程项目实际情况及未来预期，对自身经营风险进行的调整。因为施工周期的长期性和不确定性，不平衡报价既可能让承包人获利，也有可能会使承包人陷入不利处境，无论是利或者弊，都属于承包人对自身权利的处分，也是企业经营商业风险之所在。

观点二认为无效，理由是：不平衡报价往往是投标人利用其施工经验丰富的优势，有意识地调整某分部分项工程的单价报价，以获得超额的经济利益，主观上存在明显的恶意，系属于通过不正当手段实现经济效益，有违诚实信用原则，损害他人权益，应当认定为无效。

观点三认为，应当综合考量招标文件的要求、该不平衡报价是否导致双方利益严重失衡的后果以及招标人是否具有建筑领域相应经验等，不能简单地认为有效或无效。而区分有效或无效最重要的标准应该是不平衡报价是否导致双方之间的利益存在严重不平衡。即当不平衡报价在合理范围之内时，应当认定有效；但当不平衡报价导致发包人和承包人之间的利益严重失衡时，则该不平衡报价有违公平和诚实信用原则，有损社会公共利益、扰乱社会经济秩序，应认定不平衡报价无效。司法实践中在具体确定时裁判者也往往会从利益平衡的角度来进行确定。

三、对承包人是否存在"不平衡报价"应以招标文件及合同中对于不平衡报价的认定为依据。如招标文件对不平衡报价的认定标准有进行明确的约定，则应以约定作为判断标准。如招标文件并未进行明确约定的，则应将投标报价或者清单报价与市场价进行对比，确定两者之间是否存在不合理偏差；或者将预期利润与合理利润进行综合考虑，判断是否存在利用不平衡报价获取超额利润的情况。

四、不平衡报价的结算方式。

既有适用定额组价及订立合同时的信息价计算的争议，也有按已标价工程量清单的项目单价或类似项目单价调整单价、重新组价的分歧。适用定额组价及订立合同时的信息价计算的依据为《中华人民共和国民法典》第五百一十一条及《最高人民法院关于审理建设工程施工合同纠纷案件适用法律问题的解释（一）》第十九条第二款的规定。

按照已标价工程量清单的项目单价或者类似项目单价调整单价的法律依据为《建设工程工程量清单计价规范》（GB 50500—2013）第9.3.1条的规定，已标价工程量清单中有适用于变更工程项目的，应采用该项目的单价；没有适用但有类似于变更工程项目的，其单价在合理范围内参照类似项目的单价确定。

重新组价的依据为《建设工程施工合同（示范文本）》（GF—2017—0201）通用条款第10.4.1条第3项，按照合理成本与利润构成的原则，对工程款进行商定或调整。当无法达成一致时，则可参照《建设工程工程量清单计价规范》（GB 50500—2013）第9.3.1条第3项规定的"承包人报价浮动率"重新进行组价。

◆ 相关案例 ◆

相关案例一：《江苏某旅游文化发展有限公司与扬州某装饰工程有限公司、南京某楼宇系统工程有限公司建设工程施工合同纠纷二审民事判决书》（江苏省镇江市中级人民法院〔2021〕苏11民终90号）

判决书摘录：合同解除后，某旅游公司接收上述工程并已实际使用，故其应当对已完工部分支付相应的价款。关于已完工部分的工程造价，由于某旅游公司解除合同时，某装饰公司和某楼宇公司已完成施工仅占合同约定施工范围的极小一部分，如果按原合同约定的计价方式确定结算依据，该结算价会因不平衡报价导致对承包人的利益明显失衡。一审法院根据造价咨询公司参照江苏省建设行政主管部门颁发的计价定额、取费标准及主管部门发布的材料信息价、人工工资指导价按实结算的依据及金额，确认某楼宇公司已完成智能化工程造价为449536.5元（含已完工程的安全文明施工费5782.07元、临时设施费4240.19元），装饰公司已完土建工程造价为7136628.61元（含已完工程的安全文明施工费122892.42元、临时设施费80943.4元）。

相关案例二：《江苏某建设工程有限公司、某公安局建设工程合同纠纷二审民事判决书》（安徽省滁州市中级人民法院〔2018〕皖 11 民终 2075 号）

判决书摘录：一审法院认为，该综合单价的确定严重脱离市场，存在重大偏差。江苏某建设工程有限公司投标报价 3257309 元/t 明显属于严重的不平衡报价。涉案工程是政府投资工程，以江苏某建设工程有限公司报标报价 3257309 元/t 确定旗杆工程价款，严重显失公平，有损国家利益，故认定旗杆工程的综合单价 3257309 元/t 固定不变的约定无效。

二审法院认为，一审法院按江苏某建设工程有限公司实际施工的涉案该项工程量委托鉴定机构进行造价鉴定，并以符合市场正常造价标准确定的鉴定造价作为确定该项工程造价，不违反法律规定。本院对此予以确认。

相关案例三：《青海某建筑安装工程有限责任公司与青海某置业有限公司建设工程施工合同纠纷二审民事判决书》（最高人民法院〔2014〕民一终字第 69 号）

判决书摘录：本案的计价方式，贯穿了工程地下部分、结构施工和安装、装修三个阶段，即三个形象进度的综合平衡的报价原则。

我国当前建筑市场行业普遍存在着地下部分和结构施工薄利或者亏本的现实，这是由于钢筋、水泥、混凝土等主要建筑材料价格相对较高且大多"包死"，施工风险和难度较高，承包人需配以技术、安全措施，才能保质、保量地完成等所致，而安装、装修施工是在结构工程已完工之后进行，风险和成本相对较低，因此，安装、装修工程大多可以获取相对较高的利润。本案中，青海某建筑安装公司将包括地下部分、结构施工和安装、装修在内的土建和安装工程全部承揽，其一次性"包死"的承包单价是针对整个工程作出的。如果青海某建筑安装公司单独承包土建工程，其报价一般要高于整体报价中所包含的土建报价。

问题 19：不开发票能否拒付工程款？

◆ 有关规定 ◆

一、《中华人民共和国合同法》

第六十条 当事人应当按照约定全面履行自己的义务。

当事人应当遵循诚实信用原则，根据合同的性质、目的和交易习惯履行通知、协助、保密等义务。

第一百零七条 当事人一方不履行合同义务或者履行合同义务不符合约定的，应当承担继续履行、采取补救措施或者赔偿损失等违约责任。

二、《中华人民共和国民法典》

第五百零九条 当事人应当按照约定全面履行自己的义务。

当事人应当遵循诚信原则，根据合同的性质、目的和交易习惯履行通知、协助、保密等义务。

第五百七十七条　当事人一方不履行合同义务或者履行合同义务不符合约定的，应当承担继续履行、采取补救措施或者赔偿损失等违约责任。

三、《第八次全国法院民事商事审判工作会议（民事部分）纪要》关于不履行协作义务的责任问题

33. 发包人不履行告知变更后的施工方案、施工技术交底、完善施工条件等协作义务，致使承包人停（窝）工，以至难以完成工程项目建设的，承包人催告在合理期限内履行，发包人逾期仍不履行的，人民法院视违约情节，可以依据《中华人民共和国合同法》第二百五十九条、第二百八十三条规定裁判顺延工期，并有权要求赔偿停（窝）工损失。

34. 承包人不履行配合工程档案备案、开具发票等协作义务的，人民法院视违约情节，可以依据《中华人民共和国合同法》第六十条、第一百零七条规定，判令承包人限期履行、赔偿损失等。

四、《中华人民共和国发票管理办法》

第十九条　销售商品、提供服务以及从事其他经营活动的单位和个人，对外发生经营业务收取款项，收款方应当向付款方开具发票。

第二十条　所有单位和从事生产、经营活动的个人在购买商品、接受服务以及从事其他经营活动支付款项，应当向收款方取得发票。取得发票时，不得要求变更品名和金额。

五、《企业所得税税前扣除凭证管理办法》

第五条　企业发生支出，应取得税前扣除凭证，作为计算企业所得税应纳税所得额时扣除相关支出的依据。

第十六条　企业在规定的期限未能补开、换开符合规定的发票、其他外部凭证，并且未能按照本办法第十四条的规定提供相关资料证实其支出真实性的，相应支出不得在发生年度税前扣除。

◆ 实务提醒 ◆

一、对于能否单独诉求开具发票的问题，实务处理存在争议。

一种观点认为：未按规定开具发票，是属于违反发票管理法规的行为，应由税务机关责令限期改正，没收其非法所得或处以罚款。请求履行开具发票义务，应属于税务部门的行政职权范围，其产生的法律关系为行政法律关系，依法不应由人民法院主管；开具税务发票属于合同中的非独立附随义务，不具有可诉性。

另一种观点认为：开具发票虽属纳税人税法上的义务，但民事合同中收款方在收到款项后开具相应的发票属于合同当事人应有的附随义务（也有法院认定为从给付义务），具有民事性，该民事行为性质与履行税法上的义务具有一致性，二者并不冲突和矛盾。对此，当事人提出诉讼请求的，人民法院予以受理，具有法律依据。

二、发包人能否以承包人未开具发票作为拒付工程款的抗辩理由也存在分歧。

多数观点认为，开具发票属于附随义务（也有法院认定为从给付义务），而工程款支付义务直接影响当事人合同目的的实现，二者不具有相匹配的对待给付地位，发包人不能主张先履行抗辩权。建设工程施工合同属于双务合同，依据双务合同的本质特征，合同抗辩的范围仅限于对价义务，如承包人承建的建设工程经过合法竣工验收，发包人即具有支付工程款的义务。

亦有观点认为，在合同明确约定先开具发票后付款的情况下，合同约定是双方的真实意思表示，对双方均具有法律约束力，因此认为承包人应先开具发票，再由承包人向发包人提供发票，发包人再支付工程款。

三、在实务中，建议发包人将承包人未提供发票，有权拒绝付款，并在合同条款中进行明确约定。

为减少合同双方之间的争议，建议发包人在合同中明确约定开具发票为承包人的合同义务，同时约定先开票后付款的交易模式，若承包人无法开具发票，发包人也可以享有先履行抗辩权。

◆ 相关案例 ◆

相关案例一：《内蒙古某房地产开发有限公司、四川某建设集团有限公司建设工程施工合同纠纷二审民事判决书》（最高人民法院〔2018〕最高法民终 482 号）

判决书摘录：对于开具发票问题，本院认为，根据《中华人民共和国发票管理办法》的规定，发票管理是税务主管部门的法定职责。原判决对于某房地产公司主张的四川某建设公司应当提供发票问题未予处理，并无不当。某房地产公司就此问题可以另寻其他法律途径解决。

相关案例二：《青海某房地产开发有限公司、浙江某建设集团有限公司建设工程施工合同纠纷再审民事判决书》（最高人民法院〔2019〕最高法民再 166 号）

判决书摘录：关于开具发票是否属于人民法院受案范围的问题。根据《中华人民共和国税收征收管理法》第二十一条第一款"税务机关是发票的主管机关，负责发票印制、领购、开具、取得、保管、缴销的管理和监督。单位、个人在购销商品、提供或者接受经营服务以及从事其他经营活动中，应当按照规定开具、使用、取得发票"及《中华人民共和国发票管理办法》第十九条"销售商品、提供服务以及从事其他经营活动的单位和个人，对外发生经营业务收取款项，收款方应当向付款方开具发票；特殊情况下，由付款方向收款方开具发票"的规定，收取工程款后开具工程款发票是承包人税法上的义务，承包人应当依据税法的相关规定向发包人开具发票。

本案中，开具发票、交付竣工资料等均属合同约定内容，属于民事合同义务范围。"开具发票"从文义解释来看虽是由税务机关开具和履行，但合同文本中所约定的"开具发票"含义并非是指由税务机关开具发票，而是指在给付工程款时需由承包人向发包人给付税务机关开具的发票。该给付义务属于承包人应当履行的合同义务。有义务开具发票的当事人在遵守税收法律法规的前提下，可以自主作出向其他民事主体开具发票的意思表示，该行为属于民事法律行为；对于接受发票的一方当事人来说，是否可以取得发票将影响其民事权益，因此当事人之间就一方自主申请开具发票与另一方取得发票的关系，属于民事法律关系范畴，人民法院应当依法审理。原判决以不属于人民法院民事受理范围未予支持某房地产公司的该项诉讼请求确有不当，予以纠正。

相关案例三：《某兴华建筑工程有限公司、某现代城建设有限公司建设工程施工合同纠纷民事申请再审审查民事裁定书》（最高人民法院〔2020〕最高法民申 6050 号）

判决书摘录：关于某现代城公司可否因某兴华公司未开具发票拒付工程款的问题。原审已查明，在涉案工程施工合同履行中，某兴华公司作为承包人已按合同约定履行了工程施工的主要义务，某现代城公司作为发包人亦应按合同约定履行其主要义务，向某兴华公司支付工程款。开具发票为某兴华公司的附随义务，某现代城公司不能以某兴华公司未开具发票为由拒绝支付工程款。其此项再审申请理由不能成立，本院不予支持。

相关案例四：《某蓉都房地产开发有限公司、某中都建设集团有限公司建设工程施工合同纠纷二审民事判决书》（四川省南充市中级人民法院〔2020〕川 13 民终 3629 号）

判决书摘录：本院认为，某中都公司与某蓉都公司签订的《某市 YEB1、YEB3 地块项目施工总承包合同》解除协议书第六条第 5 项约定："甲方（某蓉都公司）向乙方（某中都公司）的每笔付款前，乙方应向甲方开具与当期付款金额一致的增值税专用发票，否则甲方有权顺延付款而不视为违约"，该条款明确约定了乙方开具增值税专用发票与甲方付款具有先后顺序。一般来说，开具增值税发票并非合同的主要义务，而是附随义务，但本案中双方在合同中明确约定了先后履行顺序，该合同约定是双方的真实意思表示，对双方均具有法律约束力。同时，根据国家税务总局武汉市新洲区税务局的回复，某中都公司可到新洲区税务局办税大厅现场解锁开具发票，即具有开具增值税专用发票途径，故某中都公司应先向某蓉都公司开具票面金额为 40550053.94 元的增值税专用发票。待某中都公司开具增值税专用发票后，某蓉都公司应当按照合同约定向某中都公司支付下欠工程款 14715477.49 元（扣除质保金）。

问题 20：清单计价规范与施工合同的效力之争以及如何结算工程款？

◆ 有关规定 ◆

一、《中华人民共和国民法典》

第一百五十三条　违反法律、行政法规的强制性规定的民事法律行为无效。但是，该强制性规定不导致该民事法律行为无效的除外。违背公序良俗的民事法律行为无效。

二、《中华人民共和国标准化法》

第二条　本法所称标准（含标准样品），是指农业、工业、服务业以及社会事业等领域需要统一的技术要求。标准包括国家标准、行业标准、地方标准和团体标准、企业标准。国家标准分为强制性标准、推荐性标准，行业标准、地方标准是推荐性标准。强制性标准必须执行。国家鼓励采用推荐性标准。

三、《中华人民共和国标准化法实施条例》

第二十三条　从事科研、生产、经营的单位和个人，必须严格执行强制性标准。不符合强制性标准的产品，禁止生产、销售和进口。

第四十二条　工程建设标准化管理规定，由国务院工程建设主管部门依据《标准化法》和本条例的有关规定另行制定，报国务院批准后实施。

四、《建设工程工程量清单计价规范》（GB 50500—2013）

第 3.1.1、3.1.4、3.1.5、3.1.6、3.4.1、4.1.2、4.2.1、4.2.2、4.3.1、5.1.1、6.1.3、6.1.4、8.1.1、8.2.1、11.1.1条（款）为强制性条文，必须严格执行。

◆ 实务提醒 ◆

一、施工合同约定的计价规则不符合《建设工程工程量清单计价规范》（GB 50500—2013），承包人能否主张合同约定无效，结算时适用《建设工程工程量清单计价规范》（GB 50500—2013）？

观点一认为：区分是否为必须招标项目，则相应措施有所不同。如果是全部使用国有资金投资或者以国有资金投资为主的建筑工程，属于依法必须招标的项目，招标文件、投标文件、中标合同应当严格适用《建设工程工程量清单计价规范》（GB 50500—2013）的强制性条文，否则相关约定无效。反之，如不属于必须招标项目范围，则可以选择适用或不适用该清单计价规范，并以合同约定优先；如已经过招标投标程序的，以招标文件、投标文件约定优先。

观点二认为：《建设工程工程量清单计价规范》（GB 50500—2013）属于住房和城乡建设部的行业规范性文件，不能作为判定合同效力的依据。《建设工程工程量清单计价规范》（GB 50500—2013）虽有部分条文属于强制性国家标准，但是并非法律、行政法规中的效力性强制性规定，也非建设工程造价必须适用的计价规则。在适用顺序上，当事人的特别约定优先于《建设工程工程量清单计价规范》（GB 50500—2013）的有关条款。

观点三认为：应当将该清单计价规范中的强制性条文进行分类，其中除第 3.1.5、6.1.3条属于效力性强制性规定，违反该两条约定因违反法律法规中的强制性规定而无效；其他强制性条文由于自身效力等级低，又无相应上位法的规定，且不关乎国家利益和社会公共利益，所以违反这些条款的约定并不因此而无效。

二、《建设工程工程量清单计价规范》(GB 50500—2013)的法律性质。

《建设工程工程量清单计价规范》(GB 50500—2013)属于住房和城乡建设部发布的规范性文件，属于部门规范性文件，不属于法律、行政法规。虽然《建设工程工程量清单计价规范》(GB 50500—2013)不具备法律属性，但其中涉及承发包双方计价风险分担的条文，符合《中华人民共和国民法典》公平原则的要求。在司法适用过程中起到实现实质公平的作用。

三、在判断是否适用《建设工程工程量清单计价规范》(GB 50500—2013)需要结合具体情况来认定。

判断是否适用《建设工程工程量清单计价规范》(GB 50500—2013)时，不应一概而论，结合司法实践，建议需要考虑以下几个方面的因素：建设项目的资金来源，属于什么性质；建设项目是否经过招投标程序；合同约定的计价方式是否明显排除一方的权利，是否导致双方权益的明显失衡，是否违反公平原则。

四、值得注意的是，《建设工程工程量清单计价规范》(GB 50500—2013)已经修改为《建设工程工程量清单计价标准》(GB/T 50500—2024)，效力层次改为推荐性标准，但是上述争议依然存在。

◆ 相关案例 ◆

相关案例一：《某华铁钢结构有限公司、某建工集团第一建筑工程有限责任公司成都分公司等建设工程施工合同纠纷民事申请再审审查民事裁定书》(最高人民法院〔2018〕最高法民申 1815 号)

判决书摘录：《工程项目内部承包协议》虽然规定了"其价格计算方法如下：按《建设工程工程量清单计价规范》(GB 50500—2008)、2009 年《四川省建设工程工程量清单计价定额》及相关配套文件按实计取"，但《工程项目内部承包协议》中有特别规定的应当按照协议执行，且本案中《工程项目内部承包协议》及《补充协议》并非通过招投标程序订立的合同，不适用《中华人民共和国招标投标法》以及《建设工程工程量清单计价规范》(GB 50500—2008)"4.2 招标控制价"中的有关规定。某华铁公司关于《工程项目内部承包协议》及《补充协议》因违反《建设工程工程量清单计价规范》(GB 50500—2008)第 4.2.6 条以及《中华人民共和国招标投标法》第四十一条第二项的规定而无效的再审申请理由不应予以支持。本案双方当事人在《工程项目内部承包协议》及《补充协议》中约定，以工程结算造价的 30% 交纳综合管理费，其中包括税金、管理费、项目配合费及综合管理费等，该约定是双方的真实意思表示，没有违反法律、行政法规中的强制性规定。

相关案例二：某西安《房地产开发集团有限公司与浙江某建工集团有限责任公司、浙江某建工集团有限责任公司西安分公司建设工程施工合同纠纷民事二审判决书》(陕西省高级人民法院（2018）陕民终 718 号)

判决书摘录：双方当事人在《施工协议书》第 8.7 条中明确约定安全文明施工定额补

贴费不计取,《建设工程工程量清单计价规范》(GB 50500—2013)自 2013 年 4 月 1 日起实施,在双方签订《施工协议书》之后,《建设工程工程量清单计价规范》(GB 50500—2013)主要用来规范建设工程发承包及实施阶段的计价规范,并非法律法规所规定的效力性强制性规定,不能替代双方当事人对自身权利处分所达成的合意,故应尊重当事人意思自治的内容,优先适用当事人的合同约定,一审以《建设工程工程量清单计价规范》(GB 50500—2013)第 3.1.5 条属于强制性规定认定安全文明施工费应计取错误,二审予以纠正,安全文明施工费 2073810.77 元不应计入涉案工程造价。

问题 21: 施工合同效力与承包人工程款优先权的关系以及如何结算工程款?

◆ 有关规定 ◆

一、《广东省高级人民法院关于在审判工作中如何适用〈中华人民共和国合同法〉第 286 条的指导意见》

第 7 条 在建设工程承包合同无效的情形下,承包人主张建设工程价款优先受偿权的,人民法院不予支持。

二、《深圳市中级人民法院关于建设工程合同若干问题的指导意见》

第 30 条 建设工程合同无效,承包人主张建设工程价款优先受偿权的,不予支持。

三、《浙江省高级人民法院民一庭关于审理建设工程施工合同纠纷案件若干疑难问题的解答》

第二十二条 建设工程施工合同无效情形下,谁有权行使优先受偿权?建设工程施工合同无效,但工程经竣工验收合格,承包人可以主张工程价款优先受偿权。分包人或实际施工人完成了合同约定的施工义务且工程质量合格,在总承包人或转包人怠于行使工程价款优先受偿权时,就其承建的工程在发包人欠付工程价款范围内可以主张工程价款优先受偿权。

四、《杭州市中级人民法院民一庭关于审理建设工程及房屋相关纠纷案件若干实务问题的解答》

第 4 条 建设工程价款优先受偿权,是立法对承包人应得工程价款的优先保护,属于承包人的法定权利。即使承包合同被认定无效,但承包人所享有的工程价款请求权依然存在,相应的其优先受偿权也应一并受到保护。

五、《安徽省高级人民法院关于审理建设工程施工合同纠纷意见案件适用法律问题的指导意见》

第 17 条 建设工程施工合同无效,但工程经竣工验收合格的,承包人主张工程价款优先受偿权，可予支持。

六、《中华人民共和国民法典》第八百零七条 发包人未按照约定支付价款的，承包人可以催告发包人在合理期限内支付价款。发包人逾期不支付的，除根据建设工程的性质不宜折价、拍卖外，承包人可以与发包人协议将该工程折价，也可以请求人民法院将该工程依法拍卖。建设工程的价款就该工程折价或者拍卖的价款优先受偿。

七、《最高人民法院关于审理建设工程施工合同纠纷案件适用法律问题的解释（一）》（法释〔2020〕25号）

第三十五条 与发包人订立建设工程施工合同的承包人，依据民法典第八百零七条的规定请求其承建工程的价款就工程折价或者拍卖的价款优先受偿的，人民法院应予支持。

◆ 实务提醒 ◆

一、建设工程价款优先受偿权是否以合同有效为前提，在司法实践中存在分歧。

大部分观点认为：建设工程价款优先受偿权不以合同有效为前提，即使合同无效，只要工程验收合格，承包人依然可以依据《中华人民共和国民法典》第八百零七条主张建设工程价款优先受偿权。理由是：①建设工程领域建设施工合同无效的情况较为普遍。若将优先受偿权的行使条件限定为合同有效，会导致大量承包人的建设工程价款优先受偿权落空。②在建筑市场上，承包人整体处于弱势地位。如果以合同有效作为承包人享有建设工程价款优先受偿权的前提条件，不仅无助于缓解建设工程施工合同无效多发的现状，甚至可能增加发包人的道德风险，形成负面激励。③建筑市场中对于资质和招投标的管理，根本目的是要保证建设工程质量，防止损害公众的生命财产安全，避免道德风险，因此建设工程价款优先受偿权的享有应当以建设工程质量是否合格为条件，而不应以合同是否有效为条件。根据《中华人民共和国民法典》第七百九十三条及《最高人民法院关于审理建设工程施工合同纠纷案件适用法律问题的解释（一）》第三十八条的规定，在建设施工合同无效，但工程验收合格的情况下，承包人可参照合同有关约定主张折价补偿，并有权就工程折价或者拍卖的价款优先受偿。该规定也明确合同的效力并不影响承包人向发包人主张工程价款，也不影响承包人行使建设工程价款优先受偿权。④即使建设工程施工合同无效，只要工程竣工验收合格，承包人的实际付出与合同合法有效并无不同，承包人所投入的人力、物力、财力已经物化于建筑工程中，当发包人不能如约支付工程款时，赋予承包人优先受偿权，也有利于维护农民工的合法权益。

亦有极少数观点认为：建设工程价款优先受偿权必须以施工合同有效为前提，如合同无效，则承包人不享有建设工程价款优先受偿权。理由是：行使建设工程价款优先受偿权的前提是存在有效的合同之债，当合同无效时，则不存在主张权利的基础。

二、因承包人的原因导致工程未竣工时，承包人是否享有工程价款优先受偿权。

实践中，因合同解除而工程未竣工的原因较为复杂，既有发包人的原因，如发包人资金的断裂等，又有承包人的原因，如承包人逾期施工、操作规程不当等。在因承包人自身原因导致合同解除时，承包人是否享有工程价款优先受偿权的问题，实务中存在争议。

一种观点认为，在工程质量合格的情况下，如是承包人的原因导致工程未完工或者未竣工验收，承包人无权主张优先受偿权。非承包人的原因外，承包人即可主张建设工程价款优先权。

另一种观点认为，判断承包人对未竣工的建设工程价款是否享有优先权的标准仅为未竣工的工程质量是否合格，并不区分承包人对工程未竣工验收是否存在过错。

结合《最高人民法院关于审理建设工程施工合同纠纷案件适用法律问题的解释（一）》第三十八条及第三十九条的规定来看，承包人对工程未竣工是否存在过错，并不影响其工程价款优先受偿权的行使。首先，从文义解释的角度来看，承包人享有未竣工工程价款优先受偿权的条件为未竣工的建设工程质量合格，以承包人是否存在过错作为其是否享有工程价款优先受偿权的条件，缺乏相应的依据。其次，从优先受偿权的立法目的来看，其目的在于保障农民工合法权益的实现。如因承包人的过错否定其享有的工程价款优先受偿权，则与立法目的、精神相悖。最后，如因承包人的原因导致工程未竣工并造成损失时，发包人可以依法要求承包人承担相应的民事责任，但不应影响承包人工程价款优先受偿权的享有。

◆ **相关案例** ◆

相关案例一：《某建设集团有限责任公司、某昌泰源房地产有限公司建设工程施工合同纠纷民事二审民事判决书》（最高人民法院〔2022〕最高法民终 118 号）

判决书摘录：关于涉案工程价款优先受偿权如何认定的问题。某昌泰源公司上诉主张根据《中华人民共和国合同法》第二百八十六条和《中华人民共和国民法典》第八百零七条的规定"发包人未按照约定支付价款的，承包人可以催告发包人在合理期限内支付价款发包人逾期不支付的，除根据建设工程的性质不宜折价、拍卖外，承包人可以与发包人协议将该工程折价，也可以请求人民法院将该工程依法拍卖。建设工程的价款就该工程折价或者拍卖的价款优先受偿。"承包人对建设工程价款享有优先受偿权的前提是发包人未按照约定支付工程款，且经承包人催告在合理期限内支付工程款发包人仍逾期不支付。本案中，《建设工程施工合同》被确认无效，那么有关支付工程款的约定自始无效，上述两个前提条件也就不能满足，且法律和司法解释从未规定承包人根据无效合同原则应取得折价补偿款，享有建设工程价款优先受偿权，因此某建设公司不应享有建设工程价款优先受偿权。本院认为，建设工程价款优先受偿权是法律规定的建设工程承包人的一项法定权利，目的是保障承包人能够优先获得工程款，建设工程施工合同有效并非承包人行使工程价款优先受偿权的前提条件。某昌泰源公司的主张与立法本意并不相符，本院不予支持。

相关案例二：《某新兴建设开发有限责任公司、某嘉年华置业有限公司建设工程施工合同纠纷二审民事判决书》（最高人民法院〔2018〕最高法民终 556 号）

判决书摘录：关于某新兴公司应否在欠付工程款范围内享有建设工程价款优先受偿权

问题。《中华人民共和国合同法》第二百八十六条规定:"发包人未按照约定支付价款的,承包人可以催告发包人在合理期限内支付价款。发包人逾期不支付的,除按照建设工程的性质不宜折价、拍卖的以外,承包人可以与发包人协议将该工程折价,也可以申请人民法院将该工程依法拍卖。建设工程的价款就该工程折价或者拍卖的价款优先受偿。"建设工程价款优先受偿权是法律赋予承包人的法定优先权,目的是保障承包人对自己的劳动成果获得报酬。即便建设工程施工合同无效,某嘉年华公司承担折价补偿责任,根据《建设工程施工合同司法解释》第二条规定,建设工程施工合同无效,可以参照施工合同计算工程价款。即折价补偿责任参照工程价款计算,计算基础仍然是承包人付出的人力、材料和管理成本等,属于建设工程价款优先受偿权的保护范围。赋予某新兴公司工程价款优先受偿权,符合《中华人民共和国合同法》第二百八十六条规定的立法目的。

问题 22: 购房消费者优先权、被拆迁人的补偿安置权与工程承包人工程款优先权的关系以及如何结算工程款?

◆ 有关规定 ◆

一、《中华人民共和国合同法》

第二百八十六条 发包人未按照约定支付价款的,承包人可以催告发包人在合理期限内支付价款。发包人逾期不支付的,除按照建设工程的性质不宜折价、拍卖的以外,承包人可以与发包人协议将该工程折价,也可以申请人民法院将该工程依法拍卖。建设工程的价款就该工程折价或者拍卖的价款优先受偿。

二、《中华人民共和国民法典》

第八百零七条 发包人未按照约定支付价款的,承包人可以催告发包人在合理期限内支付价款。发包人逾期不支付的,除根据建设工程的性质不宜折价、拍卖外,承包人可以与发包人协议将该工程折价,也可以请求人民法院将该工程依法拍卖。建设工程的价款就该工程折价或者拍卖的价款优先受偿。

三、《最高人民法院关于审理建设工程施工合同纠纷案件适用法律问题的解释(一)》(法释〔2020〕25 号)

第三十五条 与发包人订立建设工程施工合同的承包人,依据民法典第八百零七条的规定请求其承建工程的价款就工程折价或者拍卖的价款优先受偿的,人民法院应予支持。

第三十六条 承包人根据民法典第八百零七条规定享有的建设工程价款优先受偿权优于抵押权和其他债权。

四、《最高人民法院关于商品房消费者权利保护问题的批复》(法释〔2023〕1 号)

2. 商品房消费者以居住为目的购买房屋并已支付全部价款,主张其房屋交付请求权优先于建设工程价款优先受偿权、抵押权以及其他债权的，人民法院应当予以支持。只支付了部分价款的商品房消费者，在一审法庭辩论终结前已实际支付剩余价款的，可以适用前款规定。

（三）在房屋不能交付且无实际交付可能的情况下，商品房消费者主张价款返还请求权优先于建设工程价款优先受偿权、抵押权以及其他债权的，人民法院应当予以支持。

五、《最高人民法院关于人民法院办理执行异议和复议案件若干问题的规定》（2020修正）（法释〔2020〕21号）

第二十八条　金钱债权执行中，买受人对登记在被执行人名下的不动产提出异议，符合下列情形且其权利能够排除执行的，人民法院应予支持：（一）在人民法院查封之前已签订合法有效的书面买卖合同；（二）在人民法院查封之前已合法占有该不动产；（三）已支付全部价款，或者已按照合同约定支付部分价款且将剩余价款按照人民法院的要求交付执行；（四）非因买受人自身原因未办理过户登记。

第二十九条　金钱债权执行中，买受人对登记在被执行的房地产开发企业名下的商品房提出异议，符合下列情形且其权利能够排除执行的，人民法院应予支持：（一）在人民法院查封之前已签订合法有效的书面买卖合同；（二）所购商品房系用于居住且买受人名下无其他用于居住的房屋；（三）已支付的价款超过合同约定总价款的百分之五十。

◆ **实务提醒** ◆

一、关于购房消费者的理解

商铺不是家庭住房，不属于消费者（见相关案例一和相关案例二），但是商铺在具有生存保障目的的特殊情况下，也视为消费者（见相关案例三）。

二、关于被拆迁人的补偿安置权

物权优于债权，是处理权利冲突的基本原则，但在拆迁补偿安置中，以房换房的房屋产权调换是以被拆迁人牺牲原房屋的居住权为代价来满足城市建设等社会公共利益的需要，因此对被拆迁人享有的债权作为特种债权，赋予其物权的优先效力（见相关案例四）。

三、关于被拆迁人对拆迁还建房产享有的优先权是否优先于买受人的期待物权、承包人对工程款的优先受偿权

根据《最高人民法院关于审理商品房买卖合同纠纷案件适用法律若干问题的解释》（法释〔2003〕7号）（已失效）第七条及《最高人民法院关于建设工程价款优先受偿权问题的批复》第一条和第二条的规定，因被拆迁人对拆迁还建房产享有的优先权优先于买受人的期待物权，买受人的期待物权优先于工程承包人对工程款享有的优先受偿权，而承包人对工程款享有的优先受偿权又优先于债权人对不动产享有的抵押权。虽然《最高人民法院关于审理商品房买卖合同纠纷案件适用法律若干问题的解释》（法释〔2003〕7号）已经失效，但可以将被安置对象理解为因征地需要以失去原有房产或者土地为对价购买房产的消费者，其作为安置、补偿对象，虽未直接与开发公司签订商品房买卖合同，亦未直接

向开发公司支付房款，但确系房屋的实际消费者，其对还原房屋享有的权益应受到保护。根据《最高人民法院关于商品房消费者权利保护问题的批复》第三条"在房屋不能交付且无实际交付可能的情况下，商品房消费者主张价款返还请求权优先于建设工程价款优先受偿权、抵押权以及其他债权的，人民法院应当予以支持"的规定，被拆迁人也有权主张其购房款返还请求权优先于建设工程价款优先受偿权。虽然物权优于债权，是处理此类权利冲突的基本原则，但在拆迁补偿安置中，拆迁安置补偿利益是以被拆迁人牺牲原房屋的居住权为代价来满足城市建设等社会公共利益的需要而进行的，因此虽然被拆迁人所享有的拆迁安置补偿利益是一种债权，但仍赋予其物权的优先效力。

◆ **相关案例** ◆

相关案例一：《中国某银行股份有限公司某支行与被执行人广西某股份有限公司借款合同纠纷，案外人罗某执行异议一案》（广西壮族自治区北海市中级人民法院〔2017〕桂05执异206号）

判决书摘录：本院认为，A栋1001号商品房并非案外人的唯一住房，案外人购买上述房屋不是直接用于满足生活居住需要，故其对本案执行标的的异议不适用《最高人民法院关于人民法院办理执行异议和复议案件若干问题的规定》第二十九条规定的对消费者物权期待权的保护。

相关案例二：《浙江某建设有限公司与庆阳某房地产开发有限公司某建设工程施工合同纠纷一案执行裁定书》（甘肃省高级人民法院〔2017〕甘执异30号）

裁定书摘录：因王某所购商品房系商用房，明显不符合上述规定的情形。因此，王某对所购商用房的所有权、期待权依法不能排除本院在以庆阳某房地产开发公司为被申请人的保全案件中对该商用房的执行。

相关案例三：《吕某与被上诉人某投资有限公司、侯某破产债权确认纠纷案》（〔2016〕皖民终689号）

判决书摘录：本案二审的争议焦点为：原审法院认定侯某对某投资公司的108791元购房债权享有优先权是否适当。原审法院在审查购房合同、购房性质及房款支付情况的基础上，确认侯某对于某投资公司享有破产优先债权108791元。吕某上诉称因该房屋为商铺，具有投资经营属性，购房债权不享有优先权。侯某系农村居民，农村土地流转后，失业在家，无固定收入来源。涉案房屋是集其全部积蓄购买，面积仅13.1m²。该房屋价值及预期的经营收益承载了侯某及其家人的生存保障功能。原审法院根据《最高人民法院关于建设工程价款优先受偿权问题的批复》的相关规定及破产法优先保护生存利益的司法精神，确认侯某对某投资公司的108791元购房债权为优先债权，并无不当。

相关案例四：《中国邮政集团公司某市分公司、湖南某投资置业有限公司借款合同纠纷案》（〔2018〕最高法民终112号）

判决书摘录：《最高人民法院关于审理商品房买卖合同纠纷适用法律若干问题的解释》

第七条第一款规定："拆迁人与被拆迁人按照所有权调换形式订立拆迁补偿安置协议，明确约定拆迁人以位置、用途特定的房屋对被拆迁人予以补偿安置，如果拆迁人将该补偿安置房屋另行出卖给第三人，被拆迁人请求优先取得补偿安置房屋的，应予支持。"该规定是对拆迁补偿安置协议与其他商品房买卖合同发生冲突时，对拆迁补偿安置协议的被拆迁人予以特别保护的规定。物权优于债权是处理权利冲突的基本原则。但在拆迁补偿安置中，以房换房的房屋产权调换是以被拆迁人牺牲原房屋的居住权为代价来满足城市建设等社会公共利益的需要，因此对其基于拆迁补偿安置协议享有的安置房请求权，应给予适当的优先保护，即对被拆迁人享有的债权作为特种债权赋予其物权的优先效力。本案中，虽然红岭公司对某大厦一楼114号门面享有的是抵押权而非买卖该房屋的权利，但同样是对安置房的重复处理，而且抵押权人享有的是物的交换价值的权利。因此，中国邮政某市分公司就某大厦一楼114号门面享有的补偿安置权优先于红岭公司享有的抵押权。

相关案例五：《杨某、执行案外人执行异议之诉再审审查与审判监督民事裁定书》（最高人民法院〔2021〕最高法民申45号）

裁定书摘录：关于某市场中心对案涉201、302商铺享有的权益是否足以排除执行的问题。虽然基于某市场中心系案涉土地的原使用权人和拆迁还建关系，案涉《国有土地使用权收购合同》等约定201、302商铺归某市场中心所有且已实际交付，但未过户到某市场中心名下，目前已被杨某申请人民法院查封，且302商铺已被某金马公司抵押给杨某，并办理了抵押登记手续。因此，某市场中心关于排除执行的异议是否成立，取决于双方对案涉商铺享有的权利孰具有优先效力。当时《最高人民法院关于审理商品房买卖合同纠纷案件适用法律若干问题的解释》第七条第一款规定："拆迁人与被拆迁人按照所有权调换形式订立拆迁补偿安置协议，明确约定拆迁人以位置、用途特定的房屋对被拆迁人予以补偿安置，如果拆迁人将该补偿安置房屋另行出卖给第三人，被拆迁人请求优先取得补偿安置房屋的，应予支持"，明确被拆迁人对拆迁还建房产享有的特种债权优于买受人的期待物权。而根据《最高人民法院关于建设工程价款优先受偿权问题的批复》第一条和第二条的规定，建筑工程承包人对工程款的优先受偿权优于抵押权和其他债权，但其所享有的优先受偿权不得对抗买受人。由此可见，因被拆迁人对拆迁还建房产享有的优先权优先于买受人的期待物权，买受人的期待物权优先于工程承包人对工程款享有的优先受偿权，而承包人对工程款享有的优先受偿权又优先于债权人对不动产享有的抵押权。本案中，诉争的201、302商铺属于某市场中心拆迁还建房，某市场中心对201、302商铺享有的特种债权分别优先于杨某对上述商铺享有的普通债权和抵押权，原审判决认定某市场中心申请排除对201、302商铺的执行具有事实和法律上的依据，并无不当。

相关案例六：甘肃省某公司、永登县某镇人民政府等案外人执行异议之诉民事申请再审审查民事裁定书（最高人民法院〔2023〕最高法民申1524号）

裁定书摘录：经查，最高人民法院（2019）最高法民申4459号裁判文书载明，虽另外两案判决确认甘肃省某公司对工程价款享有优先受偿权，但根据《最高人民法院关于建设工程价款优先受偿权问题的批复》第二条规定，永登县某镇政府就案涉房产已经交纳了大部分款项，某公司就案涉房产享有的优先受偿权不得对抗买受人。本案中，永登县某镇政府及某管委会实际是代表村民签订购房合同，全体村民系实际购房者，依照《执行异议和复议规定》第二十九条规定，被安置对象系因征地需要以失去原有房产或者土地为对价购买案涉房产，其作为安置、补偿对象，虽未直接与某公司签订商品房买卖合同，亦未直接向某公司支付房款，但确系案涉房屋的实际消费者，其对案涉房屋享有的权益应受到保护。

虽然永登县某镇政府、某管委会与某公司签订的《成本价回购"某项目"小区商品房协议书》已经解除，但某公司至今未履行向永登县某镇政府、某管委会返还价款的义务。根据《最高人民法院关于商品房消费者权利保护问题的批复》第三条"在房屋不能交付且无实际交付可能的情况下，商品房消费者主张价款返还请求权优先于建设工程价款优先受偿权、抵押权以及其他债权的，人民法院应当予以支持"的规定，永登县某镇政府、某管委会主张其购房款返还请求权优先于建设工程价款优先受偿权的，应当予以支持。故二审判决未支持某公司对案涉房屋及建设用地使用权享有足以排除强制执行民事权益的主张，并无不当。

问题 23：装饰装修工程承包人、零星工程施工人、承揽合同承揽人与优先受偿权的关系以及如何结算工程款？

◆ 有关规定 ◆

一、《最高人民法院关于审理建设工程施工合同纠纷案件适用法律问题的解释（二）》

第十八条　装饰装修工程的承包人，请求装饰装修工程价款就该装饰装修工程折价或者拍卖的价款优先受偿的，人民法院应予支持，但装饰装修工程的发包人不是该建筑物的所有权人的除外。

二、《最高人民法院关于装修装饰工程款是否享有合同法第二百八十六条规定的优先受偿权的函复》（〔2004〕民一他字第14号）

装修装饰工程属于建设工程，可以适用《中华人民共和国合同法》第二百八十六条关于优先受偿权的规定，但装修装饰工程的发包人不是该建筑的所有权人或者承包人与该建筑物的所有权人之间没有合同关系的除外。享有优先权的承包人只能在建筑物因装修装饰而增加价值的范围内优先受偿。

三、《建设工程质量管理条例》

第二条　凡在中华人民共和国境内从事建设工程的新建、扩建、改建等有关活动及实施对建设工程质量监督管理的，必须遵守本条例。本条例所称建设工程，是指土木工程、建筑工程、线路管道和设备安装工程及装修工程。

四、各地高级人民法院意见

1.《浙江省高级人民法院民事审判第一庭关于印发〈关于审理建设工程施工合同纠纷案件若干疑难问题的解答〉的通知》(浙法民一〔2012〕3号)

第六条 装饰装修工程承包人、工程勘察人或设计人是否享有优先受偿权?

装饰装修工程承包人主张工程价款优先受偿权的,可予以支持。但装修装饰工程的发包人不是该建筑的所有权人,或者承包人与该建筑物的所有权人之间没有合同关系的除外。享有优先权的承包人只能在建筑物因装修装饰而增加价值的范围内优先受偿。工程勘察人或设计人就工程勘察或设计费主张优先受偿权的,不予支持。

2.《广东省高级人民法院关于在审判工作中如何适用〈中华人民共和国合同法〉第286条的指导意见》(粤高法发〔2004〕2号)

第三条《中华人民共和国合同法》第286条所规定的建设工程价款优先受偿权适用于建设工程施工合同。建设工程幕墙装修、装饰合同属于建设工程施工合同。

3.《安徽省高级人民法院关于审理建设工程施工合同纠纷案件适用法律问题的指导意见》

第16条 装饰装修工程承包人主张工程款优先受偿权,可予支持;工程勘察人或设计人就工程勘察或设计费主张优先受偿权,不予支持。

五、《中华人民共和国民法典》

第八百零七条 发包人未按照约定支付价款的,承包人可以催告发包人在合理期限内支付价款。发包人逾期不支付的,除根据建设工程的性质不宜折价、拍卖外,承包人可以与发包人协议将该工程折价,也可以请求人民法院将该工程依法拍卖。建设工程的价款就该工程折价或者拍卖的价款优先受偿。

六、《最高人民法院关于审理建设工程施工合同纠纷案件适用法律问题的解释(一)》(法释〔2020〕25号)

第三十五条 与发包人订立建设工程施工合同的承包人,依据民法典第八百零七条的规定请求其承建工程的价款就工程折价或者拍卖的价款优先受偿的,人民法院应予支持。

第三十六条 承包人根据民法典第八百零七条规定享有的建设工程价款优先受偿权优于抵押权和其他债权。

第三十七条 装饰装修工程具备折价或者拍卖条件,装饰装修工程的承包人请求工程价款就该装饰装修工程折价或者拍卖的价款优先受偿的,人民法院应予支持。

◆ 实务提醒 ◆

一、注意对装饰装修工程承包人享有优先受偿权的限制条件。

《最高人民法院关于审理建设工程施工合同纠纷案件适用法律问题的解释(二)》第十八条规定:"装饰装修工程的承包人,请求装饰装修工程价款就该装饰装修工程折价或者拍卖的价款优先受偿的,人民法院应予支持,但装饰装修工程的发包人不是该建筑物的所有权人的除外。"

"但装饰装修工程的发包人不是该建筑物的所有权人的除外"，其含义是对装饰装修工程的承包人享有优先受偿权的限制。注意：《最高人民法院关于审理建设工程施工合同纠纷案件适用法律问题的解释（一）》将该条件进行了删除。

二、建设工程优先受偿权的行使范围包括装饰装修工程，但不包括工程勘察和设计。

三、承包人具有优先受偿权没有争议，但是转包人、违法分包人是否具有优先受偿权的理论和实务都有争议。《最高人民法院关于审理建设工程施工合同纠纷案件适用法律问题的解释（一）》出台后，主流观点认为享有优先受偿权的承包人不包括转包人、违法分包人。

四、需要注意的是，不属于建设工程施工合同关系的承包人不享有优先受偿权。

比如：零星工程不属于建设工程，其施工人不享有优先受偿权（见相关案例一）；门窗定做加工承揽合同关系不是建设工程施工合同关系，不属于建设工程优先受偿权的范围（见相关案例二）。

五、注意并非所有的装饰装修工程承包人均享有优先受偿权。装饰装修工程可分为家庭居室装饰装修工程和工业装饰装修工程，家庭居室装饰装修的承包人并不享有优先受偿权，家庭居室装饰装修工程有关纠纷适用《中华人民共和国民法典》合同编中有关承揽合同的规定，并不属于《中华人民共和国建筑法》中建设工程的范畴。一般情况下，家庭委托装饰装修的房屋是居住人自己的房子，居住人可以适用有关商品房购房人优先权的规定对其权利进行特殊保护。

◆ 相关案例 ◆

相关案例一：《惠州市某装饰工程部与惠州市某房产有限公建设工程价款优先受偿权纠纷一审民事判决书》（广东省惠州市中级人民法院〔2016〕粤 13 民初 303 号）

判决书摘录：本院认为，根据《中华人民共和国合同法》第二百八十六条的规定，建设工程合同的承包人可就建设工程的价款就该工程折价或者拍卖的价款优先受偿，但本案中原告与被告并未签订建设工程施工合同，其所做工程为零星工程，并不是建设工程，原告承揽内容不属于建设工程，因此原告不属于建设工程价款优先受偿权的适格主体。对原告主张其工程价款优先受偿权的诉请，本院不予支持。

相关案例二：《杨某与滁州市某包装有限公司破产债权确认纠纷一审民事判决书》（滁州市南谯区人民法院〔2019〕皖 1103 民初 540 号）

判决书摘录：本院认为，建设工程优先受偿权是指承包人在合理期限内就自己承建施工的建设工程进行折价、拍卖所得价款优先受偿的一种权利。本案中，原告与被告双方之间就门窗定做安装存在承揽合同关系，而非建设工程施工合同关系，原告主张的门窗款不属于建设工程优先受偿权的范围。

相关案例三：《苏州工业园区某艺术设计有限公司、赵某装饰装修合同纠纷民事二审

民事判决书》(江苏省镇江市中级人民法院〔2022〕苏 11 民终 544 号)

判决书摘录：关于某艺术设计公司是否享有工程价款优先受偿权的问题。案涉房屋属于赵某的家庭住宅，因家庭居室装饰装修工程发生的纠纷应适用《中华人民共和国民法典》合同编中关于承揽合同的相关法律规定，某艺术设计公司请求确认其对案涉房屋装修装饰工程折价或拍卖的价款享有建设工程价款优先受偿权，法律依据不足，不予支持。

问题 24：存在默示条款情形下，如何结算工程款？

◆ **有关规定** ◆

一、《中华人民共和国民法总则》

第一百四十条　行为人可以明示或者默示作出意思表示。

沉默只有在有法律规定、当事人约定或者符合当事人之间的交易习惯时，才可以视为意思表示。

二、《最高人民法院关于审理建设工程施工合同纠纷案件适用法律问题的解释（二）》

第二十条　当事人约定，发包人收到竣工结算文件后，在约定期限内不予答复，视为认可竣工结算文件的，按照约定处理。承包人请求按照竣工结算文件结算工程价款的，应予支持。

三、《关于发包人收到承包人竣工结算文件后，在约定期限内不予答复，是否视为认可竣工结算文件的复函》（〔2005〕民一他字第 23 号）

你院《关于如何理解和适用最高人民法院〈关于审理建设工程施工合同纠纷案件适用法律问题的解释〉第二十条的请示》（渝高法〔2005〕154 号）收悉。经研究，答复如下：同意你院审委会的第二种意见，即适用该司法解释第二十条的前提是当事人之间约定了发包人收到竣工结算文件后，在约定期限内不予答复，则视为认可竣工结算文件。承包人提交的竣工结算文件可以作为工程款结算的依据。根据住房和城乡建设部制定的《建设工程施工合同（示范文本）》中通用条款第 33 条第 3 款的规定，不能简单地推论出双方当事人具有发包人收到竣工结算文件一定期限内不予答复，则视为认可承包人提交的竣工结算文件的一致意思表示，承包人提交的竣工结算文件不能作为工程款结算的依据。

四、《安徽省高级人民法院关于审理建设工程施工合同纠纷案件适用法律问题的指导意见》（2009 年 5 月 4 日）

第 10 条　建设工程施工合同约定发包人应在承包人提交结算文件后一定期限内予以答复，但未约定逾期不答复视为认可竣工结算文件的，承包人请求按结算文件确定工程价款的，不予支持。

五、《四川省高级人民法院关于审理建设工程施工合同纠纷案件若干疑难问题的解答》

（川高法民一〔2015〕3号）

第18条　承包人要求按照竣工结算文件结算工程价款如何处理？

当事人在建设工程施工合同专用条款或另行签订的协议中明确约定，发包人应在收到承包人提交竣工结算文件后一定期限内予以答复，且逾期未答复则视为认可竣工结算文件的，承包人依据《最高人民法院关于审理建设工程施工合同纠纷案件适用法律的解释》第二十条的规定请求按照竣工结算文件结算工程价款的，应予支持。没有明确约定逾期未答复则视为认可竣工结算文件的，承包人请求按照竣工结算文件确定工程价款的，不予支持。

当事人在建设工程施工合同专用条款中未明确约定发包人应在收到承包人提交竣工结算文件后一定期限内予以答复，也未另行签订协议约定，承包人仅以建设部颁布的《建筑工程施工发包与承包计价管理办法》第十六条的规定，或者《建设工程施工合同（示范文本）》（GF—2017—0201）通用条款约定为依据，诉请依照《最高人民法院关于审理建设工程施工合同纠纷案件适用法律的解释》第二十条的规定按照竣工结算文件结算工程价款的，不予支持。

当事人在建设工程施工合同专用条款或另行签订的协议中明确约定发包人应在承包人提交竣工结算文件后未答复则视为认可竣工结算文件，但未约定答复期限，经承包人催告后，发包人仍不予答复的，人民法院可根据实际情况确定合理的答复期限，但答复期限不应超过60日。

六、《深圳市中级人民法院关于建设工程合同若干问题的指导意见》（2010年3月9日）

第18条　当事人约定，发包人收到竣工结算文件后，在约定的期限内不予答复，视为认可竣工结算文件的，按照约定处理。发包人的答复应是针对竣工结算文件的内容，与竣工结算文件内容无关的答复为没有答复，当事人另有约定的除外。

七、《建筑工程施工发包与承包计价管理办法》

第十六条　承包方应当按照合同约定向发包方提交已完成工程量报告。发包方收到工程量报告后，应当按照合同约定及时核对并确认。

八、《建设工程施工合同（示范文本）》（GF—2017—0201）

14.2　竣工结算审核

（1）除专用合同条款另有约定外，监理人应在收到竣工结算申请单后14天内完成核查并报送发包人。发包人应在收到监理人提交的经审核的竣工结算申请单后14天内完成审批，并由监理人向承包人签发经发包人签认的竣工付款证书。监理人或发包人对竣工结算申请单有异议的，有权要求承包人进行修正和提供补充资料，承包人应提交修正后的竣工结算申请单。

（2）发包人在收到承包人提交竣工结算申请书后28天内未完成审批且未提出异议的，视为发包人认可承包人提交的竣工结算申请单，并自发包人收到承包人提交的竣工结算申请单后第29天起视为已签发竣工付款证书。

（3）承包人对发包人签认的竣工付款证书有异议的，对于有异议部分应在收到发包人签认的竣工付款证书后7天内提出异议，并由合同当事人按照专用合同条款约定的方式和程序进行复核，或按照第20条〔争议解决〕约定处理。对于无异议部分，发包人应签发临时竣工付款证书，并按本款第（2）项完成付款。承包人逾期未提出异议的，视为认可发包人的审批结果。

九、《中华人民共和国民法典》

第一百四十条　行为人可以明示或者默示作出意思表示。

沉默只有在有法律规定、当事人约定或者符合当事人之间的交易习惯时，才可以视为意思表示。

十、《最高人民法院关于审理建设工程施工合同纠纷案件适用法律问题的解释（一）》（法释〔2020〕25号）

第二十一条　当事人约定，发包人收到竣工结算文件后，在约定期限内不予答复，视为认可竣工结算文件的，按照约定处理。承包人请求按照竣工结算文件结算工程价款的，人民法院应予支持。

◆ 实务提醒 ◆

一、默示条款涉及双方重大利益，应严格适用。

根据相关规定和案例，可以看出默示条款必须符合两个条件：①必须在专用条款中约定或者在另外签订的协议中约定；②必须明确约定逾期的后果，比如"逾期不答复视为认可竣工结算文件"。

见相关案例一，最高人民法院认为"本案当事人虽然在案涉协议中对工程款的审计期限进行了约定，但是没有对逾期不能完成审计的后果作出进一步约定"，所以不能适用默示条款。

见相关案例二，当事人签订的补充协议中约定了默示条款，得到了法院的认可，判决认为"抚顺某建设公司与某汽车城公司签订的《补充协议》系双方真实意思的表达，约定默示行为方式来表达认可竣工文件的意思表示，不违反法律规定，合法、有效。"

二、送审材料即竣工结算文件资料应当完整。

如果承包人送审材料不完整，可能会造成发包人无法审核和作出答复；承包人送审材料不符合竣工结算文件的要求，也不能视为发包人收到了竣工结算文件。

见相关案例一，上海市高级人民法院认为"某建设集团公司提交审价资料不全的情况也必然会影响审价工作的及时完成，故双方对审价工作未能在约定的期限内完成均负有一定责任。原审法院基于某精密仪器公司的申请，就系争工程造价委托司法审价，并以司法审价结论为据最终确定工程造价，并无不当。"

三、发包人在收到竣工结算文件之后答复的内容应当与工程款结算有关。"经办人出差""最近停电"等不能视为发包人进行了答复。

四、尽管当事人约定了"结算默示推定条款"，但在该条款适用条件成就后，如果当事人对于结算价款进行协商、达成新的结算意见或者委托第三方机构对工程造价进行审核的，法院亦可能认定当事人以其行为对"结算默示推定条款"进行了变更，不支持适用默示推定条款对发、承包人进行结算。

五、施工合同无效时，是否影响工程款结算默示推定条款的效力，这在实践中存在争议。

一种观点认为，建设工程施工合同无效，不影响"默示条款"的效力。理由是："默示条款"为争议解决方法的条款，根据《中华人民共和国民法典》第五百零七条规定，合同无效不影响合同中有关争议解决方法的条款效力，因此，即使建设工程施工合同无效，作为争议解决方法的"默示条款"不受影响。

另一种观点认为，建设工程施工合同无效，"默示条款"也无效。

六、工程价款"默示推定条款"的适用是一把双刃剑，发、承包双方都应当谨慎把握。

对于承包人而言，应当注意在合同签订阶段，应尽量在合同专用条款中与发包人明确约定"结算默示推定条款"，包括明确发包人审核结算材料的期限、逾期审核视为认可承包人报送结算金额的后果等内容。在工程结算阶段，承包人应及时按照合同约定的方式向发包人报送完整的工程结算材料，并妥善保留报送结算资料的存单及发包人的签收记录等。

对于发包人而言，在合同已约定工程价款"默示推定条款"的情况下，应当注意在收到承包人报送的结算文件后，严格按照合同约定时限进行审核并作出答复，即使不同意结算文件的内容或者结算款时，也应当及时向承包人进行答复，并留存已在约定时限内答复承包人的书面凭证。如发包人已经答复逾期，此时也应积极与承包人主动协商相关结算事项，争取就工程结算价款达成一致书面约定或就无争议的部分达成书面约定，就有争议部分或全部工程共同委托第三方审定工程造价，以避免逾期失权。

◆ 相关案例 ◆

相关案例一：《某建设集团股份有限公司与某精密仪器有限公司建设工程施工合同纠纷再审民事裁定书》（最高人民法院〔2013〕民申字第 32 号）《上海市高级人民法院判决书》（〔2012〕沪高民一（民）终字第 6 号）

裁定书摘录：最高院认为，本案当事人虽然在案涉协议中对工程款的审计期限进行了约定，但是没有对逾期不能完成审计的后果作出进一步约定。根据一、二审法院已经查明的事实，双方当事人客观上未能在约定的期限内完成审计，且双方对此均有过错。在当事人不能自行完成审计的情况下，一审法院依照法定程序委托相关机构进行审计并以审计结论认定案涉工程款并无不当。

判决书摘录：关于系争工程造价应当按照某建设集团公司提交的结算报告还是按照司

法审价结论确定的问题，上高院认为，根据查明的事实，某精密仪器公司在收到某建设集团公司递交的结算报告后，即按约委托了审价单位对系争工程造价进行审价，表明某精密仪器公司对某建设集团公司递交的结算价格未予认可。虽然某精密仪器公司在审价工作中存在一定的拖延情形，但某建设集团公司提交审价资料不全的情况也必然会影响审价工作的及时完成，故双方对审价工作未能在约定的期限内完成均负有一定责任。原审法院基于某精密仪器公司的申请，就系争工程造价委托司法审价，并以司法审价结论为据最终确定工程造价，并无不当，本院予以认同。

相关案例二：《沈阳某汽车城开发有限公司、抚顺某建设（集团）有限公司建筑安装分公司建设工程施工合同纠纷再审审查与审判监督民事裁定书》（最高人民法院〔2018〕最高法民申 549 号）

判决书摘录：《中华人民共和国民法总则》第一百四十条规定："行为人可以明示或者默示作出意思表示。沉默只有在有法律规定、当事人约定或者符合当事人之间的交易习惯时，才可以视为意思表示。"《最高人民法院关于审理建设工程施工合同纠纷适用法律问题的解释（一）》第二十条规定："当事人约定，发包人收到竣工结算文件后，在约定期限内不予答复，视为认可竣工结算文件的，按照约定处理。承包人请求按照竣工结算文件结算工程价款的，应予支持。"根据上述法律规定，抚顺某建设公司与某汽车城公司签订的《补充协议》系双方真实意思的表达，约定默示行为方式来表达认可竣工文件的意思表示，不违反法律规定，合法、有效。本案中，2011 年 4 月 27 日抚顺某建设公司（乙方）与某汽车城公司（甲方）签订《补充协议》，其中甲、乙双方对工程竣工结算事宜约定："双方约定甲方审核竣工结算文件期限为 45 天，即甲方收到乙方工程结算报告及工程结算文件资料后，45 天内予以答复并审定完成，且据此按约定额度支付结算工程款。双方约定甲方收到工程结算报告及结算文件资料超过 45 天，而在约定 45 天期限内不予答复，视为甲方认可乙方提交的结算文件资料和工程结算总值，即乙方提交的工程结算总值自动生效；甲方按此工程结算总值支付工程款。从第 46 天起为逾期付款，甲方逾期付款按月息 2‰承担其利息。双方约定，甲方逾期付款超过 60 天，甲方抵押、出售、转让、拍卖该工程及房屋所得，乙方优先受偿。"在抚顺某建设公司依约向某汽车城公司交付了工程结算报告及相关结算资料后，某汽车城公司未在约定期限内进行回复，没有提出异议，某汽车城公司亦未提交证据证明双方此后曾对工程造价进行核算。据此，二审法院对抚顺某建设公司交付的工程结算报告及相关结算资料予以采信正确。

相关案例三：《中某贸易集团热电有限公司、滕某建工建设集团有限公司建设工程施工合同纠纷其他民事裁定书》（最高人民法院〔2021〕最高法民申 2174 号）

裁定书摘录：关于原审判决认定的结算依据是否适当问题。《最高人民法院关于审理建设工程施工合同纠纷案件适用法律问题的解释》第二十条规定："当事人约定，发包人收到竣工结算文件后，在约定期限内不予答复，视为认可竣工结算文件的，按照约定处理。承包人请求按照竣工结算文件结算工程价款的，应予支持。"本案中，涉案施工合同约定中某公司应在接到滕某公司结算报告书后六个月内审核完毕，否则视同中某公司认可结算报告。滕某公司提交了基础分项工程质量评估报告及主体结构分项工程质量验收记录，能够证明涉案工程已经验收合格，中某公司未提交证据予以否定，其主张涉案工程未经竣工验收合格，缺乏事实依据，不予采信。中某公司现场负责人柴某、赵某已于2018年12月25日签收了滕某公司提交的工程结算书，但中某公司始终未予审核，根据合同约定及法律规定，应视为其认可该工程结算书。

相关案例四：《静某县城关建筑工程公司、地某基础有限责任公司建设工程施工合同纠纷再审审查与审判监督民事裁定书》（最高人民法院〔2020〕最高法民申 722 号）

裁定书摘录：经审查，原审判决认定工程款数额由两部分组成，一是造价事务所出具的审核报告（以下简称审核报告）所审定的工程造价款，二是未在审核报告内由静某建筑公司编制金额且经地某公司核对认可的 8 项工程款。静某建筑公司虽对审核报告持有异议，但经原审法院释明后仍未申请鉴定，依据《最高人民法院关于审理建设工程施工合同纠纷案件适用法律问题的解释（二）》第十四条第一款"当事人对工程造价、质量、修复费用等专门性问题有争议，人民法院认为需要鉴定的，应当向负有举证责任的当事人释明。当事人经释明未申请鉴定，虽申请鉴定但未支付鉴定费用或者拒不提供相关材料的，应当承担举证不能的法律后果"的规定，静某建筑公司未能按照上述规定履行相关义务，应承担举证不能的法律后果。故原审判决采信审核报告确认的工程款数额，进而在此基础上认定工程款总额并无不当。至于静某建筑公司提出应当以其编制的工程结算金额认定工程最终结算价款的主张，按照案涉合同补充条款关于"竣工结算共同委托一家事务所进行计算"的约定，佳某公司收到工程结算书后又委托造价事务所对工程价款进行审核，且静某建筑公司在审核过程中也进行了协助和配合，原审判决借此认为这一行为系双方对工程结算书的否定，故而未适用《最高人民法院关于审理建设工程施工合同纠纷案件适用法律问题的解释》第二十条"当事人约定，发包人收到竣工结算文件后，在约定期限内不予答复，视为认可竣工结算文件的，按照约定处理。承包人请求按照竣工结算文件结算工程价款的，应予支持"的规定，认定工程价款并无不当。

问题 25：存在"背靠背"条款情形下，如何结算工程款？

◆ 有关规定 ◆

一、《中华人民共和国合同法》

第四十五条 当事人对合同的效力可以约定附条件。附生效条件的合同，自条件成就时生效。附解除条件的合同，自条件成就时失效（背靠背条款有效说的法律依据）。

第一百二十一条 当事人一方因第三人的原因造成违约的，应当向对方承担违约责任。当事人一方和第三人之间的纠纷，依照法律规定或者按照约定解决（背靠背条款无效说的法律依据）。

二、《中华人民共和国民法典》

第一百五十八条 民事法律行为可以附条件，但是根据其性质不得附条件的除外。附生效条件的民事法律行为，自条件成就时生效。附解除条件的民事法律行为，自条件成就时失效。

第一百五十九条 附条件的民事法律行为，当事人为自己的利益不正当地阻止条件成就的，视为条件已经成就；不正当地促成条件成就的，视为条件不成就。

第一百六十条 民事法律行为可以附期限，但是根据其性质不得附期限的除外。附生效期限的民事法律行为，自期限届至时生效。附终止期限的民事法律行为，自期限届满时失效。

第五百九十三条 当事人一方因第三人的原因造成违约的，应当依法向对方承担违约责任。当事人一方和第三人之间的纠纷，依照法律规定或者按照约定处理。

三、《建设工程施工专业分包合同（示范文本）》（GF—2003—0213）

19.5 分包合同价款与总包合同相应部分价款无任何连带关系。

四、《安徽省高级人民法院关于审理建设工程施工合同纠纷案件适用法律问题的指导意见（二）》

第十一条 非法转包、违法分包建设工程，实际施工人与承包人约定以发包人与承包人的结算结果作为结算依据，承包人与发包人尚未结算，实际施工人向承包人主张工程价款的，分别下列情形处理：

（一）承包人与发包人未结算尚在合理期限内的，驳回实际施工人的诉讼请求；

（二）承包人已经开始与发包人结算、申请仲裁或者诉至人民法院的，中止审理；

（三）承包人怠于向发包人主张工程价款，实际施工人主张参照发包人与承包人签订的建设工程施工合同确定工程价款的，应予支持。

五、《北京市高级人民法院关于审理建设工程施工合同纠纷案件若干疑难问题的解答》

第22条 分包合同中约定待总包人与发包人进行结算且发包人支付工程款后，总包人再向分包人支付工程款的，该约定有效。因总包人拖延结算或怠于行使其到期债权致使分包人不能及时取得工程款，分包人要求总包人支付欠付工程款的，应予支持。总包人对于其与发包人之间的结算情况以及发包人支付工程款的事实负有举证责任。

六、《最高人民法院关于适用〈中华人民共和国民法典〉总则编若干问题的解释》（法释〔2022〕6号）

第二十四条 民事法律行为所附条件不可能发生，当事人约定为生效条件的，人民法院应当认定民事法律行为不发生效力；当事人约定为解除条件的，应当认定未附条件，民事法律行为是否失效，依照民法典和相关法律、行政法规的规定认定。

七、《最高人民法院关于大型企业与中小企业约定以第三方支付款项为付款前提条款效力问题的批复》（法释〔2024〕11号）

山东省高级人民法院：

你院《关于合同纠纷案件中"背靠背"条款效力的请示》收悉。经研究，批复如下：

（一）大型企业在建设工程施工、采购货物或者服务过程中，与中小企业约定以收到第三方向其支付的款项为付款前提的，因其内容违反《保障中小企业款项支付条例》第六条、第八条的规定，人民法院应当根据民法典第一百五十三条第一款的规定，认定该约定条款无效。

（二）在认定合同约定条款无效后，人民法院应当根据案件具体情况，结合行业规范、双方交易习惯等，合理确定大型企业的付款期限及相应的违约责任。双方对欠付款项利息计付标准有约定的，按约定处理；约定违法或者没有约定的，按照全国银行间同业拆借中心公布的一年期贷款市场报价利率计息。大型企业以合同价款已包含对逾期付款补偿为由要求减轻违约责任，经审查抗辩理由成立的，人民法院可予支持。

◆ **实务提醒** ◆

一、"背靠背"条款的含义

"背靠背"条款（Pay When Paid 或 Pay if Paid），就是"以业主支付为前提"的条款，含义是总承包方与分包方在合同中约定"总承包方支付分包方工程款的前提是建设方支付给总承包方之后"。

二、"背靠背"条款的常见表述

类似下面的表述："待业主向总承包商支付相应工程款后的 15 日内，总承包商再向专业/劳务分包单位支付；业主迟延付款或拒付工程款时，总承包商根据此条款对分包人拒付工程款。"

三、"背靠背"条款的性质

"背靠背"条款并不是一个法律概念或者法律术语，立法层面上并没有专门对此进行规定，其核心内容就是合同双方当事人约定，以上游合同相对方的履行作为承包人对下游合同相对方履行付款义务的前提条件。审判实践中，对"背靠背"条款的法律性质存在争议。

观点一是履行附条件说，其认为该约定主要影响的是当事人是否有履行义务，也就是说它的本质上是履行行为所附的条件。"背靠背"条款，这个付款条件是否成就，它本身就具有不确定性，所以当条件没有成就的时候，付款方是有权拒绝履行的。

观点二是履行附期限说，其认为当事人是负有确定的履行义务，其本质上属于对履行行为所附的期限。当第三方的履行期限是明确的，那么则从期限届满之日去履行；如果第三方履行义务的期限是不明确的，那么可以参照《中华人民共和国民法典》第五百一十一条的规定，履行期限不明的，债务人可以随时履行，债权人也可以随时要求履行。那么至于这个履行期限是否明确的举证责任，一般是在于付款方。

观点三是约定不明说，其认为"建设方付款后"是一个不明确的时间概念，属于当事人对履行期限约定不明的情形，根据《中华人民共和国民法典》第五百一十条、五百一十一条的规定，履行期限约定不明的，当事人可以协议补充；不能达成补充协议的，按照合同有关条款或交易习惯确定；仍不能确定的，债务人可以随时履行，债权人也可以随时要求履行，但应当给对方必要的准备时间。

◆ 相关案例 ◆

相关案例一：《江西某工程有限公司、浙江某建设有限公司等与建设工程施工合同纠纷一审民事判决书》（芜湖市鸠江区人民法院〔2017〕皖 0207 民初 230 号）

判决书摘录：本案的争议焦点为案涉工程价款是否满足支付条件。在建设工程领域，总承包商为了转移风险负担，在与分包商签订分包合同时，常将主合同中相关付款条件、责任义务通过"传导条款"转移给分包商，此种"传导条款"俗称"背靠背"条款，建设工程领域的"背靠背"条款即以业主付款作为总承包商向分包商付款的前提条件，业主不付款，总承包商即不付款。本案中，原被告的承包合同约定"以上付款条件，以被告浙江某公司收到业主的工程款支付条件为准，原告应积极配合被告办理工程款付款手续，若被告未收到业主工程款，则付款时间相应顺延至被告收到业主的工程款之日"系典型的"背靠背"条款。因案涉工程系合法分包，原、被告之间的承包合同合法、有效，原、被告之间的附条件的付款方式应属有效，理由为：首先，《中华人民共和国合同法》第五十二条对合同无效的情形进行了明确的规定。本案中，双方关于付款条件的约定并无损害国家、集体或者第三人的利益，以合法的形式掩盖非法的目的等情形，且现行法律、行政法规中并未就承包商不得以业主付款作为前提条件向分包商支付价款的强制性规定；其次，《中华人民共和国民法总则》和《中华人民共和国合同法》对民事法律行为可附条件进行了明确的规定，《中华人民共和国合同法》对合同自由原则和依合同履行义务原则进行了规定，即合同以当事人意思自治为原则，本案中，原、被告就付款条件的约定系合同双方当事人的真实意思表示；最后，原、被告在签订分包合同时，原告完全有根据自身风险承受能力决定是否签约的自由，即有是否接受"背靠背"条款的选择权，原、被告就付款条件在合同明确约定是其接受风险的真实意思表示。综上，原、被告约定的附条件的付款条款合法有效，被告自认就案涉工程收到业主的工程款 17004259.68 元，而原告自认共收到被告的工程款 17160349 元，原告收到的工程款数额高于业主支付给被告的工程款数额，在业主将案涉工程的工程尾款支付给被告前，原告诉请被告支付案涉工程尾款的付款条件尚未成就，其请求被告支付工程尾款无事实和法律依据，本院依法不予支持。

相关案例二（认为无效的案例）：

1.《江苏某建设集团有限公司、郑州某建筑钢筋连接器械有限公司合同纠纷二审民事判决书》（河南省周口市中级人民法院〔2017〕豫 16 民终 1090 号）

判决书摘录：关于约定业主支付前提条款，即合同中约定"与业主方付款同步"的付款方式，因本案中合同产生于 2010 年，工程长期停工，业主方未支付货款的责任不在郑州某公司，由郑州某公司承担后果，违反合同的相对性和公平原则。

2.《刘某与上海某医疗工程有限公司装饰装修合同纠纷一审民事判决书》（上海市徐汇区人民法院〔2018〕沪0104民初17206号）

判决书摘录：对于上海某医疗工程公司提出的付款条件尚未成就问题，本院认为，按照上海某医疗工程公司与妇幼保健院之间的合同约定，妇幼保健院应在审价结束后一周内支付至结算总价的95%，剩余5%待2年质保期满后一周内付清。该工程于2013年11月20日审价结束，至今已经5年有余，即使妇幼保健院未结清工程款，也未见上海某医疗工程公司曾积极采取措施主张权利，上海某医疗工程公司怠于行使其权利的不利后果应由其自负，刘某不应受牵连。因此上海某医疗工程公司引用施工合同的"背靠背"条款以妇幼保健院未结清工程款为由拒付工程款，本院不予支持。

相关案例三（认定约定不明的案例）：《宁夏某电力设备有限公司与湖北某建设集团有限公司、吴某等买卖合同纠纷一审民事判决书》（永宁县人民法院〔2018〕宁0121民初1256号）

判决书摘录：将原告请求支付货款的权利完全依赖于被告与第三方之间的合同履行，属于"背靠背"条款，该付款期限的约定不明确且有违公平原则。

相关案例四：《鹏某劳务有限公司建设工程施工合同纠纷其他民事民事裁定书》（最高人民法院〔2021〕最高法民申1286号）

裁定书摘录：本院认为，根据《劳务分包合同》约定，富某公司付款迟延导致中某安装公司付款相应迟延，鹏某公司不得要求任何索赔。分包方与发包方签订本条款的初衷在于和总包方共同承担业主迟延支付工程款的风险，系当事人对自身权利义务的安排，系双方当事人的真实意思表示，内容不违反法律强制性规定，应认定为合法有效。原审法院从尊重当事人意思自治角度，依照合同约定不予支持鹏某公司要求中某安装公司支付逾期付款利息的诉讼请求，具有事实和法律依据，并无不当。

相关案例五：《中国建筑某局（集团）有限公司、祺某市政工程有限公司建设工程施工合同纠纷二审民事判决书》（最高人民法院〔2020〕最高法民终106号）

判决书摘录：关于"背靠背"付款条件是否已经成就，中建某局提出双方约定了在大东建设未支付工程款情况下，中建某局不负有付款义务。但是，中建某局的该项免责事由应以其正常履行协助验收、协助结算、协助催款等义务为前提，作为大东建设工程款的催收义务人，中建某局并未提供有效证据证明其在盖章确认案涉工程竣工后至本案诉讼前，已积极履行以上义务，对大东建设予以催告验收、审计、结算、收款等。相反，中建某局工作人员房某的证言证实中建某局主观怠于履行职责，拒绝祺某公司要求，始终未积极向大东建设主张权利，该情形属于《中华人民共和国合同法》第四十五条第二款规定附条件的合同中当事人为自己的利益不正当地阻止条件成就的，视为条件已成就的情形，故中建某局关于"背靠背"条件未成就、不负有支付义务的主张，理据不足。

问题 26：合法的劳务分包、专业工程分包是否属于实际施工人，如何结算工程款？

◆ **有关规定** ◆

一、《最高人民法院关于审理建设工程施工合同纠纷案件适用法律问题的解释》

第二十六条　实际施工人以转包人、违法分包人为被告起诉的，人民法院应当依法受理。

实际施工人以发包人为被告主张权利的，人民法院应当追加转包人或者违法分包人为本案第三人。发包人只在欠付工程价款范围内对实际施工人承担责任。

二、《最高人民法院关于审理建设工程施工合同纠纷案件适用法律问题的解释（二）》

第二十四条　实际施工人以发包人为被告主张权利的，人民法院应当追加转包人或者违法分包人为本案第三人，在查明发包人欠付转包人或者违法分包人建设工程价款的数额后，判决发包人在欠付建设工程价款范围内对实际施工人承担责任。

三、《最高人民法院关于审理建设工程施工合同纠纷案件适用法律问题的解释（一）》

第五条　具有劳务作业法定资质的承包人与总承包人、分包人签订的劳务分包合同，当事人请求确认无效的，人民法院依法不予支持。

四、《中华人民共和国民法典》

第七百九十一条　发包人可以与总承包人订立建设工程合同，也可以分别与勘察人、设计人、施工人订立勘察、设计、施工承包合同。发包人不得将应当由一个承包人完成的建设工程支解成若干部分发包给数个承包人。总承包人或者勘察、设计、施工承包人经发包人同意，可以将自己承包的部分工作交由第三人完成。第三人就其完成的工作成果与总承包人或者勘察、设计、施工承包人向发包人承担连带责任。承包人不得将其承包的全部建设工程转包给第三人或者将其承包的全部建设工程支解以后以分包的名义分别转包给第三人。禁止承包人将工程分包给不具备相应资质条件的单位。禁止分包单位将其承包的工程再分包。建设工程主体结构的施工必须由承包人自行完成。

第七百九十三条　建设工程施工合同无效，但是建设工程经验收合格的，可以参照合同关于工程价款的约定折价补偿承包人。建设工程施工合同无效，且建设工程经验收不合格的，按照以下情形处理：（一）修复后的建设工程经验收合格的，发包人可以请求承包人承担修复费用；（二）修复后的建设工程经验收不合格的，承包人无权请求参照合同关于工程价款的约定折价补偿。发包人对因建设工程不合格造成的损失有过错的，应当承担相应的责任。

五、《建设工程质量管理条例》（2019 年修正，国务院令第 714 号）

第二十五条　施工单位应当依法取得相应等级的资质证书，并在其资质等级许可的范围内承揽工程。禁止施工单位超越本单位资质等级许可的业务范围或者以其他施工单位的名义承揽工程。禁止施工单位允许其他单位或者个人以本单位的名义承揽工程。施工单位不得转包或者违法分包工程。

第二十七条　总承包单位依法将建设工程分包给其他单位的，分包单位应当按照分包合同的约定对其分包工程的质量向总承包单位负责，总承包单位与分包单位对分包工程的质量承担连带责任。

◆ 实务提醒 ◆

一、"实际施工人"是《最高人民法院关于审理建设工程施工合同纠纷案件适用法律问题的解释》的创设，属于司法政策的产物。

"实际施工人"是违法违规行为的产物，以转包、违法分包、挂靠为产生的前提，合法的劳务分包、专业的工程分包等不属于实际施工人。

为了区别合法的施工人，《最高人民法院关于审理建设工程施工合同纠纷案件适用法律问题的解释》使用了"实际施工人"的概念，即第四条、第二十五条和第二十六条三处均是指无效合同的承包人，如转包人、违法分包的承包人、没有资质借用有资质的建筑施工企业的名义与他人签订建设工程施工合同的承包人。

二、"实际施工人"突破合同相对性向发包人主张权利是否仅仅限于劳务，也有不同的观点。

有的观点认为，该制度的设立是为了保护农民工的工资，而不是工程款。也有观点认为，劳务和工程款很难剥离，而且司法解释也没有将"实际施工人"工程款的内容限制为"劳务"。

三、劳务分包不同于工程转包和违法分包，转包及违法分包为法律所禁止，而劳务分包则不为法律所禁止。如何区分合法的劳务分包和违法的工程转包呢？

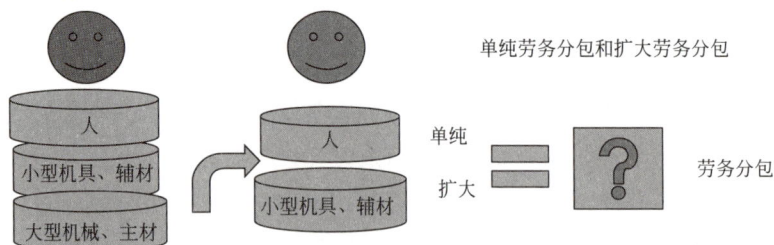

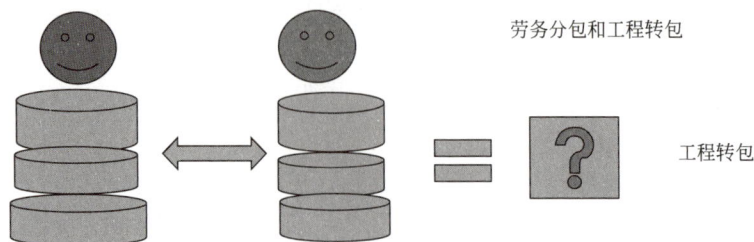

劳务分包是指施工总承包企业或专业承包企业将其承包工程的劳务作业发包给劳务分包企业的活动，是将建设工程中的劳务部分转由第三人完成，劳务分包是以提供劳务为目的的分包。

关键是看包的是什么，如果只包劳务，或者还有一些建筑材料的辅助性材料，就是合法的劳务分包。如果包劳务，还包建筑材料主材、工程质量，那就是名为劳务分包、实为违法分包的工程转包。

四、对于合法的劳务分包，是否属于"实际施工人"，能否突破合同相对性，有两种不同的观点。

第一种观点认为，司法解释规定适用的前提条件为转包或违法分包，而合法的劳务分包不属于"实际施工人"，不能突破合同相对性、起诉发包人。

第二种观点认为，可以突破合同相对性。理由：①"实际施工人"制度的创设目的是保护农民工合法权益。②是否转包、违法分包，合同是否无效，并不是保护农民工权益的决定性因素。③从举重以明轻的角度来看，无效合同的主体都有权直接起诉发包人，合法分包更应当进行同等保护。

五、实践中，应注意区别转包、违法分包、挂靠、内部承包。

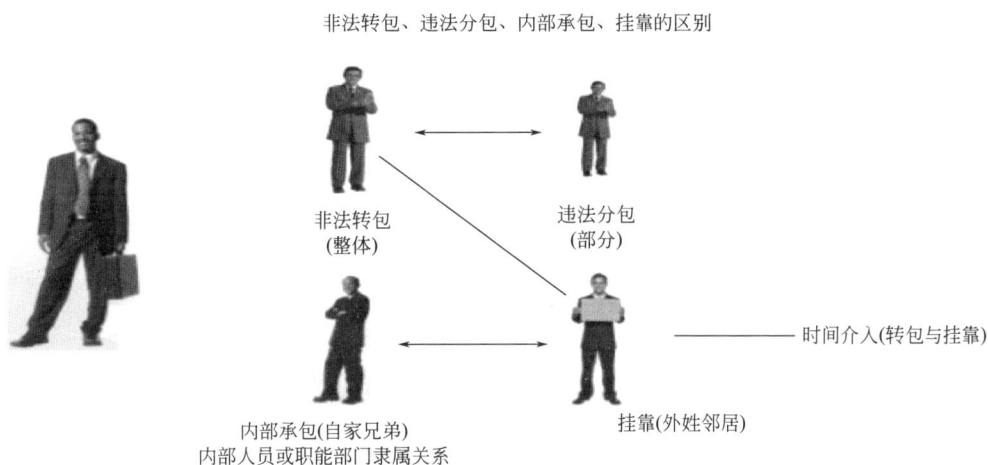

非法转包、违法分包、内部承包、挂靠的区别

非法转包（整体）

违法分包（部分）

时间介入（转包与挂靠）

内部承包（自家兄弟）
内部人员或职能部门隶属关系

挂靠（外姓邻居）

六、转包人将工程转给"实际施工人"，是否有权要求支付工程款，也是一个疑难问题。

比如：甲从建筑公司分包了"水电消防清包"工程，然后又将该工程转包给乙，从中赚取 2 元/m^2 差价。建筑公司发现该情况后，将该部分工程款直接支付给了乙。现工程施工完毕，甲起诉建筑公司索要工程款。

实践中，就有不同的观点：第一种观点认为，甲系转包人，不具有"实际施工人"的身份，无权要求工程款。理由：①甲将工程转包给乙，违反了分包不得再转包的法律规定，因此转包合同是无效的。②甲不是"实际施工人"。甲的身份是转包人，该工程实际由乙施工，"实际施工人"是乙，而不是甲。③作为建筑公司不应该也不可能重复支付工程款。施工过程中，建筑公司发现甲的违约行为，将工程款实际支付给乙，符合法律规定，不应该也不可能再次重复支付给甲，"违法者不得利"，这是法律的宗旨。第二种观点认为，转包人与建筑公司签订的合同是有效的，根据合同的相对性原则，工程款应该支付给承包人。如果建筑公司将工程款直接支付给"实际施工人"，应该另行起诉，返还不当得利。

◆ **相关案例** ◆

相关案例一：《卢某、王某劳务合同纠纷二审民事判决书》（福建省漳州市中级人民法院〔2017〕闽06民终1467号）

判决书摘录：本院认为，劳务分包是指建设工程的总承包人或者专业承包人将所承包的建设工程中的劳务作业（包括木作、砌筑、抹灰、石制作、油漆、钢筋、混凝土、脚手架、模板、焊接、水暖、钣金、架线等）发包给劳务作业承包人完成的活动；转包是指承包人将所承包的全部建设工程转由第三人施工完成；分包是指承包人将所承包的建设工程的某一部分施工项目交由第三人施工建设。劳务分包既不是转包，也不是分包，转包及违法分包为法律所禁止，而劳务分包则不为法律所禁止。本案中，王某挂靠漳州某建筑工程有限公司后，以公司的名义承包了漳州某机械配件有限公司厂房工程。之后，王某又将该工程中的钢筋劳务作业发包给卢某并签订了合同，同时约定卢某自愿垫资垫材料。2015年6月15日，经卢某与王某结算，王某出具一份欠条给卢某收执，欠条内容载明："兹欠厂房工地钢筋班组卢某工程工人工资尾款贰拾万元人民币整"。以上事实说明，本案债务经双方当事人确认，其性质为工资款，即属于劳务合同关系中的劳动报酬，而非建设工程分包合同关系中的工程款。卢某在提供劳务的同时虽然存在自行供应材料的情况，但该情况属于垫资垫材料的行为，不影响双方当事人之间劳务关系的认定，因此，一审将本案定性为劳务合同并无不当，卢某主张一审定性错误的理由不能成立。

卢某主张应适用《最高人民法院关于审理建设工程施工合同纠纷案件适用法律问题的解释》第二十六条规定，追加讼争工程的发包方漳州某机械配件有限公司作为共同被告，但该法律规定适用的前提条件为转包或违法分包，本案为劳务分包，不能适用该规定。本案欠款经双方当事人确认，属于工资款而非工程款，卢某主张应适用《最高人民法院关于审理建设工程施工合同纠纷案件适用法律问题的解释》第十七条有关工程欠款计付的规定，但不能成立。

相关案例二：《中某建设集团有限公司、惟某营造建筑设计（北京）有限公司与梵某投资控股集团有限公司建设工程施工合同纠纷二审判决书》（最高人民法院〔2021〕最高法民终1305号）

判决书摘录：《最高人民法院关于审理建设工程施工合同纠纷案件适用法律问题的解释（一）》第四十三条规定："实际施工人以转包人、违法分包人为被告起诉的，人民法院应当依法受理。实际施工人以发包人为被告主张权利的，人民法院应当追加转包人或者违法分包人为本案第三人，在查明发包人欠付转包人或者违法分包人建设工程价款的数额后，判决发包人在欠付建设工程价款范围内对实际施工人承担责任。"该条款赋予实际施工人在存在转包和违法分包情形的建设工程施工合同中，可在符合特定条件下突破合同相对性向发包人主张权利。

本案中，惟某公司和中某公司通过招投标程序订立的《施工总包合同》仅包含基础工程和钢结构工程，而惟某公司在其EPC总包范围内交由中某公司实际施工的工程范围包含基础工程、钢结构工程、屋面幕墙工程、室内精装修工程、暖通空调工程、给排水消防工程和强电工程。基础工程和钢结构工程属于合法分包，中某公司主张梵某公司在欠付工程价款范围内对其承担责任无法律依据，本院不予支持。

相关案例三：《刘某与大某投资经营有限公司、北京市房屋土地经营管理二中心等建设工程分包合同纠纷二审民事裁定书》（北京市第二中级人民法院〔2017〕京02民终10790号）

裁定书摘录：关于刘某能否以实际施工人的身份要求崇某公司、大某投资公司给付工程款的问题。诉讼中，刘某明确其依据《最高人民法院关于审理建设工程施工合同纠纷案件适用法律问题的解释》的规定，要求崇某公司、大某投资公司给付工程款。根据司法解释相关条款的规定，当事人应依据合同相对性有序提起诉讼，只有在特殊情形下，才可对没有合同关系的当事人提起诉讼。本案中，刘某在一审中未向被上诉人叶某主张权利，未向叶某提出诉讼请求，也未提供本案存在特殊情形的证据，故其要求崇某公司、大某投资公司直接给付工程款，不符合司法解释的规定。

问题 27：发包人对实际施工人付款能否可视为对合同相对人付款？

◆ **有关规定** ◆

一、《广东高院关于审理建设工程合同纠纷案件疑难问题的解答》（粤高法〔2017〕151号）

28. 发包人向实际施工人支付的工程款能否在与承包人结算工程时予以抵扣：承包人请求发包人支付工程款，发包人主张对其已向实际施工人支付的工程款进行抵扣的，不予支持，但合同另有约定、承包人予以授权、生效裁决予以确定或者发包人有证据证明其有正当理由向实际施工人支付工程款的除外。

二、《河北省高级人民法院建设工程施工合同案件审理指南》（冀高法〔2018〕44号）

24. 承包人请求发包人支付工程款，发包人以向实际施工人支付工程款抗辩的，应当举证证明支付工程款数额及支付理由，对付款有特殊约定、承包人予以授权、生效裁决予以确定，或者有其他正当理由，人民法院应当予以支持。

三、《重庆市高级人民法院关于当前民事审判若干法律问题的指导意见》

14. 挂靠施工的结算。根据《最高人民法院关于审理建设工程施工合同纠纷案件适用法律问题的解释》第二十六条的规定，实际施工人可以直接起诉发包人，请求发包人在拖欠工程款的范围内承担清偿工程款的责任，并追加承包人、转包人或者违法分包人为共同被告或者第三人。此种保护实际施工人的规定，在实践中不应过于泛化。如实际施工人未向发包人主张权利，被挂靠的施工企业基于合同关系向发包人请求支付工程款，发包人以施工企业不是实际施工人为由提出抗辩并拒绝支付工程款的，人民法院不必然追加实际施工人为第三人，但应将诉讼情况通知实际施工人；发包人要求扣除其向实际施工人的已付款，经审查确已支付且付款正当的，可以支持。

四、《最高人民法院关于审理建设工程施工合同纠纷案件适用法律问题的解释（一）》（法释〔2020〕25号）

第四十三条　实际施工人以转包人、违法分包人为被告起诉的，人民法院应当依法受理。实际施工人以发包人为被告主张权利的，人民法院应当追加转包人或者违法分包人为本案第三人，在查明发包人欠付转包人或者违法分包人建设工程价款的数额后，判决发包人在欠付建设工程价款范围内对实际施工人承担责任。

◆ **实务提醒** ◆

一、关于发包人能否主张抵扣已付款的问题，实践中存在争议。

肯定观点认为，发包人向实际施工人付款虽然可能会构成不当履行，但因承包人对实际施工人也有付款责任，故发包人向实际施工人的付款行为应视为发包人代承包人清偿债务，发包人对承包人之间因此形成了替代履行后的追偿权，可主张抵销，因此对于发包人要求抵扣的请求应支持。

否定观点认为，承包人请求发包人支付工程款，发包人原则上不可以要求从已经向实际施工人支付的工程款进行抵扣，除非该付款行为已经取得承包人的同意，否则其付款行为的后果不能约束承包人。

二、实践中发包人能主张抵扣工程款的常见情形，可以总结为以下几种：

1. 发包人与承包人就付款进行特殊约定，如签署三方协议、承包人对于付款予以授权或者承包人委托发包人代为付款等；

2. 已有生效法律文书（判决书/裁决书）等确认由发包人直接向实际施工人支付工程价款；

3. 项目所属人社局或者劳动监察等相关部门为解决拖欠农民工工资问题要求发包人先行向实际施工人付款；

4. 发包人垫付人工费、材料款等行为具有现实紧迫性，虽未经授权，但并未损害承包人实质利益；

5. 发包人直接向实际施工人付款虽无承包人的明确授权，但付款原因涉及职务行为或表见代理。

三、关于规范发承包双方工程付款行为的建议。

对于发包人而言，为避免重复付款或者付款后发生无法抵扣的情况，建议发包人在付款时注意关注合同中是否存在承包人同意由发包人向实际施工人付款的约定。在合同未进行约定或相关文件中未能体现的情况下，建议要求承包人出具委托付款申请或者向承包人发函并明确付款的行为为代承包人的付款等内容。

对于承包人而言，建议在与发包人签订的施工合同中明确约定工程款的付款方式或代付范围，指定收款人及收款账户；如发现发包人在未经已方同意即向实际施工人付款的情况，及时向发包人提出书面异议，或向发包人发函告知向承包人指定的账户付款，否则承包人对付款行为不予认可。同时，对于发包人主张抵扣工程款的，承包人应注意核实工程款是否实际支付有无正当事由，金额是否属实，避免发包人与实际施工人恶意串通且损害己方合法利益的情形发生。

◆━━━━━ ◆ **相关案例** ◆ ━━━━━◆

相关案例一：《浙江省东阳某建筑工程有限公司、淮安某投资开发有限公司建设工程施工合同纠纷二审民事判决书》（最高人民法院〔2017〕最高法民终 19 号）

判决书摘录：关于淮安某投资开发公司垫付款项能否冲抵东阳某建筑工程公司工程款的问题。东阳某建筑工程公司主张，双方合同明确约定："请将所有工程款项汇入以上承包人账号，否则视为发包人没有支付。除承包人有书面授权外，发包人不得转付相关材料、人工等款，也不得以现金、承兑汇票、支票等方式支付给任何个人，否则视为发包人没有支付工程款给承包人。"本院认为，应天会计所专审字〔2014〕第 045 号、〔2015〕第 036 号司法会计鉴定书中确认的纯高公司已垫付的 2728.7104 万元款项，均系为案涉工程建设支付的人工费、材料费、土方工程款、租赁费以及人民法院相关法律文书确定的应支付款项等费用，其中部分款项的支付虽未经东阳某建筑工程公司的明确授权，但鉴于案涉工程未实际完工的情况，淮安某投资开发公司的支付行为具有现实紧迫性和必要性，且上述费用经鉴定确已实际发生，淮安某投资开发公司的垫付行为未损害东阳某建筑工程公司的实质利益，一审法院据此认为该部分款项应抵扣东阳某建筑工程公司工程款并无不当。

相关案例二：《安徽某建设投资集团有限公司与安徽某置业有限责任公司建设工程合同纠纷》（安徽省高级人民法院〔2015〕皖民四终字第 00330 号）

判决书摘录：根据本案查明的事实反映，李某与安徽某建设投资集团公司就案涉工程的施工签订了《项目承包合同书》，安徽某建设投资集团公司从安徽某置业有限责任公司承接了案涉工程以后，又转包给了李某实际施工，李某实为案涉工程的实际施工人，对于李某的实际施工人身份，双方并无异议。《最高人民法院关于审理建设工程施工合同纠纷案件适用法律问题的解释》第二十六条规定："实际施工人以转包人、违法分包人为被告起诉的，人民法院应当依法受理。实际施工人以发包人为被告主张权利的，人民法院可以追加转包人或者违法分包人为本案当事人。发包人只在欠付工程价款范围内对实际施工人承担责任。"本案中，安徽某置业有限责任公司作为发包人，并没有付清全部工程价款。根据上述司法解释条款的规定，其对于实际施工人存在法律上的支付工程款的责任，故其对于实际施工人李某的付款，可以视为对合同相对人安徽某建设投资集团公司的付款。安徽某建设投资集团公司主张其对案涉工程实际投入大量资金，不认可李某有权从安徽某置业有限公司领取工程款的意见，该院不予采信。安徽某建设投资集团公司对案涉工程的投入，可在其与李某的结算中予以解决。如果安徽某建设投资集团公司认为安徽某置业有限公司向李某的直接付款，违反了双方的合同约定，给其造成了损失，可就该部分损失向安徽某置业有限公司另行主张权利。

相关案例三：《三某机电有限公司与石某建设有限公司、庆某建设有限公司、潘某建设工程施工合同纠纷再审案》（江苏省高级人民法院〔2020〕苏民再20号）

判决书摘录：关于三某公司李某向潘某提供的借款1144万元是否应当计入三某公司已付石某公司工程价款的问题。涉案2012年9月29日《建设工程施工合同》系由潘某借用石某公司的资质与三某公司签订，石某公司虽签订了该施工合同，但实际系由潘某具体组织施工，潘某实际享有和承担该合同项下工程相关的权利和义务，包括收取工程价款。并且该合同未明确约定工程价款仅能由石某公司直接收取，未排除当事人之间实际发生的其他支付方式的给付效力。因此，潘某为履行施工合同而从三某公司处实际收取的款项，可以从三某公司应向石某公司支付的施工合同项下工程价款中抵扣，具体的抵扣范围除了可以包括潘某从三某公司处直接领取的工程价款、三某公司代付的材料款等之外，还可以包括不违反合同约定的以借款方式预支的工程价款。

相关案例四：《安徽省某铺茶场、合肥建工金某集团有限公司建设工程合同纠纷再审审查与审判监督民事判决书》（最高人民法院〔2017〕最高法民提183号）

判决书摘录：承包人金某公司关于该笔代付费用不符合法律规定和合同约定，不应计入已付款的主张不成立。发包人某铺茶场代付该笔费用，虽然未按照双方于2010年10月22日签订的《建设工程施工合同》专用条款第47条约定，将该笔款项汇入金某公司所属账户。但金某公司向某铺茶场出具的《关于不拖欠农民工工资的承诺》明确表示，如拖欠农民工工资，同意某铺茶场直接从结算款中扣留拖欠的金额。在建筑工程质量安全监督管理局、人力资源和社会保障局、住房和城乡建设委员会召开的某茶场绿魁花园廉租房农民工工资会议上，金某公司亦派人参加，对人力资源和社会保障局和住房和城乡建设委员会向某茶场下发的《关于垫付农民工工资的函》及《某茶场二期廉租房拖欠农民工工资清单》的事实完全知晓，并积极履行了工程款申请手续。人力资源和社会保障局和住房和城乡建设委员会根据国务院关于农民工工资的相关规定，要求某茶场垫付农民工工资是履行政府行政管理职责，并未侵犯金某公司的权益。

问题 28: 挂靠人是否有权直接向发包人请求支付工程款以及是否享有优先受偿权?

――――――――― ◆ 有关规定 ◆ ―――――――――

一、《建筑工程施工发包与承包违法行为认定查处管理办法》

第九条　本办法所称挂靠,是指单位或个人以其他有资质的施工单位的名义承揽工程的行为。

前款所称承揽工程,包括参与投标、订立合同、办理有关施工手续、从事施工等活动。

第十条　存在下列情形之一的,属于挂靠:

(一)没有资质的单位或个人借用其他施工单位的资质承揽工程的;

(二)有资质的施工单位相互借用资质承揽工程的,包括资质等级低的借用资质等级高的,资质等级高的借用资质等级低的,相同资质等级相互借用的;

(三)本办法第八条第一款第(三)至(九)项规定的情形,有证据证明属于挂靠的。

二、《最高人民法院关于审理建设工程施工合同纠纷案件适用法律问题的解释(二)》

第二十四条　实际施工人以发包人为被告主张权利的,人民法院应当追加转包人或者违法分包人为本案第三人,在查明发包人欠付转包人或者违法分包人建设工程价款的数额后,判决发包人在欠付建设工程价款范围内对实际施工人承担责任。

三、《最高人民法院关于审理建设工程施工合同纠纷案件适用法律问题的解释(一)》(法释〔2020〕25号)

第四十三条　实际施工人以转包人、违法分包人为被告起诉的,人民法院应当依法受理。实际施工人以发包人为被告主张权利的,人民法院应当追加转包人或者违法分包人为本案第三人,在查明发包人欠付转包人或者违法分包人建设工程价款的数额后,判决发包人在欠付建设工程价款范围内对实际施工人承担责任。

四、《住房和城乡建设部关于印发建筑工程施工发包与承包违法行为认定查处管理办法的通知》(建市规〔2019〕1号)

第十条　存在下列情形之一的,属于挂靠:(一)没有资质的单位或个人借用其他施工单位的资质承揽工程的;(二)有资质的施工单位相互借用资质承揽工程的,包括资质等级低的借用资质等级高的,资质等级高的借用资质等级低的,相同资质等级相互借用的;(三)本办法第八条第一款第(三)至(九)项规定的情形,有证据证明属于挂靠的。

五、《山东高院民一庭关于审理建设工程施工合同纠纷案件若干问题的解答》(施行日期2020年8月16日)

5. 借用资质的施工人直接向发包人主张工程款，如何处理？通常情况下，借用资质的施工人只有在出借资质人怠于履行权利时，才能提起代位权诉讼。但发包人明知借用资质事实存在的，借用资质的施工人可以直接向发包人主张权利。

六、《湖南省高级人民法院印发〈关于审理建设工程施工合同纠纷案件若干问题的解答〉的通知》（湘高法〔2022〕102号）

二十三、挂靠人直接起诉发包人应如何处理？借用资质的实际施工人起诉发包人要求支付工程款的，人民法院可在查明事实的基础上按以下两种情形处理：（一）发包人明知实际施工人借用资质而未提出异议的，根据《中华人民共和国民法典》第一百四十六条、第四百九十条规定处理，实际施工人可直接向发包人主张权利。人民法院应追加被挂靠人为第三人。（二）发包人对借用资质不知情的，出借资质方怠于向发包人主张权利，实际施工人可参照《最高人民法院关于审理建设工程施工合同的司法解释（一）》第四十四条规定行使代位权。人民法院应追加被挂靠人为第三人。

七、《最高人民法院民事审判第一庭2021年第20次专业法官会议纪要》

法律问题：实际施工人是否包含借用资质及多层转包和违法分包关系中的实际施工人？

法官会议意见：《建工解释一》❶第四十三条规定："实际施工人以转包人、违法分包人为被告起诉的，人民法院应当依法受理。实际施工人以发包人为被告主张权利的，人民法院应当追加转包人或者违法分包人为本案第三人在查明发包人欠付转包人或者违法分包人建设工程价款的数额后，判决发包人在欠付建设工程价款范围内对实际施工人承担责任。"本条解释涉及三方当事人两个法律关系：一是发包人与承包人之间的建设工程施工合同关系；二是承包人与实际施工人之间的转包或者违法分包关系。原则上，当事人应当依据各自的法律关系，请求各自的债务人承担责任。本条解释为保护农民工等建筑工人的利益，突破合同相对性原则，允许实际施工人请求发包人在付工程款范围内承担责任。对该条解释的适用应当从严把握。该条解释只规范转包和违法分包两种关系，未规定借用资质的实际施工人以及多层转包和违法分包关系中的实际施工人有权请求发包人在欠付工程款范围内承担责任。因此，可以依据《建工解释一》❶第四十三条的规定，突破合同相对性原则请求发包人在欠付工程款范围内承担责任的实际施工人不包括借用资质及多层转包和违法分包关系中的实际施工人。

八、《最高人民法院民事审判第一庭2021年第20次专业法官会议纪要》

法律问题：借用资质的实际施工人是否有权请求发包人对其施工工程折价补偿？

法官会议意见：没有资质的实际施工人借用有资质的建筑施工企业名义与发包人签订建设工程施工合同，在发包人知道或者应当知道系借用资质的实际施工人进行施工的情况下，发包人与借用资质的实际施工人之间形成事实上的建设工程施工合同关系。主要理由：该建设工程施工合同因违反法律的强制性规定而无效。《中华人民共和国民法典》第

---

❶ 即指《最高人民法院关于审理建设工程施工合同纠纷案件适用法律问题的解释（一）》。

七百九十三条第一款规定："建设工程施工合同无效，但是建设工程经验收合格的，可以参照合同关于工程价款的约定折价补偿承包人。"因此，在借用资质的实际施工人与发包人之间形成事实上的建设工程施工合同关系且建设工程经验收合格的情况下，借用资质的实际施工人有权请求发包人参照合同关于工程价款的约定折价补偿。

九、《河南高院关于建设工程合同纠纷案件疑难问题的解答》

问：出借资质的企业没有截留工程款，应否向借用资质的实际施工人承担责任？

答：借用资质的实际施工人明知其与出借资质的企业是借用资质关系，此时双方之间不存在真实的发承包关系。因此，实际施工人向出借资质的企业主张工程款的，不予支持。但如果因合同约定或实际履行过程中发包人将工程款支付到出借资质的企业账户，出借资质的企业截留工程款不予支付的，实际施工人可向出借资质的企业主张被截留部分的工程款。如果出借资质的企业没有截留工程款的，无需向实际施工人承担责任。

◆ 实务提醒 ◆

一、挂靠和转包的区分

挂靠和转包两者"外观"极其相似，但合同目的不同、内容不同，相应的法律后果也不相同。实务中大多观点认为，具体可从发生时间、合同目的以及内部权利义务安排等不同角度加以区分。其中重要的一点是从实际施工人有没有参与投标和合同订立等缔约磋商阶段的活动加以判断。比如：从投标保证金的支付来看，投标保证金是否由实际施工人安排人员转入；从开标的过程来看，是否由实际施工人安排相关人员参与；从合同签订及进场时间来看，在合同签订之前实际施工人是否已经对接；从项目管理协议书的约定内容来看，实际施工人是否独立核算、自负盈亏、自主经营；从工程款的支付来看，发包人是否在扣除税金及管理费之后直接支付给实际施工人；从劳动关系来看，实际施工人是否属于被挂靠人员工以及是否缴纳社保等。

二、挂靠可以分为三种情况

一是发包人事先明知或应该知道；二是发包人事先及施工过程中一直都不知道；三是发包人事先不知道而施工过程中知道。

三、发包人事先知道或者应当知道实际施工人借用资质的情形

此种情形实际包含两种法律行为：一是以虚假的意思表示实施的民事法律行为，即出借资质的建筑施工企业与发包人签订的建设工程施工合同。二是以虚假的意思表示隐藏的民事法律行为，即借用资质的实际施工人与发包人之间就建设工程施工合同产生了实质性的建设工程施工合同关系。这种情况系实际施工人与发包人虚伪同谋，其真实意思是实际施工人进行施工，虚假的意思是发包人与被挂靠人签订虚假的施工合同。根据《中华人民共和国民法典》第一百四十六条及《最高人民法院关于审理建设工程施工合同纠纷案件适用法律问题的解释（一）》第一条的规定，发包人在订立建设工程施工合同时知道或者应当知道实际施工人借用资质的，上述建设工程施工合同无效。但在工程竣工验收合格的情

形下，实际施工人作为事实上的承包人，可以依据《中华人民共和国民法典》第七百九十三条第一款的规定直接向发包人主张支付工程价款。

从目前最高人民法院的相关答复、意见、判例的观点可以看出，挂靠人不适用《最高人民法院关于审理建设工程施工合同纠纷案件适用法律问题的解释（一）》第四十三条规定，不能请求发包人在欠付工程款范围内承担责任（见相关案例一）。

《最高人民法院民事审判第一庭2021年第20次专业法官会议纪要》提出"借用资质的实际施工人是否有权请求发包人对其施工工程折价补偿？"法官会议意见认为，没有资质的实际施工人借用有资质的建筑施工企业名义与发包人签订建设工程施工合同，在发包人知道或者应当知道系借用资质的实际施工人进行施工的情况下，发包人与借用资质的实际施工人之间形成事实上的建设工程施工合同关系。在借用资质的实际施工人与发包人之间形成事实上的建设工程施工合同关系且建设工程经验收合格的情况下，借用资质的实际施工人有权请求发包人参照合同关于工程价款的约定折价补偿（见相关案例二、相关案例三）。

综上，此种情形下，实际施工人可以向发包人直接主张工程款，而且只能向发包人主张工程款，被挂靠人不承担付款责任。

四、河南省高级法院对挂靠情形下被挂靠人不承担付款责任意见的分析

《河南高院关于建设工程合同纠纷案件疑难问题的解答》对"出借资质的企业没有截留工程款，应否向借用资质的实际施工人承担责任"的答复是：借用资质的实际施工人明知其与出借资质的企业是借用资质关系，此时双方之间不存在真实的发承包关系，因此实际施工人向出借资质的企业主张工程款的不予支持。但是笔者认为，很多人对此进行了错误的解读，实际上这种情形适用的前提依然应当是发包人明知或应当明知的前提下，而不能在发包人不知情的情形下适用。

五、发包人事先及施工过程中一直都不知道实际施工人挂靠的情形

此种情形亦包含两种法律行为：一是实际施工人与出借资质的建筑施工企业之间的挂靠关系；二是以虚假的意思表示实施的民事法律行为，即出借资质的建筑施工企业与发包人签订的建设工程施工合同。这种虚伪同谋指的是实际施工人与被挂靠人之间，其真实意思是挂靠或实际施工人施工，虚假的意思是被挂靠人与发包人签订施工合同。

根据《住房和城乡建设部关于印发建筑工程施工发包与承包违法行为认定查处管理办法的通知》（建市规〔2019〕1号）的规定，在此种没有证据证明属于挂靠的情况下应该认定为转包，可以适用司法解释❶第四十三条的规定。当然，也可以适用司法解释❶第四十四条的规定，即挂靠的实际施工人可直接依据代位权基础请求发包人承担付款责任。

六、发包人事先不知道而施工过程中知道挂靠的情形

发包人明知挂靠的情形，发包人与被挂靠人签订的施工合同属于无效合同。如果发包人知道挂靠事实，根据《中华人民共和国民法典》第一百四十六条规定，该发包人与被挂靠人之间的施工合同属于以虚假的意思表示实施的民事法律行为，应当认定无效。

---

❶ 即指《最高人民法院关于审理建设工程施工合同纠纷案件适用法律问题的解释（一）》。

而发包人不知道挂靠的情形，发包人与被挂靠人签订的施工合同属于可撤销合同。如果发包人不知道挂靠的事实，有合理理由相信履行施工合同义务的就是被挂靠人，此种情况下被挂靠人以自己的名义与发包人签订施工合同的行为属于真意保留，被挂靠人的表示行为与真实意思不一致，但发包人的表示行为与真实意思是一致的。这种情况下，应当优先保护发包人的利益，该施工合同属于可撤销合同，并不仅因存在挂靠关系就当然无效。

七、对事实施工合同关系，按照挂靠还是转包处理的分析

笔者认为挂靠关系分为两种：一种是提前介入招标投标程序或合同签订的挂靠，这只是挂靠的一种典型情形；另一种是施工工程中可能形成的挂靠，即最高法院称之为"事实施工合同关系"的挂靠。

对施工过程中形成的发包人与实际工人之间事实施工合同关系是否属于挂靠关系，实务中探讨极少。笔者认为，无论总包方与实际施工人之间原来是转包关系还是挂靠关系，只要在施工过程中发包人与实际工人形成事实施工合同关系，则应当认定总包方与实际施工人存在挂靠关系为宜。理由如下：事实施工合同关系是什么？事实施工合同关系的本质内容为施工管理、结算、付款都在发包人与实际施工人之间发生，此时的总包方（无论之前属于转包还是挂靠）仅仅起到了在竣工验收过程中加盖公章以及付款过程中出个账号的作用。这种情况符合挂靠的特征，应认定为挂靠关系。①总包方与实际施工人原来是挂靠关系的情形。施工过程中，发包人知道了该种情形，并与实际施工人直接发生或形成施工管理、结算、付款行为，这是发包人对总包方与实际施工人之间挂靠关系的认可。②总包方与实际施工人原来是转包关系的情形。施工过程中，发包人撇开总包方，直接与实际施工人发生或建立施工合同关系，即施工管理、结算、付款等行为在发包人与实际施工人之间发生。此时，因发包人的行为撇开了总包方，即改变了总包方与实际施工人的转包关系，总包方的转包角色由此转变为挂靠角色，仅仅起到了在竣工验收盖章以及付款中出个账号的作用。这种情况，符合挂靠的特征，故也应认定为挂靠关系。

需要注意的是，如果发包人认可总包方与实际施工人之间的转包关系，即付款、结算等行为仍然只在总包方之间发生，则总包方与实际施工人之间仍然是转包关系，而不宜认定为挂靠关系。

八、在发包人明知挂靠情况下，挂靠人是否享有建设工程价款优先受偿权

主流观点认为，依据《中华人民共和国民法典》第八百零七条以及《最高人民法院关于审理建设工程施工合同纠纷案件适用法律问题的解释（一）》第三十五条的规定，只有与发包人订立建设工程施工合同的承包人才享有建设工程价款优先受偿权。尽管在发包人明知挂靠情况下，挂靠人与发包人形成事实上的建设工程施工合同关系，但挂靠人仍不属于"与发包人订立建设工程施工合同的承包人"，不享有建设工程价款优先受偿权。

◆ 相关案例 ◆

相关案例一：《某邦地基基础工程有限公司、中某建工集团有限公司建设工程施工合

同纠纷再审审查与审判监督民事裁定书》（最高人民法院〔2017〕最高法民申 3613 号）

裁定书摘录：某邦地基公司在再审申请中并不否认案涉分包合同当事人办理结算资料、报送施工资料等工作均是以某岩土公司名义进行，且参与相关工作的受托人亦有某岩土公司的授权委托书，只是主张其与某岩土公司存在挂靠关系，通过借用某岩土公司施工资质承揽案涉工程，其为实际施工人。而在挂靠施工情形中，存在两个不同性质、不同内容的法律关系，一为建设工程法律关系，一为挂靠法律关系，根据合同相对性原则，各方的权利义务关系应当根据相关合同分别处理。二审判决认定建设工程法律关系的合同当事人为中某集团公司和某岩土公司，并无不当。某邦地基公司并未提供证据证明其与中某集团公司形成了事实上的建设工程施工合同关系，因此，即便认定某邦地基公司为案涉工程的实际施工人，其亦无权突破合同相对性，直接向非合同相对方中某集团公司主张建设工程合同权利。至于某邦地基公司与某岩土公司之间的内部权利义务关系，双方仍可另寻法律途径解决。《最高人民法院关于审理建设工程施工合同纠纷案件适用法律问题的解释》第二十六条适用于建设工程非法转包和违法分包情形，不适用于挂靠情形。

相关案例二：《贵州某煤业有限公司与陈某等建设工程合同纠纷案》（案号：〔2016〕最高法民终 361 号）。

裁定书摘录：最高人民法院认为，建筑工程施工企业出借资质中，一般存在两种情形，一是发包方不知有关单位或个人以其他有资质的施工单位的名义，参与投标、订立合同、办理有关施工手续、从事施工等活动；二是发包方明知、放任或者故意追求不具备资质的单位或者个人以具备资质的施工单位名义承揽工程行为。在后一种情形中，形式上存在两个法律关系，发包方与承包方之间的建设工程施工合同法律关系，该法律关系因双方虚假意思表示应为无效；承包方与实际施工人之间出借资质的法律关系，出借资质的承包方主要承担违反《中华人民共和国建筑法》《建设工程质量管理条例》规定的行政责任和《中华人民共和国建筑法》第六十六条规定的因承揽工程不符合规定的质量标准造成损失与使用其名义的单位或者个人承担连带赔偿责任。出借资质的建设工程施工合同中，如果建设工程发包方对于建筑工程施工企业出借资质、由实际施工人予以施工事实明知，出借资质的建筑工程企业实际仅为名义上承包方，在该工程价款结算中，应当由实际施工人直接向发包方主张工程价款，出借资质的建筑工程施工企业承担因其违反法律规定出借资质的法律责任。就本案而言，陈某等人系借用六十五公司资质，以六十五公司项目部的名义进行建设工程活动，是本案工程实际施工人，某煤业公司对此明知，并与陈某等人建立事实上的建设工程施工合同关系，应当承担支付工程价款的责任。原判认定某煤业公司与六十五公司承担连带责任法律依据不足，本院予以纠正。

相关案例三：《弋某某诉某进出口贸易公司、新疆某建工集团公司建设工程施工合同纠纷案》（〔2023〕兵 0302 民初 29 号）

判决书摘录：发包方发包工程项目时，明知实际施工人无建筑资质，系挂靠于有资质的单位，发包方虽未与实际施工人签订建设工程施工合同，但同意由实际施工人施工，并接收实际施工人缴纳保证金，双方已形成施工合同关系，应由发包方向实际施工人承担支付工程款的责任。

问题 29：行政审计情形下，如何结算工程款？

◆ 有关规定 ◆

一、《最高人民法院关于建设工程承包合同案件中双方当事人已确认的工程决算价款与审计部门审计的工程决算价款不一致时如何适用法律问题的电话答复意见》（〔2001〕民一他字第 2 号）

经研究认为，审计是国家对建设单位的一种行政监督，不影响建设单位与承建单位的合同效力。建设工程承包合同案件应以当事人的约定作为法院判决的依据。只有在合同明确约定以审计结论作为结算依据或者合同约定不明确、合同约定无效的情况下，才能将审计结论作为判决的依据。

二、《最高人民法院关于常州证券有限责任公司与常州星港幕墙装饰有限公司工程款纠纷案的复函》（〔2001〕民一他字第 19 号）

你院关于常州证券有限责任公司（以下简称证券公司）与常州星港幕墙装饰有限公司工程款纠纷案的请示收悉。经研究，我们认为，本案中的招投标活动及双方所签订的合同合法有效，且合同已履行完毕，依法应予保护。证券公司主张依审计部门作出的审计结论否定合同约定不能支持。

三、《全国民事审判工作会议纪要（2015 年 4 月征求意见稿）》

第 49 条　依法有效的建设工程施工合同，双方当事人均应依约履行。除合同另有约定，当事人请求以审计机关作出的审计报告、财政评审机构作出的评审结论作为工程价款结算依据的，一般不予支持。

四、《江苏省高级人民法院关于审理建设工程施工合同纠纷案件若干问题的意见》（苏高法审委〔2008〕26 号）

第十三条　由国家财政投资的建设工程，当事人未在合同中约定以国家财政部门或国家审计部门的审核、审计结果作为工程价款结算依据的，承包人要求按照合同约定结算工程价款的，人民法院应予支持。

五、《深圳市中级人民法院关于审理建设工程施工合同纠纷案件的指导意见》（2010年 3 月 9 日修订）

第 23 条　合同约定工程价款或双方已经委托中介机构审价并确认的价款，与政府行政审计确定的价款不一致的，应以双方确认的为结算依据。但在合同明确约定以审计结论作为结算依据，或者合同约定不明确、合同约定无效，或者双方当事人恶意串通损害国家利益的情况下，可以将审计结论作为结算依据。

六、《广东省高级人民法院关于审理建设工程施工合同纠纷案件若干问题的意见》（粤高法发〔2011〕37号）

当事人已对政府投资项目进行结算的，应确认其效力。财政部门或审计部门对工程款的审核，是监控财政拨款与使用的行政措施，对民事合同当事人不具有法律的约束力。发包人以财政部门或审计部门未完成竣工决算审核、审计为由拒绝支付工程款或要求以财政部门、审计部门的审核、审计结果作为工程款结算依据的，不予支持。但双方当事人明确约定以财政部门、审计部门的审核、审计结果作为工程款结算依据或双方当事人恶意串通损害国家利益的除外。

七、《安徽省高级人民法院关于审理建设工程施工合同纠纷案件适用法律问题的指导意见（二）》

第十条　政府投资和以政府投资为主的建设项目，当事人在合同中约定以审计机关出具的审计报告、财政评审机构出具的评审结论作为工程价款结算依据，发包人请求依据审计报告、评审结论结算工程价款的，予以支持。

八、《中华人民共和国审计法（2021年修正）》

第二十三条　审计机关对政府投资和以政府投资为主的建设项目的预算执行情况和决算，对其他关系国家利益和公共利益的重大公共工程项目的资金管理使用和建设运营情况，进行审计监督。

九、《中华人民共和国审计法实施条例》（国务院令第571号）

第十五条　审计机关对本级人民政府财政部门具体组织本级预算执行的情况，本级预算收入征收部门征收预算收入的情况，与本级人民政府财政部门直接发生预算缴款、拨款关系的部门、单位的预算执行情况和决算，下级人民政府的预算执行情况和决算，以及其他财政收支情况，依法进行审计监督。经本级人民政府批准，审计机关对其他取得财政资金的单位和项目接受、运用财政资金的真实、合法和效益情况，依法进行审计监督。

十、《重庆市高级人民法院、四川省高级人民法院关于审理建设工程施工合同纠纷案件若干问题的解答》（施行日期为2022年12月28日）

当事人请求以审计单位的审计意见作为确定工程造价依据的，如何处理？

答：建设工程施工合同未约定工程造价以审计单位的审计意见或者财政评审机构作出的评审结论为准，当事人请求以审计单位作出的审计意见、财政评审机构作出的评审结论作为确定工程造价依据的，人民法院不予支持。建设工程施工合同约定工程造价以审计意见为准，但审计单位未能出具审计意见的，人民法院应当对审计单位未能出具审计意见的原因进行审查，区分不同情形分别作出处理：

（一）因承包人原因导致未能及时进行审计的，如承包人未按照约定报送审计所需的竣工结算资料等，承包人请求以申请司法鉴定的方式确定工程造价的，人民法院不予支持；

（二）因发包人原因导致未能及时进行审计的，如发包人收到承包人报送的竣工结算资料后未及时提交审计或者未提交完整的审计资料等，可视为发包人不正当地阻止条件成就，承包人请求以申请司法鉴定的方式确定工程造价的，人民法院予以支持；

（三）因审计单位原因未及时出具审计意见的，人民法院可以函告审计单位在合理期间内出具审计意见。审计单位未在合理期间内出具审计意见又未能作出合理说明的，承包人请求以申请司法鉴定的方式确定工程造价的，人民法院予以支持。

◆ 实务提醒 ◆

一、实务中的认识混乱。

对于工程款的结算，到底是以审计报告为准，还是以当事人之间的合同约定为准，目前似乎已成定论。但是，在具体案件中，依然存在错误的认识，甚至有的施工人为了配合审计，获取合同中应该得到的工程款而不得已制造一些虚报工程量和工程款的工程资料，导致出现竟然被以诈骗罪追究刑事责任的情形。

二、审计、审核与鉴定的区别。

1. 审计

按审计活动执行主体的性质分类，审计可分为政府审计、第三方审计和内部审计三种。政府审计是由政府审计机关依法进行的审计；第三方审计也称民间审计，即由审计单位受托有偿进行的审计活动；内部审计是指由本单位内部专门的审计机构或人员进行的审计。

2. 审核

审核是指发包人收到承包人递交的竣工结算报告及结算资料后，按照合同约定和法律规定对工程款进行审查核实的行为。既可以自己审核，也可以委托其他审计单位或造价咨询机构协助自己审核。

3. 鉴定

鉴定即司法鉴定，根据《建设工程造价鉴定规范》（GB/T 51262—2017），委托人只能是人民法院或仲裁机构。

三、"以审计为准"条款应当"严格适用"。

1. 只有在明确约定时，才能认定成立"以审计为准"条款。

对"以审计为准"的约定必须具体明确，不能通过解释推定来认定"以审计为准"条款。

2. 对"以审计为准"条款的突破，也应严格限制。

在当事人明确约定适用审计条款为依据的时候，只有当"以审计为准"条款导致合同的正常履行受到阻碍时，当事人才应有权突破该条款的限制。比如：非因承包人的原因，审计机关迟迟无法启动审计程序或无法出具审计结论时，当事人才可以要求进行工程价款的司法鉴定。

四、在当事人未明确或虽明确约定将行政审计作为结算依据，但又已经通过结算协议确认结算价款的情况下，发包人主张以行政审计作为结算依据通常不予支持。

根据《中华人民共和国审计法》的规定，国家审计机关对工程建设单位进行审计是一种行政监督行为，而在民事合同中，发包人主张以审计为准，则需要有明确的约定。当事人对接受行政审计作为确定民事法律关系依据的约定，应当具体明确，而不能通过解释推定的方式，如合同签订时，当事人已经明确同意接受国家机关的审计行为对民事法律关系的介入。在双方当事人已经通过结算协议确认了工程结算价款并已基本履行完毕的情况下，国家审计机关作出的审计报告，不影响双方结算协议的效力。

五、当事人明确约定了以行政审计作为结算的依据的情况下，如何处理？

当事人如果约定了以行政审计作为结算的依据，通常应当以行政审计来作为确定当事人最终结算金额的依据。但即便建设工程施工合同约定了以行政审计为准，如果因发包人故意迟延提交审计或妨碍审计条件成就导致项目迟迟未进行审计的，承包人仍可以通过申请造价鉴定或送审价的方式来确定结算金额。如因承包人的原因导致审计未及时进行的，承包人要求申请造价鉴定的，通常情况下不予支持。发承包双方如果确有证据能够证明审计结论确有错误的，可以申请重新鉴定。

六、合同约定"以行政审计作为工程结算依据"，但履行过程中以行为变更了结算依据的，行政审计不能直接作为工程结算依据。

虽然建设工程施工合同约定"以行政审计作为工程结算依据"，但在合同履行过程中，发承包双方如果以实际的履约行为如委托第三方进行造价咨询等，则可以视为双方以新的履约行为变更原合同约定的结算方式，双方均可主张按照变更后的结算方式来确定结算价款。

◆ 相关案例 ◆

相关案例一：《某建工集团股份有限公司与中铁某局集团有限公司建设工程合同纠纷再审案》（最高人民法院〔2012〕民提字第205号）

裁定书摘录：根据《中华人民共和国审计法》的规定及其立法宗旨，法律规定审计机关对政府投资和以政府投资为主的建设项目的预算执行情况和决算进行审计监督，目的在于维护国家财政经济秩序，提高财政资金使用效益，防止建设项目中出现违规行为。某建工集团与中铁某局之间关于案涉工程款的结算，属于平等民事主体之间的民事法律关系。因此，本案诉争工程款的结算，与法律规定的国家审计主体、范围、效力等，属于不同性质的法律关系问题，即无论案涉工程是否依法须经国家审计机关审计，均不能认为，国家审计机关的审计结论可以成为确定本案双方当事人之间结算的当然依据，故对某建工集团的上述主张，本院不予采信，对案涉工程的结算依据问题，应当按照双方当事人的约定与履行等情况确定。

关于分包合同是否约定了案涉工程应以国家审计机关的审计结论作为结算依据的问题。根据《中华人民共和国审计法》的规定，国家审计机关的审计是对工程建设单位的一种行政监督行为，审计人与被审计人之间因国家审计发生的法律关系与本案当事人之间的民事法律关系性质不同。因此，在民事合同中，当事人对接受行政审计作为确定民事法律关系依据的约定，应当具体明确，而不能通过解释推定的方式，认为合同签订时，当事人已经同意接受国家机关的审计行为对民事法律关系的介入。因此，某建工集团所持分包合同约定了以国家审计机关的审计结论作为结算依据的主张，缺乏事实和法律依据，本院不予采信。

相关案例二：《深圳市某建设集团股份有限公司、绵阳市某医院建设工程施工合同纠纷再审案》（最高人民法院〔2018〕最高法民再185号）

判决书摘录：根据本院再审查明的事实，双方在《建设工程施工合同》中并未约定工程结算以绵阳市审计局审计结果为准，在其后的往来函件中，某建设集团股份有限公司亦只是催促尽快支付工程款，在2014年1月8日的最后一份函件中，某建设集团股份有限公司虽认可"待绵阳市审计局复审后多退少补"，但并未认可以绵阳市审计局的审计结论作为工程款结算及支付条件。二审判决以结算条件没有成就为由，对奇信公司支付工程价款的诉讼请求不予支持，适用法律错误，本院予以纠正。

问题 30：发包人如何向实际施工人追偿超付的工程款？

◆ 有关规定 ◆

一、《中华人民共和国民法总则》

第一百二十二条　因他人没有法律根据，取得不当利益，受损失的人有权请求其返还不当利益。

二、《中华人民共和国民法典》

第九百八十五条　得利人没有法律根据取得不当利益的，受损失的人可以请求得利人返还取得的利益，但是有下列情形之一的除外：

（一）为履行道德义务进行的给付；

（二）债务到期之前的清偿；

（三）明知无给付义务而进行的债务清偿。

第九百八十六条　得利人不知道且不应当知道取得的利益没有法律根据，取得的利益已经不存在的，不承担返还该利益的义务。

第九百八十七条　得利人知道或者应当知道取得的利益没有法律根据的，受损失的人可以请求得利人返还其取得的利益并依法赔偿损失。

第九百八十八条　得利人已经将取得的利益无偿转让给第三人的，受损失的人可以请求第三人在相应范围内承担返还义务。

三、最高人民法院关于审理建设工程施工合同纠纷案件适用法律问题的解释（一）

（法释〔2020〕25 号）

第四十三条　实际施工人以转包人、违法分包人为被告起诉的，人民法院应当依法受理。实际施工人以发包人为被告主张权利的，人民法院应当追加转包人或者违法分包人为本案第三人，在查明发包人欠付转包人或者违法分包人建设工程价款的数额后，判决发包人在欠付建设工程价款范围内对实际施工人承担责任。

◆ 实务提醒 ◆

一、主张超付工程款的证明责任在于发包人，发包人如举证不需承担不利后果。

超付工程款事实的证明责任应当由主张该事实的发包人承担，而不是承包人承担。如果发包人无法举证证明超付工程款事实，则由发包人承担不利后果。

二、实际施工人能否要求支付资金占用的利息，要结合实际施工人是否存在善恶意来区分确定。

根据《中华人民共和国民法典》第九百八十五条、九百八十六条、九百八十七条的规定，需要区分得利人主观是善意还是恶意来进行确定。善意是指不知道其取得利益没有法律根据，对善意得利人会减轻责任，其返还范围以现存利益为限，现存利益丧失的，免除善意得利人的返还义务。恶意是指明知没有法律根据而取得利益，对恶意占有人则加重责任，其不仅需返还取得利益，还需返还该利益产生的孳息，无论该所受利益是否存在。法理在于不当得利制度的目的是去除利益，而非损害赔偿，不能使善意得利人承担如同侵权责任的后果。

通常情况下，超付工程款利息的起算时间从发包人实际超额支付工程款的时间开始起算，但实务中发包人与承包人就是否超付工程款往往存在争议，实际超付的时间难以确定。当事人诉至法院后，也往往需要通过工程造价司法鉴定确定发包人应付工程款数额，以对比发包人已付工程款数额进而确认发包人是否确实超付工程款。在具体确定利息的起算时间点上，实务中一般也可以参照《最高院关于审理建设工程施工合同纠纷解释（一）》第二十七条第（三）项的内容来确定。

三、挂靠施工中，发包人超付工程款，实际施工人和被挂靠人是否承担连带返还责任。

一般须结合发包人是否明知、挂靠人实际收款情况来确定。主流观点认为，在发包人明知的挂靠情况下，挂靠人与被挂靠人之间不是真实的挂靠关系，应由实际权利义务人对其所实施的民事法律行为承担相应法律后果，发包人只能向挂靠人主张返还超付工程款。

亦有观点认为，在发包人将部分工程款支付给被挂靠人，由其转给挂靠人的情况下，发包人只能向挂靠人主张返还超付工程款。此种情况下，被挂靠人并未实际占有挂靠人的工程款，如要求被挂靠人承担返还责任，与权利义务相一致原则相背离，也有违实质公平原则。

另有裁判观点认为，根据《最高人民法院关于审理建设工程施工合同纠纷案件适用法律问题的解释（一）》第七条规定"缺乏资质的单位或者个人借用有资质的建筑施工企业名义签订建设工程施工合同，发包人请求出借方与借用方对建设工程质量不合格等因出借资质造成的损失承担连带赔偿责任的，人民法院应予支持"，被挂靠人将自身资质出借给挂靠人，双方应对超付工程款的损失承担连带返还责任。

◆ 相关案例 ◆

相关案例一：《某中南投资置业管理有限公司、某三建集团股份有限公司建设工程施工合同纠纷二审民事判决书》（最高人民法院〔2020〕最高法民终 370 号）

判决书摘录：关于超付工程款资金占用利息起算日的问题。某中南公司主张应自其发函要求某三建公司还款之日起计算。本院认为，某中南公司和某三建公司未约定超付工程款资金占用利息计算方式，且超付工程款金额系在本案诉讼中明确。原审判决酌情按中国人民银行发布的同期同类贷款利率、自某中南公司向法院起诉之日即 2016 年 6 月 1 日起计算超付部分的利息，并无明显不当。需要指出的是，自 2019 年 8 月 20 日起，中国人民银行已授权全国银行间同业拆借中心每月公布贷款市场报价利率。故自 2019 年 8 月 20 日起至超付工程款还清之日止，某三建公司应按全国银行间同业拆借中心公布的贷款市场报价利率向某中南公司支付超付部分的利息。

相关案例二：《某汇公司、某洲公司建设工程施工合同纠纷再审审查与审判监督民事裁定书》（最高人民法院〔2020〕最高法民申 2920 号）

裁定书摘录：案涉事实表明，某汇公司、缪某、某洲公司对于缪某借用某洲公司资质承揽工程并实际施工均为明知，因此，某汇公司与某洲公司签订《建设工程施工合同》仅系外观表象，本案实质上的权利义务相对方是某汇公司与缪某，双方之间形成事实上的建设工程施工合同关系。某洲公司在其与某汇公司之间的《建设工程施工合同》上盖章以及向缪某、梅某出具授权委托书的行为，为维护市场正常交易秩序和保护具有合理信赖利益的善意第三人可对外产生效力，但不能成为某汇公司否认事实上形成的法律关系和实际权利义务的理由，原审法院认为在某汇公司明知各方之间实际权利义务关系的情况下，应由实际权利义务人对其所实施的民事法律行为承担相应法律后果并不缺乏事实与法律依据。

相关案例三：《某劳务公司、某中建公司沈阳分公司等建设工程施工合同纠纷其他民事民事裁定书》（最高人民法院〔2020〕最高法民申 6519 号）

裁定书摘录：本案审查重点是某劳务公司是否应承担返还某中建沈阳分公司超付工程款的责任。从订立合同的主体来看，某中建沈阳分公司与某劳务公司于 2014 年 12 月 17 日签订案涉《建设工程劳务（专业）分包合同》；从合同履行情况来看，某劳务公司在处理农民工工资等事项中均有参与；从付款情况来看，某中建沈阳分公司向某劳务公司支付了案涉工程款，某劳务公司开具了相应发票。总之，某中建沈阳分公司向某劳务公司多付工程款部分，某劳务公司作为合同相对方、款项收取方，二审判决判令某劳务公司返还多支付款项，有事实根据，并且根据《最高人民法院关于审理建设工程施工合同纠纷案件适用法律问题的解释（二）》第四条规定："缺乏资质的单位或者个人借用有资质的建筑施工企业名义签订建设工程施工合同，发包人请求出借方与借用方对建设工程质量不合格等因出借资质造成的损失承担连带赔偿责任的，人民法院应予支持"。本案中，某劳务公司将自身资质出借给施某，二审判决判令某劳务公司与资质借用方施某共同对某中建沈阳分公司多付工程款的损失承担连带还款责任，适用法律并无不当。

问题 31：工程质量问题与竣工验收合格证书的关系以及如何结算工程款？

◆ 法律规定 ◆

一、《中华人民共和国合同法》

第二百六十九条　建设工程是承包人进行工程建设，发包人支付价款的合同。

第二百七十九条　建设工程竣工后，发包人应当根据施工图纸及说明书、国家颁发的施工验收规范和质量检验标准及时进行验收。验收合格的，发包人应当按照约定支付价款，并接收该建设工程。

建设工程竣工经验收合格后，方可交付使用；未经验收或者验收不合格的，不得交付使用。

二、《中华人民共和国民法典》

第七百八十八条　建设工程合同是承包人进行工程建设，发包人支付价款的合同。

建设工程合同包括工程勘察、设计、施工合同。

第七百九十九条　建设工程竣工后，发包人应当根据施工图纸及说明书、国家颁发的施工验收规范和质量检验标准及时进行验收。验收合格的，发包人应当按照约定支付价款，并接收该建设工程。

建设工程竣工经验收合格后，方可交付使用；未经验收或者验收不合格的，不得交付使用。

三、《建设工程质量管理条例》

第十六条　建设单位收到建设工程竣工报告后，应当组织设计、施工、工程监理等有关单位进行竣工验收。

建设工程竣工验收应当具备下列条件：

（一）完成建设工程设计和合同约定的各项内容；

（二）有完整的技术档案和施工管理资料；

（三）有工程使用的主要建筑材料、建筑构配件和设备的进场试验报告；

（四）有勘察、设计、施工、工程监理等单位分别签署的质量合格文件；

（五）有施工单位签署的工程保修书。

建设工程经验收合格的，方可交付使用。

◆ **实务提醒** ◆

一、建设工程一旦验收合格或擅自使用，一般就不得再以质量不合格为由拒付工程款。

二、客观存在的明显的质量问题，任何合格证明也不能予以对抗。

三、如何看待质量验收报告，应区分下面两种情况。

1. 大缺陷

实事求是、尊重客观事实是我们一贯遵循的原则，一张质量合格证书和一个真实存在的破烂工程相比，采信哪一个，答案很明显。

2. 小瑕疵

和谐相处，差不多就行，也是我们的传统，明显的错误要纠正，但是一星半点的小问题就算了。

四、推而广之。

1. 工程质量问题的裁判原则是工程实际存在的明显的质量问题，承包人以工程竣工验收合格证明等主张工程质量合格的，人民法院不应支持。

2. 工程质量小问题、中标后小幅度让利问题，对不可竞争的文明措施费的小幅度下浮，都是可以考虑支持的。

◆ **相关案例** ◆

相关案例一：《江苏南通某集团有限公司与吴江某房地产开发有限公司建设工程施工合同纠纷案》（江苏省高级人民法院 2012 年 12 月 15 日）

判决书摘录：江苏省高级人民法院二审认为：屋面广泛性渗漏属客观存在并已经法院确认的事实，竣工验收合格证明及其他任何书面证明均不能对该客观事实形成有效对抗，故南通某集团公司根据验收合格抗辩屋面广泛性渗漏，其理由不能成立。

相关案例二：《李某、江门市蓬江区某房地产发展有限公司商品房销售合同纠纷二审民事判决书》（广东省江门市中级人民法院〔2017〕粤 07 民终 3406 号）

判决书摘录：涉案房屋渗漏属客观存在并已经法院确认的事实，亦经相关鉴定部门核验被鉴定为不合格，故竣工验收合格证明及其他任何书面证明均不能对该客观事实形成有效对抗。

问题 32: 不交付竣工验收资料能否拒付工程款?

◆ 有关规定 ◆

一、《中华人民共和国民法典》

第五百二十五条 当事人互负债务,没有先后履行顺序的,应当同时履行。一方在对方履行之前有权拒绝其履行请求。一方在对方履行债务不符合约定时,有权拒绝其相应的履行请求。

第五百二十六条 当事人互负债务,有先后履行顺序,应当先履行债务一方未履行的,后履行一方有权拒绝其履行请求。先履行一方履行债务不符合约定的,后履行一方有权拒绝其相应的履行请求。

二、《最高人民法院关于适用〈中华人民共和国民法典〉合同编通则若干问题的解释》(法释〔2023〕13 号)

第二十六条 当事人一方未根据法律规定或者合同约定履行开具发票、提供证明文件等非主要债务,对方请求继续履行该债务并赔偿因怠于履行该债务造成的损失的,人民法院依法予以支持;对方请求解除合同的,人民法院不予支持,但是不履行该债务致使不能实现合同目的或者当事人另有约定的除外。

三、《建设工程质量管理条例》(2019 年修正,国务院令第 714 号)

第十六条 建设单位收到建设工程竣工报告后,应当组织设计、施工、工程监理等有关单位进行竣工验收。建设工程竣工验收应当具备下列条件:(一)完成建设工程设计和合同约定的各项内容;(二)有完整的技术档案和施工管理资料;(三)有工程使用的主要建筑材料、建筑构配件和设备的进场试验报告;(四)有勘察、设计、施工、工程监理等单位分别签署的质量合格文件;(五)有施工单位签署的工程保修书。建设工程经验收合格的,方可交付使用。

◆ 实务提醒 ◆

一、从给付义务与主给付义务的区分以及意义

主给付义务也称主义务,从给付义务也称从义务。从给付义务与主给付义务的共同点在于均具有给付内容,当一方不履行义务时,对方可以诉请对方要求履行。二者的主要区别如下:第一,功能不同。主给付义务是合同关系的基本内容,决定合同关系的类型。而从给付义务,并非决定合同类型,功能为辅助主给付义务的实现,确保最大限度地满足债权人的利益。第二,是否与合同目的直接相关。主给付义务与合同目的直接相关,关系当

事人的合同利益，从给付义务则不直接与合同目的相关，仅在于辅助合同目的实现或者实现合同利益的最大化。此点直接关系违反从给付义务能否解除合同、确定违约赔偿的数额。第三，能否构成双务合同的对待给付。一般而言，在双务合同中，构成互为对待给付的为主给付义务。如果一方的给付与对方的对待给付具有不可分离的关系，在履行中存在对价关系，一般可认定为主给付义务。

区分主给付义务和从给付义务的法律意义：其一，是否享有法定的合同解除权。当一方违反主给付义务时，对方享有法定解除权，而当一方违反从给付义务，对方原则上则不享有法定解除权，例外情形下才享有。其二，是否享有抗辩权。一方未履行给付义务，对方能否行使同时履行抗辩权、先履行抗辩权，一般而言，取决于对方违反的是否为主给付义务，违反从给付义务原则上不导致对方行使抗辩权。司法实践中，对于一方违反的合同义务是否为主给付义务，对方中止履行有关义务是否属于行使抗辩权，往往成为当事人争议的焦点，此时往往需要甄别一方违反的义务是否为主给付义务。

二、从给付义务与附随义务的区分以及意义

附随义务是指在合同关系的发展过程中，依据诚信原则而产生的义务，贯穿于合同从发生前到终止后的整个过程，目的在于促进实现主给付义务，辅助合同利益实现的最大化。附随义务包括当事人为缔结合同而接触、准备或磋商过程中的说明、告知、保密、保护等先合同义务；当事人在履行合同过程中根据合同的性质、目的和交易习惯应当履行的通知、协助、保密等义务（《中华人民共和国民法典》第五百零九条）；合同的权利义务终止后，当事人根据交易习惯应当履行的通知、协助、保密等后合同义务（《中华人民共和国民法典》第五百五十八条）。

从给付义务与附随义务虽具有相似性，但二者在合同中所处的地位、作用以及违反的法律后果不同，主要区别如下：第一，义务在合同成立时是否确定。从给付义务的给付，一般在合同成立时已经确定，如当事人在合同中明文约定或者法律明确规定，而附随义务则随着合同履行过程的发展而不断变化，从而产生不同的义务，如协助、通知、保密义务等。第二，能否单独通过诉讼方式请求履行。从给付义务由于具有给付性，能够独立以诉讼请求履行，而附随义务不具有给付性，故不能够独立以诉讼请求履行，违反附随义务通常仅发生替代性的损害赔偿。如到商场购物，商家开具购物发票是从给付义务，照顾买受人安全是附随义务，不给发票可依据诉讼程序强制给付，未尽照顾义务使买受人摔伤，不能强制其施以照顾行为。第三，发生根据不同。从给付义务的产生多根据约定或者法律规定，如《中华人民共和国消费者权益保护法》等法律规定了商家的"三包"义务；而附随义务通常根据诚信原则发生。第四，履行的方式不同。从给付义务由于具有给付性，故需要义务人积极主动履行，而附随义务除了需要义务人积极主动履行（如协助义务）外，义务人也可以不作为的形式履行（如保密义务）。

区分从给付义务与附随义务的意义：两者区别在于判断能否进行独立诉讼请求对方履行，违反附随义务，原则上只能请求损害赔偿。需要注意的是，与从给付义务相似，违反附随义务原则上虽不得解除合同，但在严重影响对方合同利益时也可享有解除权。如《中华人民共和国保险法》第十六条规定："订立保险合同，保险人就保险标的或者被保险人的有关情况提出询问的，投保人应当如实告知。投保人故意或者因重大过失未履行前款规定的如实告知义务，足以影响保险人决定是否同意承保或者提高保险费率的，保险人有权解除合同。"

三、支付工程款与交付竣工验收资料是两种不同性质的义务，前者是合同的主义务，后者是承包人的从义务，两者不具有对等关系。

实务中可以在合同专用条款中明确约定，发包人支付工程结算款的前提必须是承包人提交竣工验收资料，否则，发包人不应以承包人未能提交竣工资料作为拒绝支付工程价款的理由。

四、为什么《最高人民法院关于适用〈中华人民共和国民法典〉合同编通则若干问题的解释》采用非主要义务概念？

依民法统说，合同上的义务除了主给付义务外，还有从给付义务和附随义务等，开具发票、提供证明文件等均属于从给付义务。考虑主给付义务、从给付义务、附随义务等概念是学理概念，该司法解释采用非主要义务来表述从给付义务这一概念。

◆ 相关案例 ◆

相关案例一：《甘肃某巨能环保热源科技有限公司、兰州某建设工程有限公司建设工程施工合同纠纷案》（最高人民法院〔2021〕最高法民申 4526 号）

裁决书摘录：本案中，双方虽对开具发票进行了约定（提供竣工资料的时间未作明确约定），但相较于主要合同义务，开具发票、提供竣工资料仅为附随义务，甘肃某公司以开具发票、提供竣工资料的附随义务对抗支付工程款的主要义务，有失公平。况且，甘肃某公司在反诉请求中并未要求兰州某公司开具发票、提供竣工资料，本案不宜对此直接进行判决。故对于甘肃某公司认为因兰州某公司未开具发票、提供竣工资料，其不应支付工程款的意见，本院不予采纳。

相关案例二：《青海某投资建设有限公司、某建设集团有限公司与江西某建设工程集团公司青海分公司建设工程施工合同纠纷案》（青海省高级人民法院〔2017〕青民终 143 号）

裁决书摘录：本案系建设工程施工合同纠纷，青海某公司作为发包方的委托履行人，其主要义务是依照合同约定及时支付工程款；江西某建设工程集团青海分公司作为承包方，其主要义务则是按照合同约定时间施工并交付合格工程。根据双务合同的本质，合同抗辩的范围仅限于对价义务。一方不履行对价义务的，相对方才享有抗辩权。支付工程款与交付竣工验收资料是两种不同性质的义务，前者是合同的主要义务，后者是承包方的附随义务，二者不具有对等关系，被告以江西某建设工程集团青海分公司未及时交付工程施工资料作为拒绝支付工程余款的抗辩理由不能成立。如果因承包人不交付工程资料给发包人造成损失，发包人可以要求赔偿，但不能作为拒绝支付工程余款的抗辩理由。

问题 33： 质保金、质保期、缺陷责任期、工程款优先权的关系以及如何结算工程款？

◆ 有关规定 ◆

一、《建设工程质量管理条例》

第四十条 在正常使用条件下，建设工程的最低保修期限为：（一）基础设施工程、房屋建筑的地基基础工程和主体结构工程，为设计文件规定的该工程的合理使用年限；（二）屋面防水工程、有防水要求的卫生间、房间和外墙面的防渗漏，为5年；（三）供热与供冷系统，为2个采暖期、供冷期；（四）电气管线、给水排水管道、设备安装和装修工程，为2年。其他项目的保修期限由发包方与承包方约定。建设工程的保修期，自竣工验收合格之日起计算。

二、《最高人民法院关于审理建设工程施工合同纠纷案件适用法律问题的解释（一）》

第十七条 有下列情形之一，承包人请求发包人返还工程质量保证金的，人民法院应予支持：（一）当事人约定的工程质量保证金返还期限届满；（二）当事人未约定工程质量保证金返还期限的，自建设工程通过竣工验收之日起满二年；（三）因发包人原因建设工程未按约定期限进行竣工验收的，自承包人提交工程竣工验收报告九十日后当事人约定的工程质量保证金返还期限届满；当事人未约定工程质量保证金返还期限的，自承包人提交工程竣工验收报告九十日后起满二年。发包人返还工程质量保证金后，不影响承包人根据合同约定或者法律规定履行工程保修义务。

◆ 实务提醒 ◆

一、缺陷责任期与工程质量保修期的区别。

1. 缺陷责任期

①含义：是指承包人按照合同约定承担缺陷修复义务，且发包人预留质量保证金的期限。②起算：自工程实际竣工日期（如果工程验收合格，就是承包人提交竣工验收报告之日）起计算。③期限：无最低期限，最长不超过24个月。④是否强制：仅仅是约定，并非法定，不是强制性规定，也可以不约定缺陷责任期。⑤实质意义：是对质量保证金的扣留与返还的期限。即使没有约定缺陷责任期，在保修期内发生的缺陷责任，承包人仍然要承担修复义务。

2. 工程质量保修期

①含义：是指承包人按照合同约定对工程承担保修责任的期限。②起算：从工程竣工

验收合格之日（即承包人提交竣工验收报告至验收完毕之日期）起计算。③期限：有法律法规规定的最低保修期限，不能低于此规定，如防水的质量保修期最低为五年。④是否强制：约定＋法定。虽然当事人可以在合同中约定具体的保质期，但是不得低于最低法定保修期限。在保修期内，承包人对工程的保修义务属于法定义务，不能通过合同约定予以排除。

二、合同无效，质量保修条款是否无效，可以从以下几个角度来理解。

1. 无效。建设工程施工合同无效，合同约定的质量保修条款也无效，这是通说。

2. 无效≠免责。无效不等于免除了承包人的保修义务，承包人仍应按照相关法律法规承担法定保修义务，不影响发包人按合同约定、承包人出具的质量保修书或法律法规的规定，请求承包人承担工程质量保修责任。

3. 承包人无资质，承包人不能自己维修。若施工合同是由于承包人没有相应的资质而被确认无效的，则不能由承包人自己来承担质量瑕疵的维修义务，可由承包人自行委托具有相应资质的施工队伍来替代承包人承担质量瑕疵的维修义务，也可由发包人自行维修，修复的费用由承包人承担。

三、合同无效，质量保证金返还条款是否有效？

对于该问题，有两种观点。第一种观点认为，合同无效，质量保证金返还条款也无效（见相关案例一）。第二种观点认为，合同无效，质量质保金返还条款仍然有效（见相关案例二）。

四、合同解除时，关于质量保证金的返还如何处理？

《最高人民法院关于审理建设工程施工合同纠纷案件适用法律问题的解释（一）》并没规定合同解除时，质量保证金的返还如何处理，但是根据相关法律规定和公平原则，可以根据不同情况采取不同措施：

1. 有约定，按约定处理。解除合同之前有约定或者解除合同时有约定，按约定处理。

2. 无约定，又不能达成一致意见的，扣除质量保证金的数额可以按照工程完成量的比例以及双方过错大小进行确定，返还期限可以参照《最高人民法院关于审理建设工程施工合同纠纷案件适用法律问题的解释（一）》第十七条规定确定。

五、工程质量保证金是否属于建设工程优先受偿权的范围？

主流观点认为，工程质量保证金属于建设工程优先受偿权的范围，也有观点认为，工程质量保证金不属于建设工程优先受偿权的范围（见相关案例三）

◆ 相关案例 ◆

相关案例一：《某建设有限责任公司、德化某置业有限公司建设工程施工合同纠纷案》（最高人民法院〔2017〕最高法民终766号）

裁判要点：案涉建设工程施工合同无效，故合同关于质量保证金的约定也无效，一审法院据此未预留质量保证金，并无不当。

相关案例二：《尉氏县某建筑劳务有限公司、某集团郑州工程有限公司、某铁路局建设工程施工合同纠纷案》（〔2014〕云高民一终字第 243 号）

裁判要点：合同无效，但双方合同涉及的工程至今没有进行交工验收，双方合同约定扣除的质量保证金在工程保修期满后，视工程质量情况不计利息返还。因此，质量保证金返还的条件还未成就，一审认定质量保证金不予返还符合合同约定。

相关案例三：《会昌县某房地产开发有限公司、江西省某建设工程有限责任公司建设工程施工合同纠纷二审民事判决书》（江西省高级人民法院〔2019〕赣民终 23 号）

判决书摘录：关于工程质量保证金是否纳入优先受偿权的问题。工程质量保证金是对工程质量的保障，如果出现质量问题应作为维修基金。工程质量保证金不属于建设工程优先受偿权的范围。

问题 34：建设工程案件诉讼主体如何确定？

◆ **有关规定** ◆

一、《中华人民共和国民法总则》

第七十四条 【法人分支机构】法人可以依法设立分支机构。法律、行政法规规定分支机构应当登记的，依照其规定。

分支机构以自己的名义从事民事活动，产生的民事责任由法人承担；也可以先以该分支机构管理的财产承担，不足以承担的，由法人承担。

二、《中华人民共和国民法典》

第七十四条 法人可以依法设立分支机构。法律、行政法规规定分支机构应当登记的，依照其规定。

分支机构以自己的名义从事民事活动，产生的民事责任由法人承担；也可以先以该分支机构管理的财产承担，不足以承担的，由法人承担。

第七十五条 设立人为设立法人从事的民事活动，其法律后果由法人承受；法人未成立的，其法律后果由设立人承受，设立人为二人以上的，享有连带债权，承担连带债务。

设立人为设立法人以自己的名义从事民事活动产生的民事责任，第三人有权选择请求法人或者设立人承担。

三、《中华人民共和国公司法》

第十三条 公司可以设立子公司。子公司具有法人资格，依法独立承担民事责任。公司可以设立分公司。分公司不具有法人资格，其民事责任由公司承担。

四、《最高法院关于适用〈中华人民共和国民事诉讼法〉若干问题的意见》

40. 民事诉讼法第四十九条规定的其他组织是指合法成立、有一定的组织机构和财产，但又不具备法人资格的组织，包括：

(1) 依法登记领取营业执照的私营独资企业、合伙组织；

(2) 依法登记领取营业执照的合伙型联营企业；

(3) 依法登记领取我国营业执照的中外合作经营企业、外资企业；

(4) 经民政部门核准登记领取社会团体登记证的社会团体；

(5) 法人依法设立并领取营业执照的分支机构。

五、《最高人民法院关于审理建设工程施工合同纠纷案件适用法律问题的解释》

第二十七条第二款 保修人与建筑物所有人或者发包人对建筑物毁损均有过错的，各自承担相应的责任。

六、《中华人民共和国建筑法》

第二十七条 大型建筑工程或者结构复杂的建筑工程，可以由两个以上的承包单位联合共同承包。共同承包的各方对承包合同的履行承担连带责任。两个以上的不同资质等级的单位实行联合共同承包的，应当按照资质等级低的单位的业务许可范围承揽工程。

第二十九条 总承包单位和分包单位就分包工程对建设单位承担连带责任。

七、《中华人民共和国招标投标法》

第三十一条 两个以上法人或者其他组织可以组成一个联合体，以一个投标人的身份共同投标。联合体各方均应当具备承担招标项目的相应能力；国家有关规定或者招标文件对投标人资格条件有规定的，联合体各方均应当具备规定的相应的资格条件。

八、《最高人民法院关于审理涉及国有土地使用权合同纠纷案件适用法律问题的解释》

第十四条 本解释所称的合作开发房地产合同，是指当事人订立的以提供出让土地使用权、资金等作为共同投资，共享利润、共担风险合作开发房地产为基本内容的协议。

◆ 实务提醒 ◆

一、关于内设机构、职能部门、下属机构等问题

注意区分"合同主体"与"诉讼主体"。

1. 合同主体

建设单位或承包单位内不具有法人资格的内设机构、职能部门、下属机构等不具有独立的财产，不能独立承担民事责任，因此，也就不能对外签订建设工程合同。

实践中，不少建设工程合同是由上述这些部门签订的，加盖的也是部门的公章。从合同效力方面分析，一般不能认定建设工程施工合同无效。

2. 诉讼主体

建设单位或承包单位内不具有法人资格的内设机构、职能部门、下属机构等不能对外签订合同，不能成为建设工程合同法律关系的主体，因此，这类案件应当由建设单位作为

被告并承担民事责任。

二、关于分支机构、分公司的问题

主流观点是建筑公司为了施工需要往往设立很多分公司，建设工程分公司以分公司的名义和他人签订合同的，实践中应该列分公司和公司为共同被告。

三、关于筹建处、指挥部等临时性机构的问题

1. 筹建处、指挥部等临时性机构，一般是发包方为建设工程而成立。

2. 工程发生纠纷后的诉讼主体问题，关键要看筹建处、指挥部等临时性机构是否符合诉讼主体的要件：组织形式、独立财产。

3. 筹建处、指挥部等临时性机构，一般情况下，虽然有一定的组织形式，但没有自己独立的财产，仅是一个工程建设单位的分支机构或者只是代行建设单位的临时职责。当建设工程竣工后，该机构随之撤销。

4. 审判实践中，对于该类纠纷主体的确定，应考虑所涉及工程的投资单位和竣工工程的最后归口单位，遵循权利义务相一致的原则，列该工程的归口单位或者组织为当事人参加诉讼；如果归口单位不明确的，可以列投资单位或者工程主管部门为当事人。

四、关于委托代建合同纠纷处理的问题

目前，立法机关的立法理念是将占建筑市场很大份额的政府工程实行强制的委托代建制度。委托代建合同与施工合同是两个独立的法律关系，原则上在审理建设工程施工合同纠纷案件中，不宜追加委托人为本案当事人，不宜判令委托人对发包人偿还工程欠款承担连带责任。委托人也无权以承包人为被告向人民法院提起诉讼，主张承包人对工程质量缺陷承担责任。委托人与代建人就委托代建合同发生的纠纷，也不宜追加承包人为本案当事人。

五、关于合作开发的问题

合作开发建设工程并对合作建设工程享有共同权益的，其中合作一方与施工合同相对方发生争议的，其他合作人可以作为共同诉讼人。

关于责任承担，《最高法院关于印发〈全国民事审判工作会议纪要〉的通知》明确列举了两种截然相反的观点。

六、关于内部承包的问题

内部承包人能不能起诉发包人呢？要注意区分两种不同的法律关系：实际施工人的特殊制度与代位权。如果以实际施工人的身份为由，则不能；如果以代位权为由，则能。

1. 不能

内部承包人不能依据《最高人民法院关于审理建设工程施工合同纠纷案件适用法律问题的解释》中关于实际施工人的规定起诉发包人。内部承包人不具有实际施工人身份，而是代表承包人行使建筑工程承包合同的相关权利义务。其重要特征是内部承包人与承包人相对于发包人的一体性，内部承包人的人员、机具和资金均来源于承包人。此时，内部承包人是受建筑企业委派的施工人，对建筑企业负责，履行建筑工程施工合同的权利义务。

内部承包人并非独立第三方，不能基于实际施工人身份起诉发包人。

2. 能

内部承包人可以基于代位权起诉发包人。《中华人民共和国民法典》第五百三十五条规定了债权人的代位权，内部承包人作为建筑企业的债权人，在建筑企业怠于履行对发包人的债权而影响内部承包人的利益时，内部承包人可以行使代位权起诉发包人。

七、关于联合承包体的问题

联合承包体内部的成员单位为共同承包人，对施工合同履行承担连带责任。换句话说，联合承包体各方对外并不区分各自的合同义务，不能以联合承包体各方内部分工对外抗辩发包人对不属于自己施工范围的部分不承担责任。联合承包体各方对承包合同承担责任意味着承包体各方对合同约定的全部责任和义务承担连带责任。如发包人对联合承包体各方提起诉讼，联合承包体各方的诉讼地位为共同被告。

八、关于合作开发房地产的问题

合作开发房地产各方对内按照合同约定享有权利，承担义务；对外依照法律规定、合同约定承担连带责任，并不必然承担连带责任。

相关案例一：《某建筑工程公司与重庆某健康产业公司建设工程合同纠纷案二审判决书》（重庆市高级人民法院〔2023〕渝民终257号）

判决书摘录：在房地产企业出现重大财务危机、政府职能部门全力推进"保交楼"的背景下，重庆某健康产业公司作为发包人向承包人某建筑工程公司发出两份复工复产函，具有正当性和合理性。该两份函件载明，对前期拖欠的工程款采用挂账方式进行处理，暂时不予支付，若对此有异议，请及时书面函告发包人。作为复工前"旧账如何支付，什么时候支付"这一影响承包人重大利益问题，某建筑工程公司理应高度重视，但其在收到上述复工函件后，未对"旧账挂账"提出异议，亦未回复该函件，而是逐步恢复施工。由此，应认定双方通过实际行为已经作出相应意思表示，符合采用其他形式实施的民事法律行为的成立条件，双方已就"旧账挂账"达成合意。现施工合同仍在履行中，工程未完工，亦未进行结算，遂判决驳回某建筑工程公司要求重庆某健康产业公司支付复工前"旧账"的诉讼请求。

相关案例二：《四川某某公司与中国某公司建设工程施工合同纠纷二审民事判决书》（云南省高级人民法院〔2022〕云民终1115号）

判决书摘录：关于某某公司主张的停工损失应否支持的问题，某某公司于2018年5月24日、6月12日、7月13日提交了三份报告，内容涉及申请正常供应水泥并补偿损失、急需资金，反映从2018年5月19日开始，因总包水泥供应断货，导致该线路被迫停工待料，日均损失17150元，含机械租赁费用及人工工资，某某公司要求尽快正常供应水泥并补偿损失，何某平签字"情况属实"，某农村公路某项目部对某公司反映的水泥供应问题、资金问题作了回复，表示正在协调汇报，希望工区做好安抚解释工作。故能够认定某某公司停工及退场的原因是由于资金不到位，水泥供应短缺，对其主张的停工损失应予支持。双方在2018年9月已开始协商退场事宜，某某公司至2019年才全部撤出，客观上扩大了损失，此部分损失不应由水利水电十四局承担。一审法院结合停工时间、2018 年 7 月 13 日某某公司提交的《关于急需资金和水泥正常供应的报告》中载明"相应的农民工、机械也由工区游说回家等待，待落实资金和水泥正常供应后再进场施工"及 2019 年某某公司撤场时遗留的物资设备等情况，酌情支持停工损失 60 万元。

问题 35：建设工程案件管辖权如何确定？

◆ 有关规定 ◆

一、《最高人民法院关于适用〈中华人民共和国民事诉讼法〉的解释》

第二十八条　农村土地承包经营合同纠纷、房屋租赁合同纠纷建设工程施工合同纠纷、政策性房屋买卖合同纠纷，按照不动产纠纷确定管辖。

二、《中华人民共和国民事诉讼法》

第二十四条　因合同纠纷提起的诉讼，由被告住所地或者合同履行地人民法院管辖。

三、《建设部关于加强村镇建设工程质量安全管理的若干意见》（建质〔2004〕216 号）

第三条第三项　对于村庄建设规划范围内的农民自建房（含两层）以下住宅的建设活动，县级建设行政主管部门以农民提供技术服务和指导作为主要工作方式。

◆ 实务提醒 ◆

一、对于建设工程施工合同中的"劳务纠纷"，很多法院认为不适用建设工程合同纠纷专属管辖（见相关案例一）。

二、建设工程施工合同中如果工程地点填写不明，可能会引起管辖权无法确定（见相关案例二）。

三、名为施工合同、实为民间借贷等，如何确定管辖权可能会有争议（见相关案例三）。

四、农村三层（含）以上房屋，应受《中华人民共和国建筑法》的调整。

农村三层（含）以上房屋，不属于农民自建底层住宅，应纳入《中华人民共和国建筑法》的调整范畴，施工合同性质属于农村建设施工合同。

◆ 相关案例 ◆

相关案例一：《最高人民法院民事裁定书》（最高人民法院〔2016〕最高法民辖 37 号）

【裁判观点】请求支付劳务费，属于在履行劳务合同过程中产生的纠纷，不符合装饰装修合同纠纷特点，不适用建设工程施工合同纠纷按照不动产纠纷专属管辖的规定。

【基本案情】原告：龙某，男，汉族，住重庆市璧山区。被告：陈某，男，汉族，住重庆市北碚区。被告：杨某，女，汉族，住重庆市北碚区。

原告龙某诉被告陈某、杨某劳务合同纠纷一案，重庆市北碚区人民法院于2015年7月14日立案。龙某诉称，原告为被告承包的装饰工程提供劳务工作。双方于2014年2月26日结算后，被告欠原告人工费368367元。之后，被告支付了191000元，尚欠原告人工费177367元。原告多次催收此款未果，请求判令：被告支付原告人工费177367元，以及以177367元为基数，从2014年2月26日起至欠款付清时止的利息；诉讼费由被告承担。

【一审法院意见】重庆市北碚区人民法院认为，根据被告提交的证据可认定其经常居住地为重庆市九龙坡区，因双方未约定合同履行地，接收货币一方即本案原告的住所地在重庆市璧山区，故本案被告住所地及合同履行地均不在重庆市北碚区，重庆市北碚区人民法院对本案无管辖权。该院于2015年9月25日作出〔2015〕碚法民管异初字第00218号民事裁定：本案移送重庆市九龙坡区人民法院审理。

【重庆高级法院意见】2016年8月8日，重庆市高级人民法院以本案为装饰装修合同纠纷，属于建设工程施工合同纠纷专属管辖范畴，应由工程所在地的贵州省六盘水市钟山区人民法院管辖为由，报请本院指定管辖。

【最高法院意见】本院认为，本案中，原告龙某以个人名义给装饰工程承包方提供劳务，《工程量收方统计表》《贵州省六盘水乐美时尚购物中心装饰工程木工人工费单价》等证据中，注明了各项劳务费用，以及按照龙某完成的工作量应向其支付的劳务费数额。龙某起诉请求支付该笔劳务费，属于在履行劳务合同过程中产生的纠纷。双方争议不符合装饰装修合同纠纷特点，不适用《最高人民法院关于适用〈中华人民共和国民事诉讼法〉的解释》第二十八条第二款关于建设工程施工合同纠纷按照不动产纠纷专属管辖的规定。作为劳务合同纠纷，应按照《中华人民共和国民事诉讼法》第二十四条的规定，由被告住所地或者合同履行地人民法院管辖。受移送的重庆市九龙坡区人民法院作为被告经常居住地人民法院，对本案有管辖权。

依照《中华人民共和国民事诉讼法》第三十六条规定，裁定如下：本案由重庆市九龙坡区人民法院审理。

相关案例二：工程地点填写不明，引起管辖权无法确定

【合同条款】《建设工程施工合同（示范文本）》（GF—2017—0201）第一部分"工程协议书"之"一、工程概况"以及"二、工程地点"。

【风险提示】"工程地点"的填写是一个重点和疑难问题，但是实践中却有很多人在填写时，因为填写得不够规范和详细，在发生争议诉讼到法院以后，带来了一系列的难题。因此，在填写工程所在地的时候，一定要填写详细地点，要具体到市县（区）。

【重要意义】

1. 对于确定管辖法院具有重要的意义

《最高人民法院关于适用〈中华人民共和国民事诉讼法〉的解释》第二十八条规定，

建设工程施工合同纠纷按照不动产纠纷确定管辖。这就需要确定工程由哪个法院管辖。

2. 对于确定法律适用有重要意义

每个省高级人民法院都有不同的"指导意见"，每个中级人民法院都有自己不同的"会议纪要"，因此，工程地点和管辖法院的确定对"法律"适用的确定非常重要。

【案例实务】河南人张某和挂靠于山东某建筑公司的杭州人李某签订了一份《施工协议》，约定：①工程名称：G511填海项目工程。②工程地点：山东烟台。③张某向李某缴纳保证金200万元，李某将工程土方部分交给张某施工。后来，工程迟迟未开工，张某将李某以及山东烟台某建筑公司起诉到河南某法院。

本案审理中可能会出现两种情况：

1. 驳回原告张某的起诉

根据《最高人民法院关于适用〈中华人民共和国民事诉讼法〉的解释》第二百零八条规定，立案后不符合起诉条件或者属于民事诉讼法第一百二十四条规定情形的，裁定驳回起诉。因为建设工程施工合同纠纷属于不动产所在地专属管辖，即在工程所在地管辖，涉案工程不在河南，故此河南某法院可以工程所在地不在河南为由驳回原告的起诉。

2. 被告提管辖权异议不能成立

山东烟台某建筑公司接到法院传票后，可以提出管辖权异议，认为工程所在地在烟台，应该由烟台法院管辖。但是，法院可以驳回山东烟台某建筑公司的异议。因为法院移送需要有明确的法院，工程地点不明确，法官就是想给你移送，也不知道移送到何处。

相关案例三：名为施工合同、实为民间借贷等，如何确定管辖权？

【问题提出】在建设工程施工合同纠纷案件中，往往会出现名为建设工程施工合同、实为民间借贷等其他纠纷的案件。由于建设工程施工合同纠纷属于工程所在地法院专属管辖，而民间借贷等其他纠纷可能会属于一般管辖。在这种情况下，就出现了管辖权的争议。这个时候，如果在建设工程施工合同中又明确进行了约定管辖，那么则更容易发生管辖权的争议。那么，到底哪个法院具有管辖权呢？

【具体案例】某建筑公司与李某签订一份《建筑工程承包合同》，将自己承建的某工程承包给李某，但是李某仅仅负责资金的投入，其余安全生产、工程管理李某均不过问，仍由某建筑公司负责。无论工程盈亏，李某都收取固定利润。同时约定，如果发生纠纷，由某建筑公司所在地法院管辖。施工过程中，李某一共投资8000万元。后来，双方发生矛盾，李某起诉至工程所在地人民法院。某建筑公司接到起诉状后，提出管辖权异议，认为本案名为建设工程施工合同纠纷而实为民间借贷纠纷，应该按照合同约定的某建筑公司所在地法院审理。

在管辖权问题上，出现分歧：一审判决被告所在地法院管辖；二审判决工程所在地法院管辖。

【法理分析】本案应该适用专属管辖，即由工程所在地人民法院审理。主要理由：

1. 管辖以形式审查为原则，以专属管辖和级别管辖优先。

2. 在对于合同实质性质认定暂时不明的情况下，仅需要根据合同名义性质审查确定即可。

3. 无论是民间借贷关系还是其他关系，其也是因为垫资、违法分包或者转包等这一基础原因导致，也都和建筑工程具有实质的关联。

问题 36：立案案由和审理案由的冲突，如何处理？

◆ 有关规定 ◆

一、《最高人民法院关于民事诉讼证据的若干规定》

第五十三条诉讼过程中，当事人主张的法律关系性质或者民事行为效力与人民法院根据案件事实作出的认定不一致的，人民法院应当将法律关系性质或者民事行为效力作为焦点问题进行审理。但法律关系性质对裁判理由及结果没有影响，或者有关问题已经当事人充分辩论的除外。

二、《最高人民法院关于印发修改后的〈民事案件案由规定〉的通知》

1. 关于案由的确定标准。民事案件案由应当依据当事人主张的民事法律关系的性质来确定。

2. 各级人民法院要正确认识民事案件案由的性质与功能，不得以当事人的诉请在《民事案件案由规定》中没有相应案由可以适用为由，裁定不予受理或者驳回起诉，影响当事人行使诉权。

3. 当事人起诉的法律关系与实际诉争的法律关系不一致的，人民法院结案时应当根据法庭查明的当事人之间实际存在的法律关系的性质，相应变更案件的案由。

◆ 实务提醒 ◆

建设工程纠纷关联案件（商品房买卖合同纠纷案件、民间借贷纠纷案件、金融借款纠纷案件、以物抵债案件、执行异议之诉等）不断增多，两者关系越来越紧密，越来越不易区分，有时候原告起诉请求、法院立案与审理判决中出现较大的分歧，如何解决三者之间的"冲突"（见相关案例）。

◆ 相关案例 ◆

《原告陈某、雷某、李某与被告甘肃某建筑工程集团有限公司、甘肃某建业工程有限公司、邬某建设工程施工合同纠纷》

【争议焦点】本案是建设工程纠纷还是民间借贷纠纷？

【裁判要点】原告起诉"给付欠款以及违约金"，立案确定"建设工程施工合同纠纷"，审理判决"偿还借款本金以及利息"。

【审理情况】

一、原告陈某、雷某、李某向法院提出诉讼请求

1. 判令三被告立即给付欠款 13772758.72 元；2. 支付本工程验收后的违约金；3. 被告承担一切诉讼费用。

二、原告起诉的事实与理由

2012 年初，三被告合作做甘肃白银某工业集中区场地平整项目；2012 年 6 月 7 日，被告甘肃某建业工程有限公司代表三被告与原告达成《合资施工协议》，约定由原告投入 1500 万元以内的资金用于该项目基础工程柴油款，在工程完工验收后一个月内应付结算总投资款和利润的 60%，其余欠款在本期工程验收后 3 个月内付清，并约定了违约责任。

三、立案案由

原告陈某、雷某、李某与被告甘肃某建筑工程集团有限公司、甘肃某建业工程有限公司、邬某建设工程施工合同纠纷一案，本院立案受理后，依法适用普通程序，公开开庭进行了审理。

四、审理确定的案由

本院认为，一、关于本案法律关系的问题。根据三原告提交的《合资施工协议》内容看，原告虽对甘肃白银某工业集中区场地平整项目工程进行投资，但不参与工程的共同经营管理，也不承担经营风险，不论盈亏均按期收回本金和固定利润，故应认定原告与被告之间的关系名为投资合作，实为借贷，双方形成事实上的民间借贷关系。

五、判决结果

判决如下：一、被告甘肃某建业工程有限公司于本判决生效后十日内偿还原告陈某、雷某、李某借款本金 675 万元及利息（截至 2016 年 5 月 30 日的利息数额为 5608090 元，之后的利息按月利率 2% 计算至本判决确定的还款之日止）；二、被告甘肃某建筑工程集团有限公司对上述款项承担连带责任。

【分析总结】纵观该案审判过程，可以得出一个明确的结论：所谓的三者"冲突"，本来就不是"矛盾"，而是各司其职的正确选择。

一、原告起诉的根本点在于，有明确的诉讼请求和事实理由，这个诉讼请求的书写是根据当事人之间的协议中载明的约定，或是"投资款"，或是"欠款"，或是"资金"等。

二、立案法官仅仅应该做程序上的审查，此时根本见不到被告举证的材料，也只能根据现有材料"初步认定"，然后进入审理程序。

三、审理过程中，法官才能全面地审查证据材料，综合听取各方当事人的理由。此时，法官应该根据自己的判断作出合适的判决，而不能以原告起诉的是"投资款"或"欠款"不是"借款"为由，驳回诉讼请求；也不能以立案案由是建设工程施工合同纠纷，和本案实际案由不同拒绝作出实体判决。这种简单、粗暴的直线机械思维不是法律思维。

问题 37: 对一审判决结论满意但对部分事实认定有异议，可否上诉?

◆ 有关规定 ◆

一、《中华人民共和国民事诉讼法》（2023 年修正，2024 年 1 月 1 日施行）

第一百七十一条 当事人不服地方人民法院第一审判决的，有权在判决书送达之日起十五日内向上一级人民法院提起上诉。当事人不服地方人民法院第一审裁定的，有权在裁定书送达之日起十日内向上一级人民法院提起上诉。

二、《最高人民法院关于适用〈中华人民共和国民事诉讼法〉的解释》（法释〔2022〕11 号）

第九十三条 下列事实，当事人无须举证证明：

（五）已为人民法院发生法律效力的裁判所确认的事实。

◆ 实务提醒 ◆

对于"判决主文无异议，仅对事实认定有异议，能否上诉"这一问题，存在着两种观点：第一种观点认为，不能上诉。在当事人对判决主文没有异议，仅对事实认定不服的情况下提起的"上诉"，不存在上诉利益，上诉不能成立，应从程序上裁定予以驳回（见相关案例一、相关案例二）。《中华人民共和国民事诉讼法》未将上诉利益作为上诉的要件之一。有学者指出，当事人不服判决而提起上诉，必须以该判决对于当事人是不利益的作为理由。这种不利益是指判决主文（即法院对于诉讼标的或诉讼请求的判断）的不利益，当事人有通过上诉除去此种不利益的必要，即上诉人对于上诉存有利益。第二种观点认为，可以上诉，而且应当上诉，如果不上诉，视为对一审事实认定的认可，当事人有权上诉要求对事实认定部分进行纠正（见相关案例三）。

相关案例四中，法院认为：一审判决就"武昌城环公司是否具有消费者期待权"作出的认定具有法律上的利害关系，这种情形下，应当认定其具有上诉利益，可以提起上诉。

◆ 相关案例 ◆

相关案例一：《成都某建设工程有限公司、郭某某建设工程施工合同纠纷二审民事裁定书》（四川省高级人民法院〔2020〕川民终 1493 号）

裁定书摘录：本院认为，当事人起诉或提起上诉应当具有上诉利益，即通过诉讼程序对自身权利予以救济的必要性和实效性，在无上诉利益的情形下，当事人无权启动诉讼程序。具体到二审程序，只有在一审裁判对上诉人存在不利，通过上诉程序可以使其诉讼请求得到支持或免于承担义务的情形下，上诉人才具有上诉利益，可以就一审裁判享有上诉权。成都某建设工程有限公司不是案涉转包合同的当事人，一审对付某某付款事实的认定不会对成都某建设工程有限公司的权益产生影响，根据合同相对性原则，成都某建设工程有限公司在工程修建过程中向付某某或其指定人员支付的款项、对外承担的债务等，可以根据与付某某某签订的《项目工程承包管理合同书》的约定进行结算。成都某建设工程有限公司对一审关于付某某付款金额的认定不享有上诉利益。综上，因成都某建设工程有限公司不具有上诉利益，其上诉依法应予驳回。

相关案例二：《申某某、重庆市某建设（集团）有限公司等建设工程施工合同纠纷 二审民事判决书》（最高人民法院〔2021〕最高法民终 727 号）

判决书摘录：申某某对争议的 300 万元不具有上诉利益。为避免不必要的司法资源耗费以及对各方当事人的程序利益保障，当事人仅对未获一审法院支持的诉讼请求具有上诉利益，有权对该部分诉讼请求提起上诉。本案申某某关于将 300 万计为未付工程款应予支付的诉讼请求已经获得了一审法院的支持，其对该 300 万元已不具有上诉利益，不应在二审中获得支持。

相关案例三：《安徽某投资有限公司与某企业借贷纠纷二审民事判决书》（安徽省高级人民法院〔2017〕皖民终 657 号）

判决书摘录：涉案还款承诺书上公司印章经两次鉴定的鉴定意见互相矛盾，司法鉴定科学技术研究所司法鉴定中心的鉴定意见认为，印章系扫描后喷墨打印形成，虽然某某对该鉴定意见质证提出异议不予认可，但对一审判决未提起上诉，故根据现有证据对一审判决关于"张某先在还款承诺书的承诺人处署名法人代表张某，后在此处喷墨打印留有公司的印章"该节事实的认定予以确认。

相关案例四：《武汉市某城市环境建设有限公司、某信托有限责任公司等申请执行人执行异议之诉民事二审民事判决书》（最高人民法院〔2020〕最高法民终 934 号）

判决书摘录：关于武汉市某城环公司就本案一审判决可否提起上诉的问题。本案一审原告为某信托公司，一审判决为驳回某信托公司的诉讼请求。武汉市某城环公司对一审的裁判结果无异议，但对于其中的部分裁判理由有异议并提起上诉。本院认为，裁判主文是人民法院就当事人的诉讼请求作出的结论，裁判理由是人民法院在认定案件事实的基础上就裁判主文如何作出进行的阐述，本身不构成判项内容，故原则上，如果当事人对裁判主文认可，不会因为裁判理由遭受不利益。但是本案中，一审判决驳回某信托公司的诉讼请求主要是基于武汉某置业公司已经进入破产程序，需要解除现有保全措施。武汉市某城环公司作为武汉某置业公司的债权人，其是否为消费者购房人，是否具有消费者期待权，会影响其之后在破产程序中权利顺位的认定，故其对于一审判决就"武汉市某城环公司是否具有消费者期待权"作出的认定具有法律上的利害关系，这种情形下，应当认定其具有上诉利益，可以提起上诉。

问题 38: 实际施工人以代位权起诉发包人是否适用专属管辖?

◆ 有关规定 ◆

一、《中华人民共和国民法典》

第五百三十五条　因债务人怠于行使其债权或者与该债权有关的从权利,影响债权人的到期债权实现的,债权人可以向人民法院请求以自己的名义代位行使债务人对相对人的权利,但是该权利专属于债务人自身的除外。代位权的行使范围以债权人的到期债权为限。债权人行使代位权的必要费用,由债务人负担。相对人对债务人的抗辩,可以向债权人主张。

二、《最高人民法院关于适用〈中华人民共和国民法典〉合同编通则若干问题的解释》

第三十五条　债权人依据民法典第五百三十五条的规定对债务人的相对人提起代位权诉讼的,由被告住所地人民法院管辖,但是依法应当适用专属管辖规定的除外。

债务人或者相对人以双方之间的债权债务关系订有管辖协议为由提出异议的,人民法院不予支持。

三、《最高人民法院关于审理建设工程施工合同纠纷案件适用法律问题的解释(一)》

第四十三条　实际施工人以转包人、违法分包人为被告起诉的,人民法院应当依法受理。

实际施工人以发包人为被告主张权利的,人民法院应当追加转包人或者违法分包人为本案第三人,在查明发包人欠付转包人或者违法分包人建设工程价款的数额后,判决发包人在欠付建设工程价款范围内对实际施工人承担责任。

第四十四条　实际施工人依据民法典第五百三十五条规定,以转包人或者违法分包人怠于向发包人行使到期债权或者与该债权有关的从权利,影响其到期债权实现,提起代位权诉讼的,人民法院应予支持。

◆ 实务提醒 ◆

代位权诉讼管辖规定的性质是一般地域管辖、特殊地域管辖还是专属地域管辖?笔者认为,考虑代位权诉讼的特殊性,应当理解为特殊地域管辖。

1. 一般情况下,适用一般管辖。《最高人民法院关于适用〈中华人民共和国民法典〉合同编通则若干问题的解释》第三十五条规定,债权人依据民法典第五百三十五条的规定对债务人的相对人提起代位权诉讼的,由被告住所地人民法院管辖,但是依法应当适用专属管辖规定的除外。故除应当适用专属管辖规定的,应适用一般管辖,由被告住所地人民法院管辖。

债务人或者相对人以双方之间的债权债务关系订有管辖协议为由提出异议的，人民法院不予支持。

2. 特殊情况下，适用专属管辖。《最高人民法院关于适用〈中华人民共和国民法典〉合同编通则若干问题的解释》第三十五条规定的"但是依法应当适用专属管辖规定的除外"，指的是如果存在适用专属管辖情形的，则应当适用专属管辖。由此，实际施工人以《最高人民法院关于审理建设工程施工合同纠纷案件适用法律问题的解释（一）》第四十四条的规定起诉发包人，则应当适用专属管辖。

3. 代位权诉讼管辖不受债务人与相对人之间的约定管辖限制。《最高人民法院关于适用〈中华人民共和国民法典〉合同编通则若干问题的解释》第三十五条规定，债务人或者相对人以双方之间的债权债务关系订有管辖协议为由提出异议的，人民法院不予支持。按照该条规定来看相关案例二，则该判决可能不太妥当（注意该判决发生于《最高人民法院关于适用〈中华人民共和国民法典〉合同编通则若干问题的解释》出台之前，笔者之所以引用该判决，意指实务中应引起读者注意）。

◆ 相关案例 ◆

相关案例一：〔2018〕浙 0102 民初 699 号

判决书摘录：原告上海某贸易有限公司诉被告浙江某房地产开发有限公司债权人代位权纠纷一案，本院于 2018 年 2 月 5 日立案受理。经原告申请，本院依法追加杭州某建设工程有限公司作为第三人参加诉讼。原告诉称，第三人结欠原告款项，该债务已经生效调解书确认。经执行，仍有欠款 2624919.82 元未清偿。经查，第三人与被告之间签订有施工承包合同，工程已于 2016 年 6 月 23 日竣工验收合格，但第三人怠于行使其债权，未向被告主张该笔到期债权，损害了原告的合法权益，故原告诉至法院，请求判令：被告向原告支付 2624919.82 元；原告对第三人在被告处的债权按照财产保全和执行中查封、扣押、冻结财产的先后顺序获得清偿。

本院经审查认为，原告的诉讼请求是要替代第三人向被告行使建设工程施工合同项下的债权，而建设工程施工合同纠纷按照不动产纠纷确定管辖，即不动产所在地人民法院专属管辖。因此，案涉工程所在地的杭州市滨江区人民法院，依法对本案享有专属管辖权。

相关案例二：〔2017〕渝 0112 民初 19168 号

判决书摘录：本院认为，《中华人民共和国合同法》第七十三条规定，因债务人怠于行使其到期债权，对债权人造成损害的，债权人可以向人民法院请求以自己的名义代位行使债务人的债权，但该债权专属于债务人自身的除外。代位权的行使范围以债权人的债权为限。债权人行使代位权的必要费用，由债务人负担。本案原告以第三人未向被告主张合理债权为由，向本案被告行使原告代位追偿权而提起诉讼，因此应当根据原告所代位的被告与第三人之间的法律关系来确定管辖法院。《中华人民共和国民事诉讼法》第三十四条规定："合同或者其他财产权益纠纷的当事人可以书面协议选择被告住所地、合同履行地、合同签订地、原告住所地、标的物所在地等与争议有实际联系的地点的人民法院管辖，但不得违反本法对级别管辖和专属管辖的规定"。本案中，案涉合同双方即被告与第三人约定若发生争议纠纷则由重庆市长寿区人民法院管辖，本案原告诉请所基于的系被告与第三人之间的合同法律关系，故本案应当根据被告与第三人之间签订的《劳务承包合同书》的管辖约定来确定管辖法院。综上所述，本院对该案无管辖权，根据被告与第三人双方约定确定的管辖依据，本案依法移送重庆市长寿区人民法院审理。

问题 39：涉及工程款转让有哪些需要注意的问题？

◆ 有关规定 ◆

一、《中华人民共和国合同法》

第七十九条　债权人可以将合同的权利全部或者部分转让给第三人，但有下列情形之一的除外：

（一）根据合同性质不得转让；

（二）按照当事人约定不得转让；

（三）依照法律规定不得转让。

第八十条　债权人转让权利的，应当通知债务人。未经通知，该转让对债务人不发生效力。

债权人转让权利的通知不得撤销，但经受让人同意的除外。

第八十一条　债权人转让权利的，受让人取得与债权有关的从权利，但该从权利专属于债权人自身的除外。

第八十六条　债务人转移义务的，新债务人应当承担与主债务有关的从债务，但该从债务专属于原债务人自身的除外。

第八十八条　当事人一方经对方同意，可以将自己在合同中的权利和义务一并转让给第三人。

第二百八十六条　发包人未按照约定支付价款的，承包人可以催告发包人在合理期限内支付价款。发包人逾期不支付的，除按照建设工程的性质不宜折价、拍卖的以外，承包人可以与发包人协议将该工程折价，也可以申请人民法院将该工程依法拍卖。建设工程的价款就该工程折价或者拍卖的价款优先受偿。

二、《中华人民共和国民法典》

第五百四十五条　债权人可以将债权的全部或者部分转让给第三人，但是有下列情形之一的除外：

（一）根据债权性质不得转让；

（二）按照当事人约定不得转让；

（三）依照法律规定不得转让。

当事人约定非金钱债权不得转让的，不得对抗善意第三人。当事人约定金钱债权不得转让的，不得对抗第三人。

第五百四十六条　债权人转让债权，未通知债务人的，该转让对债务人不发生效力。

债权转让的通知不得撤销，但是经受让人同意的除外。

第五百四十七条　债权人转让债权的，受让人取得与债权有关的从权利，但是该从权利专属于债权人自身的除外。

受让人取得从权利不因该从权利未办理转移登记手续或者未转移占有而受到影响。

第五百四十八条　债务人接到债权转让通知后，债务人对让与人的抗辩，可以向受让人主张。

第五百五十四条　债务人转移债务的，新债务人应当承担与主债务有关的从债务，但是该从债务专属于原债务人自身的除外。

第五百五十五条　当事人一方经对方同意，可以将自己在合同中的权利和义务一并转让给第三人。

第八百零七条　发包人未按照约定支付价款的，承包人可以催告发包人在合理期限内支付价款。发包人逾期不支付的，除根据建设工程的性质不宜折价、拍卖外，承包人可以与发包人协议将该工程折价，也可以请求人民法院将该工程依法拍卖。建设工程的价款就该工程折价或者拍卖的价款优先受偿。

三、《最高人民法院关于适用〈中华人民共和国民法典〉合同编通则若干问题的解释》

第四十七条　债权转让后，债务人向受让人主张其对让与人的抗辩的，人民法院可以追加让与人为第三人。

债务转移后，新债务人主张原债务人对债权人的抗辩的，人民法院可以追加原债务人为第三人。

当事人一方将合同权利义务一并转让后，对方就合同权利义务向受让人主张抗辩或者受让人就合同权利义务向对方主张抗辩的，人民法院可以追加让与人为第三人。

第四十八条　债务人在接到债权转让通知前已经向让与人履行，受让人请求债务人履行的，人民法院不予支持；债务人接到债权转让通知后仍然向让与人履行，受让人请求债务人履行的，人民法院应予支持。

让与人未通知债务人，受让人直接起诉债务人请求履行债务，人民法院经审理确认债权转让事实的，应当认定债权转让自起诉状副本送达时对债务人发生效力。债务人主张因未通知而给其增加的费用或者造成的损失从认定的债权数额中扣除的，人民法院依法予以支持。

第四十九条　债务人接到债权转让通知后，让与人以债权转让合同不成立、无效、被撤销或者确定不发生效力为由请求债务人向其履行的，人民法院不予支持。但是，该债权转让通知被依法撤销的除外。

受让人基于债务人对债权真实存在的确认受让债权后，债务人又以该债权不存在为由拒绝向受让人履行的，人民法院不予支持。但是，受让人知道或者应当知道该债权不存在的除外。

第五十条　让与人将同一债权转让给两个以上受让人，债务人以已经向最先通知的受让人履行为由主张其不再履行债务的，人民法院应予支持。债务人明知接受履行的受让人不是最先通知的受让人，最先通知的受让人请求债务人继续履行债务或者依据债权转让协议请求让与人承担违约责任的，人民法院应予支持；最先通知的受让人请求接受履行的受让人返还其接受的财产的，人民法院不予支持，但是接受履行的受让人明知该债权在其受让前已经转让给其他受让人的除外。

前款所称最先通知的受让人，是指最先到达债务人的转让通知中载明的受让人。当事人之间对通知到达时间有争议的，人民法院应当结合通知的方式等因素综合判断，而不能仅根据债务人认可的通知时间或者通知记载的时间予以认定。当事人采用邮寄、通讯电子系统等方式发出通知的，人民法院应当以邮戳时间或者通讯电子系统记载的时间等作为认定通知到达时间的依据。

◆ 实务提醒 ◆

一、数额确定的工程款可以转让，数额不确定的工程款也可以转让。

数额确定的工程款可以转让。实务中，工程施工合同一般都会约定合同金额以"最终结算金额"为准。最终结算未完结前，金额并不能确定，债权人通常在合同约定的标的额框架内享有债权。债权人在最终结算前将金额尚未确定的债权予以转让，此种情形下的债权转让也是合法有效的。虽然债权最终金额尚不确定，但债权让与人与受让人关于债权转让的意思表示真实，标的额不确定只影响债权转让数额。待标的额确定后，若债权转让金额在标的额之内的，受让人可如实向债务人主张，若债权转让金额超过标的额的，受让人可在标的额内向债务人主张，未能主张的部分可向让与人主张。

二、工程款转让，无须发包方同意，只要通知即可，起诉状副本送达视为通知。

根据《中华人民共和国民法典》第五百四十六条的规定，债权人转让债权，未通知债务人的，该转让对债务人不发生效力。《最高人民法院关于适用〈中华人民共和国民法典〉合同编通则若干问题的解释》第四十八条规定，让与人未通知债务人，受让人直接起诉债务人请求履行债务，人民法院经审理确认债权转让事实的，应当认定债权转让自起诉状副本送达时对债务人发生效力。债务人主张因未通知而给其增加的费用或者造成的损失从认定的债权数额中扣除的，人民法院依法予以支持。

三、工程款转让后，如债务人对让与人抗辩，可追加让与人为第三人。

根据《最高人民法院关于适用〈中华人民共和国民法典〉合同编通则若干问题的解释》第四十七条规定，债权转让后，债务人向受让人主张其对让与人的抗辩的，人民法院可以追加让与人为第三人。

四、如果合同一方当事人不希望对方进行债权转让，怎么办？

根据《中华人民共和国民法典》第五百四十五条规定，债权人可以将债权的全部或者部分转让给第三人，但是有下列情形之一的除外：（一）根据债权性质不得转让；（二）按照当事人约定不得转让；（三）依照法律规定不得转让。当事人约定非金钱债权不得转让的，不得对抗善意第三人。当事人约定金钱债权不得转让的，不得对抗第三人。由此可以看出，不论原债权人与债务人对债权转让是否约定了禁止条款，受让人均可以受让债权。该条一方面更有利于债权的自由转让，赋予金钱债权更大的流通自由，也符合金融领域的需要。如果合同一方当事人不希望对方对工程款进行转让，可以约定更严格的违约责任。

五、工程款转让，优先受偿权是否随之转让？

主要有以下两种观点。第一种观点：工程价款优先受偿权可以随工程款债权一并转让（见相关案例一、相关案例二）。依据是《中华人民共和国民法典》第五百四十七条"债权人转让权利的，受让人取得与债权有关的从权利，但该从权利专属于债权人自身的除外"的规定。建设工程价款优先受偿权依附于工程款债权，承包人将建设工程价款债权转让的，建设工程价款优先受偿权随之转让。

《山东高院民一庭〈关于审理建设工程施工合同纠纷案件若干问题的解答〉》第12条规定：建设工程价款优先受偿权依附于工程款债权，属于从属性权利，承包人将建设工程价款债权转让的，建设工程价款优先受偿权随之转让。最高院民一庭主编的《民事审判指导与参考》第65辑中《建设工程转让后，受让人是否享有优先受偿权》一文认为："建设工程承包人转让其施工中形成的债权，受让人基于债权的转让而取得工程款债权，因而其应当享有该工程款的优先受偿权。法定优先权属于担保物权，具有一定的追及效力，其功能是担保工程款优先支付，该权利依附于担保的工程而存在，即使被担保的工程发生转让，也不影响承包人优先受偿权的行使。"

第二种观点：工程价款优先受偿权不能随工程款债权一并转让（见相关案例三、相关案例四）。建设工程价款优先受偿权目的在于保护农民工利益，具有人身属性。《深圳市中级人民法院关于建设工程合同若干问题的指导意见》（2010年）第三十一条规定："承包人将其对发包人的工程款债权转让给第三人的，建设工程价款优先受偿权不能随之转让。"《河北省高级人民法院建设工程施工合同案件审理指南》第37条规定："建设工程价款优先受偿权与建设工程价款请求权具有人身依附性，承包人将建设工程价款债权转让，建设工程价款的优先受偿权消灭。"

◆ 相关案例 ◆

相关案例一：最高人民法院（2021）最高法民终958号

判决书摘录：建设工程款债权转让后，中建某局享有的建设工程价款优先受偿权可以随之转让予中建某公司，理由如下：第一，建设工程价款优先受偿权为法定优先权，功能是担保工程款优先支付，系工程款债权的从权利，不专属于承包人自身，可以随建设工程价款债权一并转让。《中华人民共和国合同法》第八十一条规定："债权人转让权利的，受让人取得与债权有关的从权利，但该从权利专属于债权人自身的除外。"《最高人民法院关于审理建设工程施工合同纠纷案件适用法律问题的解释（二）》第十七条虽然规定由承包人主张优先受偿权，但是并不能得出建设工程价款优先受偿权具有人身专属性，故建设工程价款债权转让的，建设工程价款优先受偿权随之转让并不违反法律规定。第二，本案建设工程价款优先受偿权与工程款债权的一并转让，既不增加中建某公司的负担，也不损害中建某公司其他债权人的利益。综上所述，中建某局将案涉工程款债权转让给中建某公司后，中建某公司可以享有建设工程价款优先受偿权。

相关案例二：最高人民法院（2020）最高法民终 724 号

裁判摘录：《中华人民共和国合同法》第八十一条规定："债权人转让权利的，受让人取得与债权有关的从权利，但该从权利专属于债权人自身的除外。"虽然耒阳市某商业中心已过户到金某公司名下，但是并不影响裕达公司优先受偿权的行使。

相关案例三：最高人民法院（2019）最高法民申 3349 号

裁判摘录：建设工程价款优先受偿权为法定优先权，其设立初衷意在通过保护承包人的建设工程价款债权进而确保建筑工人的工资权益得以实现，专属于承包人。在建设工程价款债权转让时，该工程价款的优先受偿权是否随之一并转让，并无明确的裁判意见。就本案而言，张某某通过债权转让所取得的债权可以被认定为普通金钱债权。

相关案例四：最高人民法院（2021）最高法民申 2486 号

裁判摘录：建设工程价款优先受偿权并不是一种合同权利，不是由当事人协商确定的权利，而是直接依据合同法享有的法定优先权利，不能通过受让取得，故汪某某主张其基于泸西某公司的权利让渡取得工程价款的优先受偿权也不成立。

问题 40：材料价格发生重大变化，如何调整工程款？

◆ **有关规定** ◆

一、《中华人民共和国合同法》

第六十三条　执行政府定价或者政府指导价的，在合同约定的交付期限内政府价格调整时，按照交付时的价格计价。逾期交付标的物的，遇价格上涨时，按照原价格执行；价格下降时，按照新价格执行。逾期提取标的物或者逾期付款的，遇价格上涨时，按照新价格执行；价格下降时，按照原价格执行。

二、《建筑工程施工发包与承包计价管理办法》（中华人民共和国住房和城乡建设部第 16 号令）

第十三条　发承包双方在确定合同价款时，应当考虑市场环境和生产要素价格变化对合同价款的影响。

第十四条　发承包双方应当在合同中约定，发生下列情形时合同价款的调整方法：

（一）法律、法规、规章或者国家有关政策变化影响合同价款的；

（二）工程造价管理机构发布价格调整信息的。

三、《建设工程工程量清单计价规范》（GB 50500—2013）

3.4.1　建设工程发承包，必须在招标文件、合同中明确计价中的风险内容及其范围，不得采用无限风险、所有风险或类似语句规定计价中的风险内容及其范围。

8.2.1　工程量必须以承包人完成合同工程应予计量的按照现行国家计量规范规定的工程量计算规则计算得到的工程量确定。

四、《最高人民法院关于审理建设工程施工合同纠纷案件适用法律问题的解释》

第二十二条　当事人约定按照固定价结算工程价款，一方当事人请求对建设工程造价进行鉴定的，不予支持。

五、《安徽省高级人民法院关于审理建设工程施工合同纠纷案件适用法律问题的指导意见（二）》

第十五条　建设工程施工合同履行过程中，人工、材料、机械费用出现波动，合同有约定的，按照约定处理；合同无约定，当事人又不能协商一致的，参照建设行政主管部门的规定或者行业规范处理。

因工期延误导致上述费用增加造成损失的，由导致工期延误的一方承担；双方对工期延误均有过错的，应当各自承担相应的责任。

六、《北京市高级人民法院关于审理建设工程施工合同纠纷案件若干疑难问题的解答》

第十二条　固定价合同履行过程中，主要建筑材料价格发生重大变化，当事人要求对工程价款予以调整的，如何处理？

建设工程施工合同约定工程价款实行固定价结算，在实际履行过程中，钢材、木材、水泥、混凝土等对工程造价影响较大的主要建筑材料价格发生重大变化，超出了正常市场风险的范围，合同对建材价格变动风险负担有约定的，原则上依照其约定处理；没有约定或约定不明，该当事人要求调整工程价款的，可在市场风险范围和幅度之外酌情予以支持；具体数额可以委托鉴定机构，参照施工地建设行政主管部门关于处理建材差价问题的意见予以确定。

因一方当事人原因导致工期延误或建筑材料供应时间延误的，在此期间的建材差价部分工程款，由过错方予以承担。

七、《财政部、住房和城乡建设部关于印发〈建设工程价款结算暂行办法〉的通知》

第八条　发包、承包人在签订合同时对于工程价款的约定，可选用下列一种约定方式：

（一）固定总价。合同工期较短且工程合同总价较低的工程，可以采用固定总价合同方式。

（二）固定单价。双方在合同中约定综合单价包含的风险范围和风险费用的计算方法，在约定的风险范围内综合单价不再调整。风险范围以外的综合单价调整方法，应当在合同中约定。

八、《中华人民共和国民法典》

第五百一十三条　执行政府定价或者政府指导价的，在合同约定的交付期限内政府价格调整时，按照交付时的价格计价。逾期交付标的物的，遇价格上涨时，按照原价格执行；价格下降时，按照新价格执行。逾期提取标的物或者逾期付款的，遇价格上涨时，按照新价格执行；价格下降时，按照原价格执行。

九、《最高人民法院关于审理建设工程施工合同纠纷案件适用法律问题的解释（一）》

第二十八条　当事人约定按照固定价结算工程价款，一方当事人请求对建设工程造价进行鉴定的，人民法院不予支持。

十、《建设工程工程量清单计价标准》（GB/T 50500—2024）

3.3.1　建设工程的施工发承包，应在招标文件、合同中明确计量与计价的风险内容及其范围，不得采用无限风险、所有风险或类似语句约定工程计量与计价中的风险内容及范围。

◆ 实务提醒 ◆

一、部分法院支持调整工程款（见相关案例一、二、三）

实践中，很多法院本着公平原则，在人工费、材料费出现大幅上涨的情况下，酌情对人工费、材料费予以调整。也有的法院认为，合同中约定投标人承担无限风险违反了《建设工程工程量清单计价标准》（GB/T 50500—2024）的规定，属于无效条款。

二、关于"有约定按约定"以及"无限风险"的理解

"合同有约定的，按照约定处理"，这里的约定不仅应该是合法的约定，而且应该是有明确具体范围的约定；如果不是合法的、范围明确的约定，那么则属于没有约定，应该参照无约定的情形处理。现实中，承包方承担"无限风险"的约定可视为属于不合法的约定。

三、关于对"固定总价"的理解

固定总价的条件必须是工程量的固定和施工条件的固定。在合同履行过程中，如施工图、合同约定的施工内容、施工条件发生变化的，则固定总价就丧失了固定的基础，当事人有权要求调整。

实践中，很多《承包协议》约定："不论工程数量如何变化，本合同约定的计价方式及人材机单价，均不作调整；人工、材料及机械台班单价等均不作调整"。笔者认为，在此情况下，《承包协议》中约定的"固定总价"只能理解为"暂定价"，而非《最高人民法院关于审理建设工程施工合同纠纷案件适用法律问题的解释（一）》第二十八条所规定的按固定价款结算情形。

四、签订合同的注意事项

尽量在合同中约定固定价的同时，明确合同的风险范围，在风险范围之内的价和量的

变动不调整，同时约定在风险范围之外的调整幅度和计算标准。由于物资材料涨跌受市场供需影响而不依当事人意志为转移，签约双方无法预测合同履行过程中的市场变化。如果不约定风险范围，则可能出现当事人利益失衡的情况。

◆ **相关案例** ◆

相关案例一：《四川省泸州某建筑工程有限公司与雅江某水电开发有限公司建设工程施工合同纠纷二审民事判决书》（四川省甘孜藏族自治州中级人民法院〔2018〕川 33 民终 79 号）

判决书摘录：2010 年 12 月 14 日发布的《关于对成都市等 17 个市、州 2009 年〈四川省建设工程工程量清单计价定额〉人工费调整的批复》（川建发〔2010〕42 号）载明，雅江县建筑项目人工费调整幅度为 129%。本院认为，在发生人工、材料大幅涨价的情况下坚持按固定单价结算，可能将承包人置于严重不公平的地位。雅江某水电开发公司与泸州某建筑工程公司签订了固定单价合同后并未立即履行，而人工费、材料费出现大幅上涨，应当酌情对人工费、材料费予以调整，否则显失公平。本院综合考虑本案合同的签订及履行情况、参考鉴定意见，对泸州某建筑工程公司主张的人工费、材料费调整金额酌情支持 80 万元。

相关案例二：《阿克苏某建筑安装有限责任公司、新疆维吾尔自治区塔里木河流域阿克苏管理局建设工程施工合同纠纷二审民事判决书》（新疆维吾尔自治区高级人民法院〔2017〕新民终 261 号）

判决书摘录：关于人工费、材料费在合同约定为固定单价的情况下是否应当进行调差的问题。虽然涉案工程的建设工程施工招标文件中约定"除设计单位出具的设计变更外，其余任何情况不予调整，风险由投标人自行承担"，但该内容违反《建设工程工程量清单计价规范》（GB 50500—2013）中施工阶段风险采用分摊的原则，且该招标文件属于要约邀请，具体双方的权利义务要根据双方签订的建设工程施工合同确定，双方签订的建设工程施工合同中专用条款部分第 23.3 条双方约定合同价款的其他调整因素为设计变更＋现场签证＋清单漏项＋政策性文件调差，因此人工费、材料费的调差应当计入工程款。

相关案例三：《某纪念馆与北京某建筑工程有限公司建设工程施工合同纠纷申诉、申请民事裁定书》（湖南省怀化市中级人民法院〔2018〕湘 12 民申 3 号）

判决书摘录：本院经审查认为，再审申请人某纪念馆与被申请人北京某建筑有限公司于 2009 年 10 月 30 日签订《太和塔主体建筑工程施工合同》，在通用条款中明确约定"适用于合同的法律包括中华人民共和国法律、行政法规、部门规章，以及工程所在地的地方法规、自治条例、单行条例和地方政府规章"。但是，招标文件第 9.2.1 款载明的"投标人所填写的单价和总价在合同实施期间不因市场变化因素而变动，投标人在计算报价时应考虑一定的风险系数"内容，有悖住房和城乡建设部发布的《建设工程工程量清单计价规范》（GB 50500—2013）和湖南省人民政府发布《湖南省建设工程造价管理办法》的相关规定，应属无效条款，因此，原判认定属无效条款并无不当。本案中，因发包人某纪念馆的资金不到位、设计变更、装饰标准难以确认等自身原因，导致工期延误三年有余，期间人工工资及材料价格上涨，导致工程造价上升。经鉴定，合同内项目已结算工程款与上升后的工程造价款差价达 3147566.77 元。根据《建设工程工程量清单计价规范》（GB 50500—2013）第 3.4.2 款规定，施工延长期间物价波动引起的价格调整，其价差应由发包人承担。故原判此差价款应由某纪念馆承担是妥当的。

问题 41： 因发包人原因造成工程量减少，承包人的合理利润是否应予补偿？

◆ 有关规定 ◆

一、《中华人民共和国合同法》

第一百一十三条 【损害赔偿的范围】当事人一方不履行合同义务或者履行合同义务不符合约定，给对方造成损失的，损失赔偿额应当相当于因违约所造成的损失，包括合同履行后可以获得的利益，但不得超过违反合同一方订立合同时预见到或者应当预见到的因违反合同可能造成的损失。经营者对消费者提供商品或者服务有欺诈行为的，依照《中华人民共和国消费者权益保护法》的规定承担损害赔偿责任。

第一百一十九条 【减损规则】当事人一方违约后，对方应当采取适当措施防止损失的扩大；没有采取适当措施致使损失扩大的，不得就扩大的损失要求赔偿。当事人因防止损失扩大而支出的合理费用，由违约方承担。

二、《中华人民共和国民法典》

第五百八十三条 当事人一方不履行合同义务或者履行合同义务不符合约定的，在履行义务或者采取补救措施后，对方还有其他损失的，应当赔偿损失。

第五百八十四条 当事人一方不履行合同义务或者履行合同义务不符合约定，造成对方损失的，损失赔偿额应当相当于因违约所造成的损失，包括合同履行后可以获得的利益；但是，不得超过违约一方订立合同时预见到或者应当预见到的因违约可能造成的损失。

第五百九十一条 当事人一方违约后，对方应当采取适当措施防止损失的扩大；没有采取适当措施致使损失扩大的，不得就扩大的损失请求赔偿。

当事人因防止损失扩大而支出的合理费用，由违约方负担。

三、《建设工程造价鉴定规范》（GB/T 51262—2017）

5.8.5 因发包人原因，发包人删减了合同中的某项工作或工程项目，承包人提出应由发包人给予合理的费用及预期利润，委托人认定该事实成立的，鉴定人进行鉴定时，其费用可按相关工程企业管理费的一定比例计算，预期利润可按相关工程项目报价中的利润的一定比例或工程所在地统计部门发布的建筑企业统计年报的利润率计算。

◆ 实务提醒 ◆

一、合理费用与预期利润应予补偿的前提。合理费用与预期利润应予补偿的前提是引起工程量减少的原因是发包方而不是施工方，且合同有效（见相关案例一）。

二、合理费用与预期利润的确定方法。可以委托司法鉴定。

三、合理费用与预期利润的确定。如果合同有约定，则按照合同约定（见相关案例二、相关案例三）。如果合同没有约定，根据《建设工程造价鉴定规范》（GB/T 51262—2017）第5.8.5条的规定，合理费用可按相关工程企业管理费的一定比例计算，预期利润可按相关工程项目报价中的利润的一定比例或工程所在地统计部门发布的建筑企业统计年报的利润率计算。

四、投标文件中的编制说明可以作为预期利润的参考依据，但是应当以司法鉴定为准（见相关案例四）。

五、合理费用与预期利润的举证责任。尽管主流观点对合理费用及预期利润予以支持，但是实务中也有少数观点认为不予支持。不予支持的理由是在建设工程施工合同领域，由于施工合同在履行中受市场、政策等多种因素影响，预期利润的实现程度具有较大的不确定性。因此在案件审理中，个别法院往往以可得利益能否实际产生、可得利益损失金额大小均具有不确定性为由对可得利益损失不予支持。所以，笔者特别提醒，对合理费用的发生、预期利润与未施工部分的关联性、预期利润的标准依据等尽量进行举证（见相关案例五）。

◆ 相关案例 ◆

相关案例一：《某控股集团有限公司、潘某某建设工程施工合同纠纷再审审查与审判监督民事裁定书》（最高人民法院〔2021〕最高法民终412号）

裁判摘录：潘某某主张对中铁某局二公司应当向其赔偿的预期利润损失进行鉴定。《中华人民共和国合同法》第五十八条规定："合同无效或者被撤销后，因该合同取得的财产，应当予以返还；不能返还或者没有必要返还的，应当折价补偿。有过错的一方应当赔偿对方因此所受到的损失，双方都有过错的，应当各自承担相应的责任。"第一百一十三条第一款规定："当事人一方不履行合同义务或者履行合同义务不符合约定，给对方造成损失的，损失赔偿额应当相当于因违约所造成的损失，包括合同履行后可以获得的利益，但不得超过违反合同一方订立合同时预见到或者应当预见到的因违反合同可能造成的损失。"根据上述规定，预期利润损失是在合同有效情形下可以获得的赔偿，在潘某某与中铁某局二公司形成的事实建设工程分包合同无效的情况下，对潘某某关于预期利润损失进行鉴定的申请不予准许。

相关案例二：《中建某局安装工程有限公司与山东某制药有限公司建设工程施工合同纠纷二审民事判决书》（山东省高级人民法院〔2015〕鲁民一终字第189号）

裁判摘录：当事人于2010年11月7日签订《建设工程施工合同》，其中第47.7条约定："如因非承包方原因造成承包人合同不能全部履行，发包人要承担实际完成造价和合同价之间差额部分4%的预期利润，并承担承包人因过大投入造成的损失"，该约定系双方当事人真实意思表示，不违反法律规定。本案中，由于山东某制药公司在合同履行期限内没有支付工程款，构成根本违约，也是导致合同被解除的根本原因，中建公司依据合同的约定向山东某制药公司主张预期利润损失，具有事实和法律依据，本院予以支持。因此，山东某制药公司应当向中建公司支付（50800000－1166303）元×4%＝1985347.88元的预期利润损失。

相关案例三：《商丘市某建筑安装有限公司与某殡仪馆建设工程合同纠纷一审民事判决书》（三门峡市陕州区人民法院〔2016〕豫1222民初1165号）

判决书摘录：被告某殡仪馆给原告出具的主楼及骨灰堂工程量清单计价表可以证明，工程款减少了2085589元。根据《建设工程工程量清单计价规范》（GB 50500—2013）规定，当发包人提出的工程变更因非承包人原因删减了合同中的某项原定工作或工程，致使承包人发生的费用或（和）得到的收益不能被包括在其他已支付或应支付的项目中，也未被包含在任何替代的工作或工程中时，承包人有权提出并应得到合理的费用及利润补偿。据此，原告作为承包人有权得到合理的费用及利润补偿。依双方施工合同，该部分利润以6%，即125135.34元为宜。

相关案例四：《浙江某环境建设有限公司与泰顺县某镇人民政府建设工程施工合同纠纷一审民事判决书》（泰顺县人民法院〔2014〕温泰民初字第231号）

裁判摘录：对于预期利润的数额，原告认为应当按照投标文件中的编制说明来确定利润数额，即利润率为12%；温州某会计师事务所分析认为，在中标价不低于成本的假设基础上，结合本案工程的利润空间及让利幅度，施工方按规范要求施工，在保证质量的前提下，通过科学管理，充分挖掘潜力，严格控制成本，可以保本或微利。基于微利的前提下，未施工部分预期利润为159694元。被告则认为，本案工程不能保证中标价不低于成本价，且原告未提供证据证明其在本案工程建设中存在"按规范要求施工，保证质量的前提下，通过科学管理，充分挖掘潜力，严格控制成本"的情形，故不应当以该评估报告认定原告的预期利润损失。本院认为，原告提供的编制说明，系其投标文件的一部分，不能作为最终确定利润的依据。但是原告作为专业的建筑工程公司，在参与投标工程前，应当已对工程成本做过预算，一般不会出现中标价低于成本的情形。而且原告作为一个企业，在工程中标后必定会科学管理项目，避免出现亏本的情况。因此，温州某会计师事务所的鉴定结论符合一般市场常理，可以作为认定原告逾期利润损失的依据，即如果原告履行合同，其所获得预期利润为159694元。

相关案例五：《上海某建筑安装工程有限公司、上海某食品工业有限公司建设工程施工合同纠纷二审民事判决书》（上海市高级人民法院〔2016〕沪民终164号）

裁判摘录：本院认为，根据查明的事实以及一审法院的认定分析，造成系争施工合同解除的原因系上海某食品公司于 2009 年 3 月 17 日发出暂不施工通知后从未要求重新施工，对此本院亦表示认同。上海某建筑安装公司主张系争施工合同解除后的预期利润损失，应提供相应有效的证据证明其确有损失。现上海某建筑安装公司提供由上海某建设咨询有限公司出具的关于系争工程《工程造价的审价鉴定报告》意见所载金额 1323817 元作为其预期利润的损失依据，但上海某建筑安装公司无法说明上述金额与系争工程的关联性，即预期利润针对的未完工程量范围、预期利润率的标准及其依据等，故本院对该证据的证明力难以认定。鉴此，本院认同一审法院以上海某建筑安装公司未能提供有效证据予以佐证，对上海某建筑安装公司的该项主张不予支持的意见，驳回上海某建筑安装公司要求上海某食品公司赔偿预期利润损失的上诉请求。

问题 42：社保费是否应当计入工程款支付给施工企业？

◆ 有关规定 ◆

一、《建筑安装工程劳动保险费用管理办法》

第十六条 ……建设单位不得将应缴纳的劳保费转嫁给施工企业。

第十七条 任何单位和个人不得以任何理由减免或截留建设单位应缴纳的劳保费。

二、《山东省建设工程费用项目组成及计算规则》（鲁建标字〔2011〕19 号）

编制竣工结算时，若建设单位已按规定缴纳社会保障费的，该费用仅作为计税基础，结算时不包括该费用；若建设单位未缴纳社会保障费的，结算时应包括该费用。

◆ 实务提醒 ◆

一、对于社保费是否应计入工程款支付给施工企业这一问题，一直存在两种截然相反的观点。

第一种观点认为，应该计算在工程款之内，支付给施工企业（见相关案例一、二）。理由：工程造价不论是从费用构成要素来看，还是从工程造价形成来看，都应包含社保费用。由于建设单位没有向当地的建设主管部门缴纳相应的社保费用，施工单位无法从项目所在地的建设主管部门领取相应的社保费用。

比如，山东省住房和城乡建设厅发布的《山东省建设工程费用项目组成及计算规则》（鲁建标字〔2011〕19 号）规定，编制竣工结算时，若建设单位已按规定缴纳社会保障费的，该费用仅作为计税基础，结算时不包括该费用；若建设单位未缴纳社会保障费的，结算时应包括该费用。

第二种观点认为，应当支付给建设主管部门，不应当直接向施工企业支付（见相关案例三）。理由：该费用本应由施工企业自行缴纳，但社保机构直接向建设单位收取社保费的主要目的，就是防止施工企业在收取了建设单位拨付的工程款后，却不为从业人员缴纳劳动保险费用现象的发生。如果施工企业没有实际缴纳社保费，那么社保费则不应当计算在工程款内支付给施工企业。

二、实务中，还有少数人认为社保问题不属于人民法院的受理范围。

◆ **相关案例** ◆

相关案例一：《日照市某建筑工程有限公司与日照市岚山某房地产开发有限责任公司建设工程施工合同纠纷二审民事判决书》（山东省高级人民法院〔2015〕鲁民一终字第 96号）

判决书摘录：关于社会保障费问题。参照相关规定，编制竣工结算时，若建设单位已按规定缴纳社会保障费的，该费用仅作为计税基础，结算时不包括该费用；若建设单位未缴纳社会保障费的，结算时应包括该费用。日照市岚山某房地产公司没有提供证据证明其已按规定缴纳社会保障费，原审将该项费用计入工程结算并无不当。

相关案例二：《某建筑有限公司与王某建设工程施工合同纠纷》（河南省开封市中级人民法院〔2008〕汴民终字第 1014 号）

判决书摘录：工程社保费属于工程款的组成部分，应由建设单位支出，建筑企业收取。实际施工人虽非企业，但其负责组织人员施工，向施工人员发放薪酬，为施工人员提供施工安全和其他保障，并且王某是以万里公司的代理人身份行使相关权利，还要和被挂靠企业对社保费用提取问题协商议定，其担负了相关风险和责任，可以主张相关社保费用。

相关案例三：《原告河南某建筑集团有限公司诉被告河南省某置业有限公司、河南省永城市某发展投资公司建设工程施工合同纠纷》（河南省商丘市中级人民法院民事判决书〔2007〕商民一初字第 46 号）

判决书摘录：针对本案的第二个焦点，即河南省某置业公司是否应向河南某建筑集团公司支付社会保险费及应支付社会保险费的数额问题。虽然建设部发布的《建筑安装工程劳动保险费用管理办法》第十六条规定："……建设单位不得将应缴纳的劳保费转嫁给施工企业。"第十七条规定："任何单位和个人不得以任何理由减免或截留建设单位应缴纳的劳保费。"《河南省建筑和装饰工程综合基价计价办法》第九条规定："……由市、县建设行政主管部门设立的劳保费用管理办公室统一向建设单位收取，统一向施工企业拨付、调剂""……任何单位不得减免和挪作他用"。依照上述规定，社会保险费应由河南省某置业公司向劳保费用管理办公室缴纳，而不是直接向河南某建筑集团公司支付。故河南某建筑集团公司该诉讼请求不予支持。

问题43：开工日期如何确定，施工许可证载明的开工日期是否具有优先效力？

一、《最高人民法院关于审理建设工程施工合同纠纷案件适用法律问题的解释（二）》

第五条　当事人对建设工程开工日期有争议的，人民法院应当分别按照以下情形予以认定：

（一）开工日期为发包人或者监理人发出的开工通知载明的开工日期；开工通知发出后，尚不具备开工条件的，以开工条件具备的时间为开工日期；因承包人原因导致开工时间推迟的，以开工通知载明的时间为开工日期。

（二）承包人经发包人同意已经实际进场施工的，以实际进场施工时间为开工日期。

（三）发包人或者监理人未发出开工通知，亦无相关证据证明实际开工日期的，应当综合考虑开工报告、合同、施工许可证、竣工验收报告或者竣工验收备案表等载明的时间，并结合是否具备开工条件的事实，认定开工日期。

二、《最高人民法院关于审理建设工程施工合同纠纷案件适用法律问题的解释（一）》

第八条　当事人对建设工程开工日期有争议的，人民法院应当分别按照以下情形予以认定：

（一）开工日期为发包人或者监理人发出的开工通知载明的开工日期；开工通知发出后，尚不具备开工条件的，以开工条件具备的时间为开工日期；因承包人原因导致开工时间推迟的，以开工通知载明的时间为开工日期。

（二）承包人经发包人同意已经实际进场施工的，以实际进场施工时间为开工日期。

（三）发包人或者监理人未发出开工通知，亦无相关证据证明实际开工日期的，应当综合考虑开工报告、合同、施工许可证、竣工验收报告或者竣工验收备案表等载明的时间，并结合是否具备开工条件的事实，认定开工日期。

一、工程实务中可能涉及的开工日期

①开工令（开工通知）的开工日期；②开工申请书（开工报告）的开工日期；③施工条件具备的日期；④承包人实际进场施工的日期；⑤施工许可证载明的开工日期；⑥计划开工日期；⑦约定开工日期。

二、开工日期的区分

1. 计划开工日期与实际开工日期

约定开工日期是计划开工日期，其具有不确定性，实际施工中，受政府政策、许可手续办理进度等影响，发包人可能迟迟无法确定开工日期，无法发出开工通知。

2. 施工许可日期与实际进场日期

施工许可只是关于开工合法性的文件，与开工日的认定并无直接关系；同时，由于工程审批的严格及市场主体的逐利，经发包人许可，施工单位可能在施工许可之前，甚至施工条件不完全具备前，就先前进场施工。

3. 开工令（开工通知）的开工日期与开工申请书（开工报告）的开工日期

两者容易混淆，应予区分。发包人准备完毕同时考虑承包人必要准备时间后确定的日期，表现为开工令；承包人向发包人声明施工准备完毕可开始施工的日期，表现为承包人向发包人呈递的开工申请书（开工报告）。

三、开工日期的确定

1. 开工通知的开工日期

若开工通知确定的开工日期前，开工条件均已具备的，则以开工通知确定的开工日期为合法的开工日期。这一确定应同时具备两个条件：发包人或监理人发出开工通知载明的开工日期；工程现场具备开工条件。

2. 施工条件具备的日期

若开工通知确定的开工日期已至，但工程现场不具备上述条件，则以实际具备开工条件的日期为开工日期。

若因承包人不配合导致工程现场不具备开工条件的，则以开工通知载明的日期为开工日期。

3. 承包人实际进场施工的日期

当发包人和监理人均未发出开工通知，但发包人与承包人就承包人实际进场施工已达成一致意见的，则以承包人实际进场施工的日期为开工日期。

4. 综合认定的日期

当发包人和监理人均未发出开工通知，又无法证明实际进场施工的日期时，由法院按照开工报告、合同、施工许可证、竣工验收报告或者竣工验收备案表等载明的时间与工程实际具备开工条件的日期，综合认定。

此前，有观点认为，施工许可证载明的开工日期具有优先效力，但《最高人民法院关于审理建设工程施工合同纠纷案件适用法律问题的解释（二）》第五条明确规定在无开工通知又不能确定实际进场施工日期时，将施工许可证和开工报告、竣工验收报告或竣工备案载明的时间等并列作为综合考虑因素，即施工许可证载明的开工日期不具有优先效力。

四、实务中特别注意事项

1. 作为承包人

若发包人强令承包人在不具备施工条件或未取得《施工许可证》的前提下进场施工，

则承包人应保存相关证据，如现场施工的照片、发包人出具的有关函件。

2. 作为发包人

如承包人拖延或拒绝配合发包人办理开工的有关手续，则发包人应保存相关证据，作为索赔的依据，如要求承包人配合提供相关材料的函件、承包人的复函等。

◆ 相关案例 ◆

相关案例：《甘肃某公路建筑有限公司与甘肃某水利科技发展有限公司建设工程施工合同纠纷二审民事判决书》（甘肃省高级人民法院〔2019〕甘民终 289 号）

判决书摘录：关于甘肃某公路建筑公司开工日期如何认定的问题。甘肃某公路建筑公司认为应从被上诉人实际取得建设用地规划许可证、建设工程规划许可证的时间 2017 年 4 月开始认定，本院认为，庭审中双方均认可甘肃某公路建筑公司于 2016 年 6 月 1 日准时入场。根据《最高人民法院关于审理建设工程施工合同纠纷案件适用法律问题的解释（二）》第五条规定，当事人对建设工程开工日期有争议的，人民法院应当分别按照以下情形予以认定：……（二）承包人经发包人同意已经实际进场施工的，以实际进场施工时间为开工日期的规定，本案开工日期应当认定为 2016 年 6 月 1 日。

问题 44：月进度款的累加能否作为工程款的结算依据？

◆ 有关规定 ◆

《建设工程价款结算暂行办法》

第十三条　工程进度款结算与支付应当符合下列规定：

（一）工程进度款结算方式

1. 按月结算与支付

即实行按月支付进度款，竣工后清算的办法。合同工期在两个年度以上的工程，在年终进行工程盘点，办理年度结算。

2. 分段结算与支付

即当年开工、当年不能竣工的工程按照工程形象进度，划分不同阶段支付工程进度款。具体划分在合同中明确。

（二）工程量计算

1. 承包人应当按照合同约定的方法和时间，向发包人提交已完工程量的报告。发包人接到报告后 14 天内核实已完工程量，并在核实前 1 天通知承包人。承包人应提供条件并派人参加核实。承包人收到通知后不参加核实，以发包人核实的工程量作为工程价款支付的依据。发包人未按约定时间通知承包人，致使承包人未能参加核实，核实结果无效。

2. 发包人收到承包人报告后 14 天内未核实完工程量，从第 15 天起，承包人报告的工程量即视为被确认，作为工程价款支付的依据，双方合同另有约定的，按合同执行。

3. 对承包人超出设计图纸（含设计变更）范围和因承包人原因造成返工的工程量，发包人不予计量。

（三）工程进度款支付

1. 根据确定的工程计量结果，承包人向发包人提出支付工程进度款申请。14 天内，发包人应按不低于工程价款的 60％，不高于工程价款的 90％向承包人支付工程进度款。按约定时间发包人应扣回的预付款，与工程进度款同期结算抵扣。

2. 发包人超过约定的支付时间不支付工程进度款，承包人应及时向发包人发出要求付款的通知，发包人收到承包人通知后仍不能按要求付款，可与承包人协商签订延期付款协议，经承包人同意后可延期支付，协议应明确延期支付的时间和从工程计量结果确认后第 15 天起计算应付款的利息（利率按同期银行贷款利率计）。

3. 发包人不按合同约定支付工程进度款，双方又未达成延期付款协议，导致施工无法进行，承包人可停止施工，由发包人承担违约责任。

◆ 实务提醒 ◆

一、进度款与结算款的区别

工程进度款是指在施工过程中，按逐月（季）、形象进度或控制界面等完成的工程数量支付工程款。

工程结算款是指工程全部完成或工程虽然未完但解除合同，质量合格的基础上进行的最终结算款。

二、进度款能否作为结算依据

进度款只是为了保证工程顺利实施而支付的工程款项，它只是与工程进度大致匹配，但不一致，进度款有可能会超前，也有可能会拖后，有可能不足，也有可能超付，所以工程进度款一般不能作为最终的结算依据。

◆ 相关案例 ◆

《西安某农产品全球采购有限公司与江苏省某建工集团有限公司建设工程施工合同纠纷二审民事判决书》（陕西省西安市中级人民法院〔2017〕陕 01 民终 3356 号）

判决书摘录：一审判决：关于江苏省某建工公司已施工工程的造价问题，江苏省某建工公司认为应以呈批报告、工程款支付证书等所载工程进度款累加结果作为认定施工工程总造价的意见，根据西安某农产品全球采购公司、江苏省某建工公司签订的补充协议书第一条约定，工程造价结算时应按实际施工图纸工程量进行重新计算，故江苏省某建工公司的该项意见缺乏事实及法律依据，依法不予采信。

二审判决：因该款项系进度款，并不是结算款，且双方签订的补充协议中亦约定结算时按实际施工图纸工程量进行重新计算，故江苏省某建工公司以该工程量总价作为确定实际施工工程量的依据的上诉主张，依据不足，不能成立。

问题 45：企业管理费、利润、规费、税费是否应当支付给实际施工人？

◆ 法律规定 ◆

一、《中华人民共和国合同法》

第五十八条　合同无效或者被撤销后，因该合同取得的财产，应当予以返还；不能返还或者没有必要返还的，应当折价补偿。有过错的一方应当赔偿对方因此所受到的损失，双方都有过错的，应当各自承担相应的责任。

二、《中华人民共和国民法典》

第一百五十七条　民事法律行为无效、被撤销或者确定不发生效力后，行为人因该行为取得的财产，应当予以返还；不能返还或者没有必要返还的，应当折价补偿。有过错的一方应当赔偿对方由此所受到的损失；各方都有过错的，应当各自承担相应的责任。法律另有规定的，依照其规定。

三、《最高人民法院关于审理建设工程施工合同纠纷案件适用法律问题的解释（二）》

第十一条　当事人就同一建设工程订立的数份建设工程施工合同均无效，但建设工程质量合格，一方当事人请求参照实际履行的合同结算建设工程价款的，人民法院应予支持。

四、《住房和城乡建设部、财政部关于印发〈建筑安装工程费用项目组成〉的通知》（建标〔2013〕44 号）

《费用组成》调整的主要内容：

（一）建筑安装工程费用项目按费用构成要素组成，划分为人工费、材料费、施工机具使用费、企业管理费、利润、规费和税金。

（二）为指导工程造价专业人员计算建筑安装工程造价，将建筑安装工程费用按工程造价形成顺序划分为分部分项工程费、措施项目费、其他项目费、规费和税金。

五、《最高人民法院关于审理建设工程施工合同纠纷案件适用法律问题的解释（一）》

第二十四条　当事人就同一建设工程订立的数份建设工程施工合同均无效，但建设工程质量合格，一方当事人请求参照实际履行的合同关于工程价款的约定折价补偿承包人的，人民法院应予支持。

实际履行的合同难以确定，当事人请求参照最后签订的合同关于工程价款的约定折价补偿承包人的，人民法院应予支持。

◆ **实务提醒** ◆

一、建筑安装工程费用项目按费用构成

根据《建筑安装工程费用项目组成》（建标〔2013〕44 号），建筑安装工程费用项目按费用构成要素组成划分为人工费、材料费、施工机具使用费、企业管理费、利润、规费和税金，按工程造价形成划分为分部分项工程费、措施项目费、其他项目费、规费和税金。

《中华人民共和国民法典》第一百五十七条规定："民事法律行为无效、被撤销或者确定不发生效力后，行为人因该行为取得的财产，应当予以返还；不能返还或者没有必要返还的，应当折价补偿"。第七百九十三条规定："建设工程施工合同无效，但是建设工程经验收合格的，可以参照合同关于工程价款的约定折价补偿承包人。"但是补偿的范围没有确定，是仅仅补偿直接费，还是全部补偿，实践中争议很大。

二、关于企业管理费、利润是否应当支付给实际施工人的问题

第一种观点认为，应予支持。理由是虽然合同无效，但是实际施工人已经施工完成了工程，该费用是组织施工过程中均会产生的费用，也是工程造价的必要组成部分，仅因资质问题剥夺实际施工人必要的费用支出，不符合公平原则。

第二种观点认为，不应支持。理由是实际施工人大多数为自然人，不是企业，不会产生企业管理费支出，所以不应获得企业管理费这一额外收入。

从下面的相关案例一中可以看出，对这一问题法院存在严重的分歧。一审和二审法院仅仅支持了直接费，对其他费用均未支持，山东省人民检察院和山东省高级人民法院均认为包含间接费、利润、规费等在内的工程造价都应当支持，最高人民法院认为一审和二审只判定支付直接费是正确的。

三、关于规费、税收是否应当支付给实际施工人的问题

大部分判例认为，规费、税收应当从工程款中扣除。理由是建设工程的税金与规费系国家或行政管理部门向企业法人或者其他组织收取的法定税费，作为没有施工资质的实际施工人，并不是上述费用的征缴对象。

也有观点认为，规费和税收包含在工程造价之内，不应予以扣除。

◆ **相关案例** ◆

相关案例一：《齐河某钢结构有限公司与济南某物资有限责任公司建设工程施工合同

纠纷案》（〔2011〕民提字第104号）

该案是最高人民法院公报案例，从起诉到一审、二审，再到检察机关抗诉、省高院再审，最后最高法院再审，历时5年6个月，其中对合同无效、如何折价补偿，即间接费、利润和税金等是否应当计入工程造价中，支付给实际施工人这一问题争议很大。

1. 一审、二审判决"应按鉴定机构依据定额结算方式计算的工程总造价无异议部分中直接费总额给付齐河某钢结构公司工程款"，即间接费、利润、税金均没有支持，只判决支付直接费。

2. 山东省人民检察院抗诉认为："合同被确认无效后，已经履行的内容不能适用返还的方式使合同恢复到签约前的状态，而只能按照折价补偿的方式处理。而所谓的'价'，从工程施工管理的角度来讲，应当包括直接费、间接费、税金及利润等各种实际发生的价款，而非仅仅指原材料费、人工费等直接费。"

"如果合同无效后承包人只能主张合同约定价款中的直接费和间接费，则承包人融入建筑工程产品当中的利润及税金就将被发包人获得。发包人依据无效合同取得了利润，这也与无效合同的处理原则不符，对施工方不公平，违背了等价有偿的原则。"

3. 山东省高级人民法院再审认为："仅支持了齐河某钢结构公司无异议部分的直接费用12097423.01元，而对间接费、税金、利润等均未予以支持不当。检察机关关于本案应当保护环盾公司整体工程造价（包括直接费、间接费、利润及税金）的抗诉意见成立，予以支持。"

4. 最高人民法院判决维持济南市中级人民法院〔2008〕济民五终字第44号民事判决和济南市历城区人民法院〔2006〕历城民商初字第825号民事判决。

相关案例二：《江苏某工贸有限公司与傅某、胡某建设工程施工合同纠纷二审民事判决书》（江苏省宿迁市中级人民法院〔2018〕苏13民终3049号）

1. 关于管理费的问题

虽然在工程造价鉴定意见书中表述的是"企业管理费"，但该部分费用是组织施工过程中均会产生的费用，也是工程造价的必要组成部分。因傅某对涉案工程已进行施工，故依据定额计算出的"企业管理费"，不应从工程造价中扣除。

2. 关于利润的问题

虽然双方之间的施工合同属于无效合同，但该施工合同由双方当事人自愿达成，江苏某工贸公司对傅某有无施工资质亦应当是明知，故江苏某工贸公司对本案的合同无效也应当承担相应的责任。鉴于傅某施工的工程项目已被江苏某工贸公司接收并投入使用，故依据定额计算出的"利润"，亦不应从工程造价中扣除。

相关案例三：《焦某、大兴安岭某建筑工程有限公司建设工程分包合同纠纷一案二审民事判决书》（最高人民法院〔2016〕最高法民申2092号）

判决书摘录：原审判决大兴安岭某建筑工程公司支付焦某企业管理费、安全文明施工费、利润等102万余元并无不当。《鉴定意见》确认企业管理费36.292206万元、安全文明施工费254.42324万元、利润41.246145万元属于工程款的一部分，且本案工程依法应视为竣工验收合格，发包人某林业局也已经将工程款支付给总承包人大兴安岭某建筑工程公司。在这种情况下，原审判决大兴安岭某建筑工程公司支付焦某相应部分工程价款并无不当。

相关案例四：《南通某集团有限公司、曹某建设工程施工合同纠纷二审民事判决书》（黑龙江省高级人民法院〔2018〕黑民终 131 号）

判决书摘录： 关于企业管理费是否应予以扣除的问题。实际施工人因组织施工的需要，必然会产生管理费用，本案中，曹某作为实际施工人，虽然没有建设工程施工资质，但工程经竣工验收合格，其组织施工过程中进行了必要的管理，会产生相应的管理费用，仅因资质问题剥夺实际施工人必要的费用支出，不符合公平原则。因此，一审法院将企业管理费作为工程造价的组成部分判决支付给实际施工人曹某并无不当。

建设工程的税金与规费系国家或行政管理部门向企业法人或者其他组织收取的法定税、费，曹某作为没有施工资质的自然人，并不是上述费用的征缴对象，曹某也无法缴纳上述费用，一审法院将含有规费和税金的工程款判决支付给曹某，由曹某获取税金与规费部分的价款缺乏事实和法律依据，亦不符合权利义务对等原则，本院予以纠正，该税金、规费从应支付曹某的工程款中予以扣除。

问题 46：合同无效质量合格，参照合同支付工程款，是否应当支付利息？

◆ 有关规定 ◆

一、《中华人民共和国合同法》

第五十八条　合同无效或者被撤销后，因该合同取得的财产，应当予以返还；不能返还或者没有必要返还的，应当折价补偿。有过错的一方应当赔偿对方因此所受到的损失，双方都有过错的，应当各自承担相应的责任。

二、《最高人民法院关于审理建设工程施工合同纠纷案件适用法律问题的解释》

第十七条　当事人对欠付工程价款利息计付标准有约定的，按照约定处理；没有约定的，按照中国人民银行发布的同期同类贷款利率计息。

三、《中华人民共和国民法典》

第一百五十七条　民事法律行为无效、被撤销或者确定不发生效力后，行为人因该行为取得的财产，应当予以返还；不能返还或者没有必要返还的，应当折价补偿。有过错的一方应当赔偿对方由此所受到的损失；各方都有过错的，应当各自承担相应的责任。法律另有规定的，依照其规定。

四、《最高人民法院关于审理建设工程施工合同纠纷案件适用法律问题的解释（一）》

第二十五条　当事人对垫资和垫资利息有约定，承包人请求按照约定返还垫资及其利息的，人民法院应予支持，但是约定的利息计算标准高于垫资时的同类贷款利率或者同期贷款市场报价利率的部分除外。

当事人对垫资没有约定的，按照工程欠款处理。

当事人对垫资利息没有约定，承包人请求支付利息的，人民法院不予支持。

第二十六条　当事人对欠付工程价款利息计付标准有约定的，按照约定处理。没有约定的，按照同期同类贷款利率或者同期贷款市场报价利率计息。

◆ **实务提醒** ◆

一、关于利息的性质，存在几种不同的观点。

第一种观点：违约责任说。该种观点认为，利息属于违约责任，在施工合同无效、建设工程质量合格的情形下，"参照合同约定支付工程价款"实际上是《中华人民共和国民法典》第一百五十七条（《中华人民共和国合同法》第五十八条）规定的折价补偿款，不应当支付利息。

第二种观点：法定孳息说。该种观点认为，即便合同无效，只要质量合格，利息也应当支付。最高人民法院民事审判第一庭编制的《最高人民法院关于审理建设工程施工合同纠纷案件适用法律问题的解释（二）理解与适用》一书认为：承包人向发包人请求支付的拖欠工程价款的利息在性质上属于法定孳息，与工程价款具有附随性，与合同效力无关，与是否支付工程款相关。根据《最高人民法院关于审理建设工程施工合同纠纷案件适用法律问题的解释》第十七条的规定，只要发包人应当支付工程款，就应当支付利息。利息计算标准有约定的，遵从约定；没约定的，按照中国人民银行发布的同期同类贷款利率计息。

第三种观点：利息标准无效，参照银行说。该种观点认为，虽然约定了利息计算标准，但因施工合同无效，该计息标准条款随着合同的无效而归于无效，故应依法按照中国人民银行发布的同期贷款基准利率作为利息计算标准（见相关案例一）。

二、关于利息是否应当支持，也有几种不同观点。

第一种观点：利息应予支持。具体见上述"利息法定孳息说"和"利息标准无效参照银行说"。

第二种观点：利息不予支持。见上述"违约责任说"，该观点认为利息本质来说是违约责任，合同无效违约条款也无效，利息约定也无效，利息不予支持。

第三种观点：利息不予支持，但是可以计算损失，损失按照银行同期贷款利息计算（见相关案例二）。

◆ **相关案例** ◆

相关案例一：《成都市青羊区某建筑工程总公司、银川某工业园区管理委员会建设工

程施工合同纠纷二审民事判决书》(最高人民法院〔2019〕最高法民终 44 号)

判决书摘录：关于青羊区某建筑工程公司主张的利息和违约金应否得到支持的问题。如前所述，案涉施工合同系无效合同，根据《中华人民共和国合同法》第五十六条规定，无效合同自始没有法律约束力。在此情况下，案涉合同约定的付款周期条款及违约金条款均应无效，故青羊区某建筑工程公司要求某管委会支付违约金的主张于法无据，不应予以支持。根据《最高人民法院关于审理建设工程施工合同纠纷案件适用法律问题的解释》第二条的规定，对青羊区某建筑工程公司请求支付工程价款的主张应予支持，而利息属于法定孳息，故青羊区某建筑工程公司有权要求某管委会承担欠付工程款的利息。但同时，青羊区某建筑工程公司主张利息所依据的付款周期和利息标准条款无效，故应当依法确定利息计算标准、计息时间和计息基数。

关于利息计算标准，《最高人民法院关于审理建设工程施工合同纠纷案件适用法律问题的解释》第十七条规定："当事人对欠付工程价款利息计付标准有约定的，按照约定处理；没有约定的，按照中国人民银行发布的同期同类贷款利率计息。"本案当事人虽然约定了利息计算标准，但因案涉施工合同无效，该计息标准条款亦无效，故应依法按照中国人民银行发布的同期贷款基准利率作为利息计算标准。

相关案例二：《周某与冯某、蒋某建设工程合同纠纷二审民事判决书》(湖南省永州市中级人民法院〔2015〕永中法民二终字第 40 号)

判决书摘录：因原、被告签订的《建筑工程承包合同》为无效合同，合同中有关利息计算的条款不发生法律效力，故原告要求被告按《建筑工程承包合同》的约定支付利息的诉讼请求，不予支持。无效合同中有过错的一方应当赔偿对方因此所受到的损失，双方都有过错的，应当各自承担相应的责任。被告在未取得土地使用权证的情形下将工程发包给原告，同时也未认真严谨审查原告蒋某、冯某的施工资质，其自身具有一定的过错，对损害结果的发生应承担相应缔约过失责任。故酌定被告赔偿原告按中国人民银行发布的同期同类贷款利率为标准以履约保证金 200000 元为基数进行计算的利息，计算日期从 2014 年 1 月 29 日起至 200000 元偿付完毕之日止。

问题 47：关于窝工、停工损失如何计算？

◆ **有关规定** ◆

一、《中华人民共和国合同法》

第二百七十八条　隐蔽工程在隐蔽以前，承包人应当通知发包人检查。发包人没有及时检查的，承包人可以顺延工程日期，并有权要求赔偿停工、窝工等损失。

第二百八十三条　发包人未按照约定的时间和要求提供原材料、设备、场地、资金、技术资料的，承包人可以顺延工程日期，并有权要求赔偿停工、窝工等损失。

二、《第八次全国法院民事商事审判工作会议（民事部分）纪要》

1. 因发包人未按照约定提供原材料、设备、场地、资金、技术资料的，隐蔽工程在隐蔽之前，承包人已通知发包人检查，发包人未及时检查等原因致使工程中途停、缓建，发包人应当赔偿因此给承包人造成的停（窝）工损失，包括停（窝）工人员人工费、机械设备窝工费和因窝工造成设备租赁费用等停（窝）工损失。

2. 发包人不履行告知变更后的施工方案、施工技术交底、完善施工条件等协作义务，致使承包人停（窝）工，以至难以完成工程项目建设的，承包人催告在合理期限内履行，发包人逾期仍不履行的，人民法院视违约情节，可以依据《中华人民共和国合同法》第二百五十九条、第二百八十三条规定裁判顺延工期，并有权要求赔偿停（窝）工损失。

三、《中华人民共和国民法典》

第七百九十八条　隐蔽工程在隐蔽以前，承包人应当通知发包人检查。发包人没有及时检查的，承包人可以顺延工程日期，并有权请求赔偿停工、窝工等损失。

第八百零三条　发包人未按照约定的时间和要求提供原材料、设备、场地、资金、技术资料的，承包人可以顺延工程日期，并有权请求赔偿停工、窝工等损失。

第八百零四条　因发包人的原因致使工程中途停建、缓建的，发包人应当采取措施弥补或者减少损失，赔偿承包人因此造成的停工、窝工、倒运、机械设备调迁、材料和构件积压等损失和实际费用。

第八百零五条　因发包人变更计划，提供的资料不准确，或者未按照期限提供必需的勘察、设计工作条件而造成勘察、设计的返工、停工或者修改设计，发包人应当按照勘察人、设计人实际消耗的工作量增付费用。

◆ 实务提醒 ◆

停工、窝工损失是指在建筑工程施工过程中，由于各种原因导致工程暂停施工或者施工进度受阻，从而造成施工企业、工人以及相关方产生的经济损失。

一、发生停工、窝工的原因是复杂的，有发包方单方面的原因，也有承包方单方面的原因，但是更多的时候是双方共同的原因，区分原因和划分责任是比较困难的。

二、无论发包方还是承包方，都要在施工过程中做好签证，及时固定停工、窝工的原因和事实，及时做好索赔。

三、在双方均存在过错的情况下，应当结合各方面原因，综合考虑，尽量做到公平、公正、合理的裁决。

四、避免扩大的损失。发生停工窝工对各方都有损失，各方均应本着诚实信用、协力合作的原则，以客观的态度查找原因，以积极的态度采取善后措施，而不是不同程度地向别人推卸责任，回避自己应承担的责任。

五、停工、窝工损失主要包括以下方面：

1. 人工费损失：工人基本工资、奖金及津贴、社会保险费用、其他福利支出等；

2. 设备费损失：租赁设备的租金、自有设备的折旧和维护费用、设备操作人员的工资等；

3. 材料费损失：材料的仓储费用、材料过期或损坏的损失、材料运输及二次搬运费用等；

4. 管理费损失：现场管理人员的工资、办公费用、交通通信费用等；

5. 财务费用损失：利息支出、汇率变动损失（如有）等；

6. 预期利润损失：基于合同约定的预期收益、市场行情变化导致的利润减少等；

7. 其他相关损失：工程保险费用增加、索赔及诉讼费用、延期交付的违约金等。

六、停工、窝工损失的计算方法

1. 实际费用法：根据实际发生的直接费用进行计算，包括人工、材料、设备等的实际支出。

2. 总费用扣除法：计算整个项目的总费用，然后减去未受影响的正常施工部分的费用。

3. 比例分析法：根据已完成的工作量与总工作量的比例，估算停工、窝工期间的损失。

七、停工、窝工损失具体计算清单

1. 人工费用的损失

1.1 停工期间工人工资

计算公式：人工费损失＝工人日（或小时）工资×停工、窝工天数。

证据材料：人名名单、工人的劳动合同、工资发放单。

1.2 工人遣散费

计算方法：一般半个月工资或单程交通费＋住宿费＋饭费＋部分补偿。

证据材料：工人签字的遣散费发放单。

【注意：如果停工时间较长，承包人应避免损失的扩大，可以遣散部分劳务工人，必要的遣散费属于停工损失。】

1.3 留守人员人工费

计算公式：人工费损失＝工人日（或小时）工资×停工、窝工天数。

证据材料：人名名单、工人的劳动合同、工资发放单。

2. 材料费用损失

2.1 施工现场材料费用损失

2.1.1 已加工完成待安装材料的费用

2.1.2 已采购但无法退货止损的材料费用

2.1.3 停工期间材料价格上涨导致的成本增加

证据材料：施工合同、材料采购合同及相关凭证。

计算公式：

材料价格上涨损失＝（停工期间材料价格－停工前材料价格）×材料数量

已加工材料损失＝材料成本＋加工费用

无法退货材料损失＝材料采购成本

【注意：计算时，可依据材料价格变动幅度与材料数量来核算材差，或者根据合同约定在成本基础上加入人工费、税金等进行核价。】

2.2 实体材料费损失

2.2.1 保管费

2.2.2 财务费

2.2.3 库损

2.3 周转材料费损失

2.3.1 租赁材料租赁费（例如：钢管、扣件、大模板、铝模）

证据资料：租赁合同、进场报验记录。

2.3.2 自购材料折旧费

证据资料：采购合同、进场报验记录、摊销次数核算记录。

2.3.3 保管费

2.3.4 财务费用

2.3.5 损耗停工损失

3. 机械设备费用损失

3.1 停工期间租赁的脚手架、塔吊等设备的租赁费用

3.2 周转材料如钢管、扣件的延期使用费

3.3 机具安全防护费用及大型机械进退场的费用

【注意：若涉及提前解约退场，还需考虑解除合同的索赔。】

证据材料：租赁合同及支付凭证，或通过定额规定和设备折旧来确定损失额。

计算公式：

租赁设备费用损失＝租赁费用×停工天数

周转材料损失＝延期使用费×停工天数

设备进退场损失＝进退场费用＋（设备原值－设备残值）/设备使用年限×停工天数

3.4 折旧费用

停工、窝工期间机器设备的折旧费用

计算依据：设备购置合同、租赁合同等。

计算公式：设备折旧损失＝（设备原值－设备残值）/设备使用年限×停工、窝工天数

4. 管理费用损失

4.1 管理人员工资

证据资料：劳动合同、工资发放单

4.2 办公费、水电费

4.2.1　施工区水电费

4.2.2　办公生活区水电费

4.3　企业管理费

4.4　财务成本费用

4.4.1　已施工但未支付工程款部分的财务成本

4.4.2　农民工保证金延长的财务费用

4.5　安保费

4.6　安全、环保措施费

4.7　质量保护措施费

5. 规费损失

5.1　社会保险费：包括基本养老保险、失业保险费、基本医疗保险费、工伤保险费、生育保险费等。

5.2　住房公积金：企业按规定标准为职工缴纳的住房公积金。

5.3　工程排污费：用于污染治理、环境监测和环境保护的费用。

5.4　噪声排放费

计算方法为：规费＝人工费×费率

【注意：停工期间，政府仍然持续收取的规费，如噪声排放费，也会给施工单位带来损失。】

6. 税金损失

6.1　因停工造成无法进行正常生产活动而导致的税收损失，具体包括企业所得税、增值税等。

6.2　停工期间因税率发生变化而造成的损失。

【注意：了解税金损失的计算方法、影响以及可能的减免政策，有助于施工单位在面临停工情况时，采取适当的措施来减少损失。】

7. 保险、保函费用损失

因停工、窝工可能会造成工期延长，从而导致承包人所缴纳保险费用、保函费用的增加。

8. 给第三方造成的违约损失

由于窝工可能导致的生产延误，进而引发的合同违约、交货延迟等潜在损失。

计算依据：实际订单损失、合同条款等。

计算公式：根据发包人违约给第三人违约及损失的因果关系、原因力大小确定。

9. 其他间接损失

停工、窝工可能引发的连锁反应还包括生产进度延迟、后续生产计划受影响以及企业声誉受损等。

计算依据：项目进度计划、企业声誉评估报告等。

计算公式：

后续影响成本＝迟延交付罚款＋生产调整费用

企业间接损失＝预计声誉损失＋长期影响评估

◆ 相关案例 ◆

相关案例一：《河南省偃师市某建安工程有限公司与洛阳某学院、河南省某建筑工程公司索赔及工程欠款纠纷案》（〔2011〕民提字第 292 号）

二审判决摘录：关于损失计算的依据问题。因洛阳某学院成教楼出现裂缝后需要查清裂缝的原因，停工后一直在寻找和分析裂缝的原因，在裂缝原因没有查明的情况下，洛阳某学院、河南省某建筑工程公司一直未给某建安工程公司明确的态度，虽然河南省某建筑工程公司于 1999 年 4 月 20 日、4 月 25 日两次向施工单位发出停工撤场通知，当时并未明确该工程不让某建安工程公司继续施工，撤场通知也未明确是人员撤场，还是人员和设备一并撤场。在此情况下，某建安工程公司于停止施工后留下人员看场并将机械设备、周转材料继续留存于工地，以备将来复工之用合情、合理。并且，导致停工的原因并不能完全归责于某建安工程公司，对因停工所产生的人员窝工损失、机械设备停滞损失、建筑材料周转损失等也不能只让某建安工程公司承受，根据造成停工和某建安工程公司机械设备、周转材料不能及时撤场的原因，某建安工程公司、河南省某建筑工程公司、洛阳某学院对因停工所造成的损失应承担与自身原因相适应的责任。鉴于成教楼裂缝的主要原因是由于洛阳某学院提供的岩土工程勘察报告有误，导致地基不均匀沉降所致。裂缝出现后，洛阳某学院既不正视自身的原因，也没有对是否复工、是否还让某建安工程公司继续施工做出明确的指令，导致某建安工程公司是去是留难以及时决断，因此对因停工给某建安工程公司造成的机械设备停滞、周转材料、人员窝工等损失，洛阳某学院应承担主要责任。具体承担责任的比例确定为 50%。河南省某建筑工程公司沟通协调不力，对导致某建安工程公司长期停工而又没让其及时撤场有因果关系，对停窝工损失也应承担相应的责任，其承担责任的比例确定为 20%，其余损失由某建安工程公司自负。但计算停窝工损失的期限一审认定为 691 天过长，根据河南省建设厅豫建标定〔1999〕21 号《关于记取暂停工程有关损失费用规定的通知》，暂停施工的期限一般为 3 个月。超过 3 个月的，双方应协商工程缓建停建。本案洛阳某学院成教楼出现裂缝导致工程施工不能继续进行的事由时，三方当事人均没有本着诚实信用、协力合作的合同法原则，以客观的态度查找原因，以积极的态度采取善后措施，而是不同程度地向别人推卸责任，回避自己应承担的责任。但由此导致停工持续一段时间后，某建安工程公司自身应当意识到在短期内已经不能复工，自己应立即采取措施避免损失的扩大，其无权就扩大的损失要求赔偿。

再审判决摘录：本案当事人某建安工程公司、洛阳某学院和河南省某建筑工程公司在停工的事由发生后，不是积极协商解决，而是相互指责推诿，导致停工损失进一步扩大。特别是作为实际施工方的某建安工程公司，在停工持续一段时间后，应采取必要的措施防止损失扩大而没有采取，对某建安工程公司停工的损失，二审法院参照河南省建设厅豫建标定〔1999〕21号《关于记取暂停工程有关损失费用规定的通知》的有关规定，酌定6个月，并不违反法律规定，亦是正确的。

相关案例二：《辽宁某农产品物流园有限公司、中国建筑某工程局有限公司建设工程施工合同纠纷案》（最高人民法院案号〔2019〕最高法民终164号）

判决摘录：关于损失赔偿金额的确定问题。（1）关于机械停置费和周转费、安全网停置索赔费用。案涉工程系九州华伟公司未按约定支付工程款导致停工，停工后辽宁某农产品物流有限公司未告知中建某局工程款支付时间及合同是否继续履行等情况，一审判决认定应给予中建某局合理的机械设备撤场时间并酌定以3个月为宜，具有合理性。辽宁某农产品物流有限公司逾期支付工程进度款导致工程停工情形下，由其承担该项费用赔偿责任有合同依据，辽宁某农产品物流有限公司主张中建某局没有撤离属于扩大损失，无事实与法律依据，本院不予支持。

（2）关于临时设施费补偿。因辽宁某农产品物流有限公司违约导致案涉《建设工程施工合同》解除，中建某局为案涉工程搭建的临时设施不能继续使用，拆除临时设施必然产生部分费用。并且经鉴定机构鉴定已经得出确定金额，辽宁某农产品物流有限公司应予补偿。辽宁某农产品物流有限公司主张该项费用属于措施费，包含在已付工程款中，无合同及事实依据，本院不予支持。

（3）关于工人窝工费及进出场费。根据中建某局提供的经过大连市某工程建设监理有限公司确认的施工组织设计、停工索赔、施工现场劳务工人考勤表及工资、保险合同，可以认定停工时现场施工人数众多，中建某局需要支付合理的窝工费和进出场费。并且一审判决采纳鉴定机构对于该项费用计算14天的鉴定意见，未超出合理的可预见的范围，并无不当。

（4）关于现场管理费和看场保安费用。中建某局提供的劳动合同书、考勤表、工资明细、汇款凭证、社会保险缴费证明可以证明项目停工后中建某局仍派有人员进行现场管理，该管理行为亦是为了维护辽宁某农产品物流有限公司所属工程的利益。故辽宁某农产品物流有限公司逾期支付工程进度款导致工程停工情形下，由其承担该项费用赔偿责任有合同依据。一审判决确认的现场管理费给付时间为截至案涉合同及补充协议解除之日，亦不缺乏事实依据，应予维持。同时根据中建某局提供的相关证据可以证明保安费用一直发生至2017年7月。虽然案涉合同及补充协议已经解除，但中建某局一直看护施工现场，该项费用属于合理的实际损失，由辽宁某农产品物流有限公司承担，并无不当。

（5）关于剩余工作利润。根据《中华人民共和国合同法》第一百一十三条的规定，违约方向守约方赔偿损失的范围包括合同履行后可以获得的利益，但不得超过违反合同一方订立合同时预见到或者应当预见到的因违反合同可能造成的损失。由于辽宁某农产品物流有限公司未按期支付工程款构成违约，导致合同无法履行，应当赔偿给中建某局造成的损失，该损失赔偿额中应当包括合同履行后可以获得的利益。一审法院依据鉴定意见予以判定，有事实及法律依据。辽宁某农产品物流有限公司未能举证证明存在其他导致合同解除的事由，从而减少或者不计算可得利益。故对其该项上诉主张，本院不予支持。

（6）关于税金。建设工程价款中应当包括税金，即使中建某局暂未缴纳税金，税金也是确定发生的。并且从《合同文件补充协议二》中关于停工补偿款的约定来看，辽宁某农产品物流有限公司认可其支付的工程款中应当包含税金。至于一审法院按照鉴定机构意见参照建筑安装工程税率3.477%计算税金，因辽宁某农产品物流有限公司亦未举证提出案涉工程应当适用的税金标准，一审判决予以参照，亦无不当。

问题 48：工程未经验收擅自使用，保修责任是否免除？

◆ 有关规定 ◆

一、《中华人民共和国建筑法》

第六十一条　交付竣工验收的建筑工程，必须符合规定的建筑工程质量标准，有完整的工程技术经济资料和经签署的工程保修书，并具备国家规定的其他竣工条件。建筑工程竣工经验收合格后，方可交付使用；未经验收或者验收不合格的，不得交付使用。

二、《最高人民法院关于审理建设工程施工合同纠纷案件适用法律问题的解释（一）》

第十四条　建设工程未经竣工验收，发包人擅自使用后，又以使用部分质量不符合约定为由主张权利的，人民法院不予支持；但是承包人应当在建设工程的合理使用寿命内对地基基础工程和主体结构质量承担民事责任。

三、《建设工程质量管理条例》

第十六条　建设单位收到建设工程竣工报告后，应当组织设计、施工、工程监理等有关单位进行竣工验收。

◆ 实务提醒 ◆

一、"擅自使用"与"部分责任"

发包人擅自使用只是部分免除承包人的质量责任，承包人应当在建设工程的合理使用寿命内对地基基础工程和主体结构工程质量承担民事责任。

二、"验收合格"与"质量抗辩"的关系

擅自使用不能就意味着工程实际上验收合格，不能推定认为工程符合验收标准，只是丧失质量抗辩权。

三、"擅自使用"与"质量保修"

1. 一种观点认为，擅自使用的法律后果是不能免除质量保修责任。

未经验收，发包人擅自使用，视为工程质量合格。如果是使用期间出现的质量问题，属于保修范围（见相关案例一、相关案例二中一审法院观点）。该观点认为民法是调整平等民事主体间权利义务关系的法律。承包人的主合同义务是交付合格的建设工程，发包人的主合同义务是支付工程价款，这两项主合同义务之间具有对价关系。既然让发包人承担支付工程款的义务，承包人就应相应承担保修期内的保修义务。而且发包人擅自使用未经竣工验收的建设工程，不仅工程质量责任风险提前转移、提前支付工程款，还要承担一定的行政处罚，已对发包人课以较为严格的责任，若再剥夺发包人请求承包人承担保修责任的权利，明显是不合理的。因此，"擅自使用未经验收的工程并不排除保修期内的保修责任"❶

2. 另一种观点认为，擅自使用的法律后果是免除质量保修责任。

该观点认为，建设工程合同作为一种特殊的加工承揽合同，承揽人（承包人）应交付工作成果，定作人（发包人）应受领工作成果，建设工程合同的受领义务不仅要求定作人（发包人）有形接收，还要求其认可承揽人（承包人）交付的工程质量合乎约定。"验收是定作人的权利；在满足验收条件的前提下，定作人有验收义务。验收义务的核心内容在于定作人认可工作成果符合合同。"应严格落实《中华人民共和国民法典》《中华人民共和国建筑法》《建设工程质量管理条例》对建筑工程必须经验收合格后方可交付使用的强制性规定（见相关案例二中二审法院即持该观点）。

四、视为"擅自使用"的情形

未完工程另行发包给他人施工，可以认为"擅自使用"（见相关案例三）

五、"擅自使用"的例外情形

1. 如果仅仅偶尔或短时间内进入建筑物，不应构成"擅自使用"。

2. 如果发包人在擅自使用建设工程之前，就发现建设工程存在质量问题，发包人要求承包人修复，承包人未予修复，发包人另行联系第三方修复后才使用该建设工程的，也不适用《最高人民法院关于审理建设工程施工合同纠纷案件适用法律问题的解释一》第十四条的规定。

◆ 相关案例 ◆

相关案例一：《江苏省某建设集团股份有限公司与某房地产开发集团哈尔滨有限公司建设工程施工合同纠纷一案一审民事判决书》（黑龙江省高级人民法院〔2016〕黑民初28号）

判决摘录：关于工程质量问题。案涉工程业已交付被告使用，一般工程质量问题依法应由被告自行承担。如果是使用期间出现的质量问题，属于保修范围，应按照两份《施工合同》的约定，其保修责任双方应另行解决。

相关案例二：《张某利诉鲁山县春秋皮具有限公司、张某秋等建设工程施工合同纠纷

---

❶ 董永强、叶锋. 擅用未验收工程并不排除保修责任［J］. 人民司法，2015（6）.

案》（河南省鲁山县人民法院一审〔2021〕豫 0423 民初 2192 号、河南省平顶山市中级人民法院二审〔2022〕豫 04 民终 1534 号）

判决摘录： 建设工程竣工验收合格后，方可交付使用是法律的强制性规定。《中华人民共和国民法典》第七百九十九条第二款、《中华人民共和国建筑法》第六十一条第二款、《建设工程质量管理条例》第十六条第三款对此均有规定。建设工程质量关乎人民生命和财产安全。对建设工程的竣工验收是为检查工程质量而进行的一项工作程序，是交付使用的房屋必须经过的环节和条件。《最高人民法院关于审理建设工程施工合同纠纷案件适用法律问题的解释（一）》第十四条规定："建设工程未经竣工验收，发包人擅自使用后，又以使用部分质量不符合约定为由主张权利的，人民法院不予支持；但是承包人应当在建设工程的合理使用寿命内对地基基础工程和主体结构质量承担民事责任。"本案中，案涉工程完工后，未经竣工验收，春秋皮具公司即擅自投入使用，违反法律的强制性规定，可视为春秋皮具公司对建筑工程质量认可，或者虽然工程质量不合格其自愿承担该后果，且随着春秋皮具公司擅自使用案涉工程，工程质量责任也由承包人张某利转移至发包人春秋皮具公司。虽然通过鉴定意见可以看出，案涉工程的大部分质量问题是由于张某利施工质量缺陷及施工工艺控制不当导致，但这些质量问题并非地基基础工程和主体结构的质量问题。故根据上述司法解释的规定，在案涉工程未经竣工验收，春秋皮具公司擅自使用的情况下，其不再享有验收合格工程中发包人享有的权利，其无权主张承包人张某利就上述质量问题承担保修责任，即使春秋皮具公司能够举证证明工程确实出现了质量问题，也应由春秋皮具公司自行承担。综上所述，二审法院改判张某利对案涉工程的质量问题不承担维修费用。

相关案例三：《重庆黔江某旅游集团房地产开发有限公司与临海市某建筑工程有限公司建设工程施工合同纠纷二审民事判决书》（重庆市高级人民法院〔2016〕渝民终 191 号）

判决摘录： 针对黔江某旅游房地产公司的工程质量鉴定申请，一审法院认为，首先，临海市某建筑公司举示的 16 份《地基与基础分部（子分部）工程质量验收记录》、16 份《桩基础分部（子分部）工程质量验收记录》及 16 份《主体分部（子分部）工程质量验收记录》等证据，能够证明其施工的涉案工程基础与主体结构经验收质量合格；其次，虽然尚未完成的内墙抹灰、外墙保温、门窗安装、水电安装等工程项目未经验收，但黔江某旅游房地产公司在其与临海市某建筑公司的施工合同解除前，已将该未完成的工程项目另行发包给其他建筑公司施工，因此，即使该未完成部分未经验收，也应视为黔江某旅游房地产公司认可其质量合格；再次，由于黔江某旅游房地产公司已将未完成的部分另行发包给其他建筑公司施工，造成该工程项目中临海市某建筑公司已完成部分的质量验收、鉴定存在一定障碍；最后，黔江某旅游房地产公司未举示相反证据证明临海市某建筑公司完成的工程存在质量问题。因此，对黔江某旅游房地产公司的质量鉴定申请，不予采纳。

问题 49：层层转包或违法分包情形下，总承包人、层层转包或违法分包人对实际施工人的工程款及材料供应商材料款的责任如何承担？

◆ 有关规定 ◆

一、《最高人民法院关于适用〈中华人民共和国民事诉讼法〉的解释》

第五十四条　以挂靠形式从事民事活动，当事人请求由挂靠人和被挂靠人依法承担民事责任的，该挂靠人和被挂靠人为共同诉讼人。

二、《最高人民法院关于审理建设工程施工合同纠纷案件适用法律问题的解释》

第二十六条　实际施工人以转包人、违法分包人为被告起诉的，人民法院应当依法受理。

实际施工人以发包人为被告主张权利的，人民法院可以追加转包人或者违法分包人为本案当事人。发包人只在欠付工程价款范围内对实际施工人承担责任。

三、《最高人民法院关于审理建设工程施工合同纠纷案件适用法律问题的解释（二）》

第二十四条　实际施工人以发包人为被告主张权利的，人民法院应当追加转包人或者违法分包人为本案第三人，在查明发包人欠付转包人或者违法分包人建设工程价款的数额后，判决发包人在欠付建设工程价款范围内对实际施工人承担责任。

四、《中华人民共和国建筑法》

第二十八条　禁止承包单位将其承包的全部建筑工程转包给他人，禁止承包单位将其承包的全部建筑工程肢解以后以分包的名义分别转包给他人。

五、最高人民法院民事审判第一庭 2021 年第 20 次专业法官会议纪要

法律问题：《最高人民法院关于审理建设工程施工合同纠纷案件适用法律问题的解释（一）》（以下简称《建工解释一》）第四十三条规定的实际施工人是否包含借用资质及多层转包和违法分包关系中的实际施工人？

法官会议意见：《建工解释一》第四十三条规定："实际施工人以转包人、违法分包人为被告起诉的，人民法院应当依法受理。实际施工人以发包人为被告主张权利的，人民法院应当追加转包人或者违法分包人为本案第三人在查明发包人欠付转包人或者违法分包人建设工程价款的数额后，判决发包人在欠付建设工程价款范围内对实际施工人承担责任。"本条解释涉及三方当事人两个法律关系：一是发包人与承包人之间的建设工程施工合同关系；二是承包人与实际施工人之间的转包或者违法分包关系。原则上，当事人应当依据各自的法律关系，请求各自的债务人承担责任。本条解释为保护农民工等建筑工人的利益，突破合同相对性原则，允许实际施工人请求发包人在付工程款范围内承担责任。对该条解

释的适用应当从严把握。该条解释只规范转包和违法分包两种关系，未规定借用资质的实际施工人以及多层转包和违法分包关系中的实际施工人有权请求发包人在欠付工程款范围内承担责任。因此，可以依据《建工解释一》第四十三条的规定突破合同相对性原则请求发包人在欠付工程款范围内承担责任的实际施工人不包括借用资质及多层转包和违法分包关系中的实际施工人。

六、《河南省高级人民法院民四庭关于建设工程合同纠纷案件疑难问题的解答》

问：建设工程多层转包中，实际施工人能否向与其无合同关系的转包人、违法分包人主张工程款？

答：《最高人民法院关于审理建设工程施工合同纠纷案件适用法律问题的解释（一）》第四十三条规定的可以突破合同相对性原则请求发包人在欠付工程款范围内承担责任的实际施工人仅限于转包和违法分包两种情形，不包括借用资质及多层转包和多层违法分包关系中的实际施工人。即多层转包和多层违法分包关系中的实际施工人不能突破合同相对性原则请求发包人承担责任，更不能向与其没有合同关系的转包人、违法分包人主张工程款。根据合同相对性原则，实际施工人只能向与其有合同关系的转包人、违法分包人主张权利。

七、《河北省高级人民法院建设工程施工合同案件审理指南》

31. 实际施工人向与其没有合同关系的转包人、分包人、总承包人、发包人提起的诉讼，发包人与承包人就工程款问题尚未结算的，原则上仍应坚持合同相对性，由与实际施工人有合同关系的前手承包人给付工程款。如果发包人与承包人已就工程款进行结算或虽尚未结算，但欠款范围明确，可以确定发包人欠付承包人的工程款数额大于承包人欠付实际施工人的工程款数额，可以直接判决发包人对实际施工人在承包人欠付实际施工人的工程款数额范围内承担连带给付责任。欠付工程款范围明确是指判决中必须明确发包人承担连带责任的范围和数额，不能简单表述为发包人在欠付工程款范围内承担连带责任。

◆ **实务提醒** ◆

一、总承包人、次承包人、层层转包人、违法分包人是否应对实际施工人的工程款承担连带责任，存在两种观点。

1. 应当承担

主要理由是作为总承包人、次承包人、层层转包、违法分包人将工程发包给无资质的人，在多手转包中具有明显的过错，对欠付实际施工人的工程款应当承担连带支付责任。比如相关案例一。

2. 不应当承担

主要理由是不能突破合同相对性，判决承担连带责任没有法律依据。比如相关案例二，法院判决："在建设工程施工合同纠纷中，根据合同相对性原则，工程款的支付主体应当是建设工程施工合同的相对方，实际施工人向与其签订合同的转包人或违法分包人主张工程款，除法律特别规定的情形下，不应突破合同相对性，即建设公司并非本案发包人，而是总承包人，要求其承担连带责任的诉讼请求违背了合同相对性原则，于法无据，不予支持。"

二、总承包人、次承包人、层层转包人、违法分包人是否应在欠付范围内对实际施工人的工程款承担责任，存在两种观点。

1. 不应当承担

主要理由是对发包人的理解，应当理解是发包人仅限于业主，而不包括总包人、次承包人、层层转包人、违法分包人等。由于总承包人、次承包人、层层转包、违法分包人不属于发包人，所以不应在欠付范围内承担付款责任。比如相关案例三。

2. 应当承担

主要理由是对发包人的理解，应当理解是在建设工程被层层转包的情况下，发包人与承包人的地位是相对的，上一个合同的承包人可能是下一个合同的发包人。

三、对于向实际施工人供应材料的供应商，能否要求总承包人、次承包人、层层转包人、违法分包人承担责任，存在两种观点。

1. 应当承担

主要理由是对合同相对人的概念应做实质性理解，在层层转包、违法分包情形下，应当全面审查确定各当事人之间形成的实质法律关系，不能机械套用合同相对性原理作出表象认识判断，总承包人、层层转包人、违法分包人均层层收取转让费或管理费获得相应不同利益，工程款亦经他们之间依次传递转付，因而在对外从事工程施工中发生的正常生产经营活动应当视为共同实施的无意思联络的民事行为，均应归属于材料出卖人名义的、隐名的合同相对人范畴（笔者认为这种观点有待商榷）。

2. 不应承担

主要理由是不能突破合同相对性。材料供应商应尽到谨慎注意义务。特别是在当下建设施工领域层层转包盛行的现实情形下，作为经营建材批发零售的商事主体更有责任履行必要的谨慎注意义务，当然包括对交易对象以及合同责任承担主体的辨别和审查。

◆ 相关案例 ◆

相关案例一：《张某某、安徽建工某集团公司等建设工程施工合同纠纷民事申请再审审查民事裁定书》（最高人民法院〔2023〕最高法民申 659 号）

裁定书摘录：张某某认为吕某某与安徽建工某集团公司形成"转包、挂靠"或者具有表面上代安徽建工某集团公司处理案涉工程相关事宜的代理权外观，主张应由安徽建工某集团公司承担吕某某法律行为后果。张某某在原二审庭审中的陈述："按照大合同，安徽建工某集团公司扣吕某某 1 个点的管理费。安徽建工某集团公司从我这儿拿 3 个点的管理费，其余的吕某某与安徽建工某集团公司沟通。"从中可以看出，张某某明知与其建立工程施工合同关系的是吕某某而非安徽建工某集团公司，应认定张某某是该工程多次违法转包、分包的实际施工人。《最高人民法院民一庭关于实际施工的人能否向与其无合同关系的转包人、违法分包人主张工程款问题的电话答复》（〔2021〕最高法民他103号）载明，基于多次分包或者转包而实际施工的人，向与其无合同关系的人主张因施工而产生折价补偿款没有法律依据。根据上述答复，张某某关于安徽建工某集团公司应与吕某某共同承担工程款返还责任的主张无事实、法律依据，不予支持。

相关案例二：《某发达集团有限公司、吴某某建设工程施工合同纠纷再审审查与审判监督民事裁定书》（最高人民法院〔2021〕最高法民申3670号）

裁定书摘录：首先，某发达集团有限公司作为转包人已经支付完毕全部工程款的事实，所举证据为付款明细表及银行转账回单。付款明细表虽注明转给张某（承包人）的是工程款，但此明细表系某发达集团有限公司单方制作，应结合其他证据综合认定。从银行转账回单来看，转账给张某（承包人）的资金备注的交易用途为借款，而非本案工程款。同时，转账用途还备注为劳务费、材料款、报销、代张某还款及利息等，根据已有事实难以认定为本案工程款。原审法院据此认定某发达集团有限公司未向张某支付完毕全部工程款且已结算，并无不当。其次，结合《最高人民法院关于审理建设工程施工合同纠纷案件适用法律问题的解释（二）》第二十四条规定，本案中，某发达集团有限公司虽非案涉工程的发包人，但其作为转包人，对张某尚未支付完毕全部的工程款，原审判令其对张某（转承包人）欠付实际施工人的工程款承担连带责任，并未实际损害其利益。至于其与张某之间工程款支付及相关债务关系，如其能补充提供证据，亦可通过另诉解决。

相关案例三：《河南某建筑安装有限公司、王某某建设工程施工合同纠纷再审民事判决书》（河南省高级人民法院〔2019〕豫民再694号）

判决书摘录：河南某建筑公司向刘某某出借建筑施工资质，约定由刘某某以河南某建筑公司名义与发包方某置业公司签订建设工程施工合同，并借用河南某建筑公司银行账户结算工程款，河南某建筑公司收取管理费。刘某某在承包涉案工程后，就外墙保温施工分项以个人名义与王某某签订了承包合同，现某置业公司向河南某建筑公司账户支付了工程款，河南某建筑公司将该款转交刘某某，现有证据证明没有欠付情形，但刘某某对王某某的工程款没有结清。上述事实中，刘某某以个人名义与王某某签订了承包合同，该合同因双方均不具备建设工程施工资格而无效，也没有约定河南某建筑公司的付款义务，且河南某建筑公司向刘某某出借资质的行为，并不当然地成为刘某某与王某某之间承包关系的合同主体，故王某某主张河南某建筑公司承担连带责任没有事实依据。关于王某某主张河南某建筑公司承担连带责任适用法律的问题。根据建工合同司法解释规定，在发包人欠付工程款情形下，基于涉及农民工工资的特殊问题，突破了合同相对性而予以保护，由发包人直接承担清偿责任；虽然规定了可将违法转包人或分包人追加为诉讼当事人，但没有明确地确定由违法转包人或分包人对实际施工人承担连带责任。故王某某据此主张由河南某建筑公司承担连带责任，法律依据不足，本院不予支持。

问题 50: 仲裁庭直接认定合同无效是否构成超裁?

◆ 有关规定 ◆

一、《中华人民共和国民事诉讼法》

第二百三十七条　对依法设立的仲裁机构的裁决，一方当事人不履行的，对方当事人可以向有管辖权的人民法院申请执行。受申请的人民法院应当执行。

被申请人提出证据证明仲裁裁决有下列情形之一的，经人民法院组成合议庭审查核实，裁定不予执行:

(一) 当事人在合同中没有订有仲裁条款或者事后没有达成书面仲裁协议的;

(二) 裁决的事项不属于仲裁协议的范围或者仲裁机构无权仲裁的;

(三) 仲裁庭的组成或者仲裁的程序违反法定程序的;

(四) 裁决所根据的证据是伪造的;

(五) 对方当事人向仲裁机构隐瞒了足以影响公正裁决的证据的;

(六) 仲裁员在仲裁该案时有贪污受贿，徇私舞弊，枉法裁决行为的。

人民法院认定执行该裁决违背社会公共利益的，裁定不予执行。

裁定书应当送达双方当事人和仲裁机构。

仲裁裁决被人民法院裁定不予执行的，当事人可以根据双方达成的书面仲裁协议重新申请仲裁，也可以向人民法院起诉。

二、《中华人民共和国仲裁法》

第十九条　仲裁协议独立存在，合同的变更、解除、终止或者无效，不影响仲裁协议的效力。

仲裁庭有权确认合同的效力。

第五十八条　当事人提出证据证明裁决有下列情形之一的，可以向仲裁委员会所在地的中级人民法院申请撤销裁决:

(一) 没有仲裁协议的;

(二) 裁决的事项不属于仲裁协议的范围或者仲裁委员会无权仲裁的;

(三) 仲裁庭的组成或者仲裁的程序违反法定程序的;

(四) 裁决所根据的证据是伪造的;

(五) 对方当事人隐瞒了足以影响公正裁决的证据的;

(六) 仲裁员在仲裁该案时有索贿受贿，徇私舞弊，枉法裁决行为的。

人民法院经组成合议庭审查核实裁决有前款规定情形之一的，应当裁定撤销。

人民法院认定该裁决违背社会公共利益的，应当裁定撤销。

◆ 实务提醒 ◆

一、仲裁庭审理过程中，发现合同无效的，如果当事人没有主张，仲裁庭应该释明。如果不进行释明而直接径行变更申请人请求，违反法定程序，构成超裁。

二、仲裁庭虽然对合同效力作出认定，但不属于裁决主文内容的，不属于超裁。

◆ 相关案例 ◆

相关案例一：《申请人洪泽县某房地产有限公司与被申请人某建工集团有限公司建筑施工合同纠纷一案民事裁定书》（江苏省淮安市中级人民法院〔2013〕淮中民仲审字第0039号）

判决书摘录：本院认为，关于仲裁庭所作裁决有无超出仲裁协议范围或存在无权仲裁的情形。经查，仲裁庭在仲裁中，某建工集团公司从未认可双方所签合同为无效合同，并依据补充合同第一条第4、8款约定，要求洪泽县某房地产公司支付逾期付款的违约金50万元（仲裁第4项请求），以补充合同第一条第9款约定，要求洪泽县某房地产公司支付从2012年11月26日起至实际结算完成之日止每日5万元的经济补偿（仲裁第6项请求）。经仲裁庭审理后认为，因双方所签《建设工程施工合同》违反了《中华人民共和国招标投标法》的强制性规定，应属无效合同。双方应对产生的后果承担大致相当的责任。根据法律规定，仲裁庭应告知申请人是否同意变更其请求。因为合同效力的认定直接影响当事人的诉求，两者的请求权基础不同，守约方基于有效合同，即使在没有给其造成损失的情况下，仍有权要求违约方承担违约责任；而无效合同，自始不具约束力，当事人不能基于无效合同向对方主张违约责任，而只能主张损失赔偿，该损失的赔偿还需在分清无效合同的原因和责任后，并根据各自过错由当事人分担该损失。而仲裁庭在审理中，未能向中设公司进行法律释明，直接进行变更申请人请求，所作裁决违反法定程序，构成超裁和无权仲裁。其理由：

第一，《最高人民法院关于适用〈中华人民共和国仲裁法〉若干问题的解释》第十九条规定："当事人以仲裁裁决事项超出仲裁协议范围为由申请撤销仲裁裁决的，经审查属实的，人民法院应当撤销仲裁裁决中超裁部分，但超裁部分与其他裁决事项不可分的，人民法院应当撤销仲裁裁决"。而考量仲裁裁决有无超出仲裁协议范围或存在仲裁庭无权仲裁的判断标准有两个：一是审查仲裁协议的范围；二是审查当事人提请的仲裁事项，对仲裁庭能够进行仲裁的事项，必须有当事人的提请，仲裁庭不得对当事人未提请仲裁的事项进行仲裁，否则将构成超裁或无权仲裁。仲裁庭在审理中，未能向中设公司进行法律释明，径行变更申请人请求，所作裁决违反法定程序，构成超裁和无权仲裁。

第二，《中华人民共和国仲裁法》第四十条规定："当事人在仲裁过程中有权进行辩论。辩论终结时，首席仲裁员或独任仲裁员应当征询当事人的最后意见"。而当事人的辩论和陈述权是诉讼中的重要权利，因仲裁庭自行改变当事人诉求，剥夺了本案当事人辩论和陈述的权利。

相关案例二：《武汉市某桥梁工程有限公司与某建设集团股份有限公司申请撤销仲裁裁决特殊程序民事裁定书》（湖北省武汉市中级人民法院〔2016〕鄂01民特82号）

申请人的理由：仲裁庭超出被申请人仲裁请求范围进行裁决属于超裁。某建设集团公司的仲裁请求是要求继续履行分包合同并按合同约定支付剩余工程款及利息，而仲裁庭在未向当事人释明合同无效的法律后果并征询当事人是否变更仲裁请求的情况下，直接裁决认定双方的分包合同无效并作出相应处理，超出了中太公司的仲裁请求范围。

法院裁判：仲裁庭对双方间的合同效力依法作出认定，不属于裁决主文的内容。因此，某桥梁公司称仲裁庭超裁也没有事实依据。

问题 51：《最高人民法院关于审理建设工程施工合同纠纷案件适用法律问题的解释（一）》中实质性内容如何理解?

◆ **有关规定** ◆

一、《最高人民法院关于审理建设工程施工合同纠纷案件适用法律问题的解释（二）》

第一条　招标人和中标人另行签订的建设工程施工合同约定的工程范围、建设工期、工程质量、工程价款等实质性内容，与中标合同不一致，一方当事人请求按照中标合同确定权利义务的，人民法院应予支持。

二、《最高人民法院关于审理建设工程施工合同纠纷案件适用法律问题的解释》

第二十一条　当事人就同一建设工程另行订立的建设工程施工合同与经过备案的中标合同实质性内容不一致的，应当以备案的中标合同作为结算工程价款的根据。

三、《中华人民共和国招标投标法》

第四十六条　招标人和中标人应当自中标通知书发出之日起三十日内，按照招标文件和中标人的投标文件订立书面合同。招标人和中标人不得再行订立背离合同实质性内容的其他协议。

四、《最高人民法院关于审理建设工程施工合同纠纷案件适用法律问题的解释（一）》

第二条　招标人和中标人另行签订的建设工程施工合同约定的工程范围、建设工期、工程质量、工程价款等实质性内容，与中标合同不一致，一方当事人请求按照中标合同确定权利义务的，人民法院应予支持。

招标人和中标人在中标合同之外就明显高于市场价格购买承建房产、无偿建设住房配套设施、让利、向建设单位捐赠财物等另行签订合同，变相降低工程价款，一方当事人以该合同背离中标合同实质性内容为由请求确认无效的，人民法院应予支持。

一、虽然《中华人民共和国招标投标法》第四十六条规定"招标人和中标人不得再行订立背离合同实质性内容的其他协议"和《最高人民法院关于审理建设工程施工合同纠纷案件适用法律问题的解释》第二十一条规定"当事人就同一建设工程另行订立的建设工程施工合同与经过备案的中标合同实质性内容不一致的,应当以备案的中标合同作为结算工程价款的根据",但是都没有规定哪些内容属于"实质性条款",所以《最高人民法院关于审理建设工程施工合同纠纷案件适用法律问题的解释(二)》对实质性内容进行了补充规定。实质性内容包含工程范围、建设工期、工程质量、工程价款四个方面。

二、《最高人民法院关于审理建设工程施工合同纠纷案件适用法律问题的解释(一)》第一条规定的"实质性内容"包括"工程范围、建设工期、工程质量、工程价款等",这里的"等",是等内还是等外?实践中,这存在争议。

第一种观点:此处的"等"不应该再扩大解释,仅限于本条规定的四个方面。

第二种观点:此处的"等"为列举式,目的在于解释"权利义务"的"实质性"改变,如果其他内容也构成对"权利义务"的"实质性"改变,也应该属于"等"的内容。比如:施工的方式、争议解决方式、违约责任。此外,对于这四个方面也不应该仅仅做狭义的理解。比如:工程价款应当理解为工程价款的数量和支付方式等。

三、"结算依据"与"合同效力"的区别。"当事人就同一建设工程另行订立的建设工程施工合同与经过备案的中标合同实质性内容不一致的,应当以备案的中标合同作为结算工程价款的根据"。这里说的是结算依据,并不是合同无效还是有效的区分标准。

《江山市某房地产有限公司与浙江某建设有限公司建设工程施工合同纠纷再审民事判决书》(浙江省高级人民法院〔2014〕浙民提字第 123 号)

判决书摘录:关于是否应以本案双方签订的《补充协议》中的有关约定作为工程款结算的依据问题。浙江某建设公司再审提出,其与江山市某房地产公司签订的《建设工程施工合同》依法进行了备案,属于"白合同";而之后双方签订的《补充协议》对工期、工程价款等实质性内容进行了变更,属于"黑合同",原判以此作为工程款结算和认定违约金计算标准的依据属适用法律错误。经查:《最高人民法院关于审理建设工程施工合同纠纷案件适用法律问题的解释》第二十一条规定:"当事人就同一建设工程另行订立的建设工程施工合同与经过备案的中标合同实质性内容不一致的,应当以备案的中标合同作为结算工程价款的根据"。就合同的备案而言,政府规定对建设工程的招投标合同需要进行备案,它关系到该合同项目涉及社会公共利益和公共安全,因此,对该类合同要依法采取有效的监管措施,以保障公共利益和安全,维护工程建设市场的交易规则和交易秩序。但除法律另有明确规定的中标合同外，中标合同是否已经备案通常不能作为合同生效的标志。因此，本案的《建设工程施工合同》在未明确属于法律另有明确规定的除外情形的中标合同的情况下，作为已经备案的《建设工程施工合同》和事后签订的《补充协议》均应认定有效。在此基础上，本案工程的价款结算应以哪份合同为据，应看双方事后签订的《补充协议》是否改变了原备案的《建设工程施工合同》的实质性内容。所谓实质性内容，目前法无明确界定，结合建筑业市场的普遍认同及司法实践，主要包括工程价款、工程质量和工程期限三个方面。而其中工程价款及其结算依据，应看当事人签约时的真实意思表示和具体约定。本案中，双方在《建设工程施工合同》中约定，对合同价款（即工程价款）采可调价格，调整方法为工程量按实结算。以何种定额按实结算，未作明确约定。为此，双方事后签订了《补充协议》，对此明确约定了工程款结算办法，本工程按1994年版《浙江省建筑安装工程费用定额》（上、下册）直接费（包括直接工程费及措施费）的110％计算；水电安装按《全国统一按照工程预算定额浙江省单位估价表（1994）》中的直接费（包括直接费及措施费）的93％计算。该《补充协议》系当事人对《建设工程施工合同》未约定的工程价款、取费标准予以明确不属对备案合同内容实质性变更。且在纠纷发生后，双方共同委托联合咨询公司对已完工程量按《补充协议》的相关约定进行审计，浙江某建设公司在一审庭审中也认可系按照《补充协议》与江山市某房地产公司进行结算，联合咨询公司依双方《补充协议》中约定的定额、结合工程施工设计图、设计变更单、签证单、隐蔽工程验收记录、现场勘查记录及照片等作出了已完工程的造价结算，《补充协议》也已实际履行。因此，一、二审法院以《补充协议》作为讼争工程款的结算依据并无不当。浙江某建设公司再审提出以备案的《建设工程施工合同》作为工程款结算依据，理由不能成立。

问题 52：非必须招标项目、实质性内容与中标合同的关系如何？

◆ 有关规定 ◆

一、《最高人民法院关于审理建设工程施工合同纠纷案件适用法律问题的解释（二）》

第一条 【必须招标工程进行招标后的工程价款结算依据】招标人和中标人另行签订的建设工程施工合同约定的工程范围、建设工期、工程质量、工程价款等实质性内容，与中标合同不一致，一方当事人请求按照中标合同确定权利义务的，人民法院应予支持。《最高人民法院关于审理建设工程施工合同纠纷案件适用法律问题的解释（一）》第二十三条也做了同样的规定。

招标人和中标人在中标合同之外就明显高于市场价格购买承建房产、无偿建设住房配套设施、让利、向建设单位捐赠财物等另行签订合同，变相降低工程价款，一方当事人以该合同背离中标合同实质性内容为由请求确认无效的，人民法院应予支持。

第九条　【非必须招标工程进行招标后的工程价款结算依据】发包人将依法不属于必须招标的建设工程进行招标后，与承包人另行订立的建设工程施工合同背离中标合同的实质性内容，当事人请求以中标合同作为结算建设工程价款依据的，人民法院应予支持，但发包人与承包人因客观情况发生了在招标投标时难以预见的变化而另行订立建设工程施工合同的除外。

二、《最高人民法院关于审理建设工程施工合同纠纷案件适用法律问题的解释》

第二十一条　当事人就同一建设工程另行订立的建设工程施工合同与经过备案的中标合同实质性内容不一致的，应当以备案的中标合同作为结算工程价款的根据。

三、《中华人民共和国招标投标法》

第四十六条　招标人和中标人应当自中标通知书发出之日起三十日内，按照招标文件和中标人的投标文件订立书面合同。招标人和中标人不得再行订立背离合同实质性内容的其他协议。

四、《最高人民法院关于审理建设工程施工合同纠纷案件适用法律问题的解释（一）》

第二十三条　发包人将依法不属于必须招标的建设工程进行招标后，与承包人另行订立的建设工程施工合同背离中标合同的实质性内容，当事人请求以中标合同作为结算建设工程价款依据的，人民法院应予支持，但发包人与承包人因客观情况发生了在招标投标时难以预见的变化而另行订立建设工程施工合同的除外。

◆ 实务提醒 ◆

一、"必"与"非"的相同规定

对于必须招标的项目，适用《最高人民法院关于审理建设工程施工合同纠纷案件适用法律问题的解释》第二十一条规定"当事人就同一建设工程另行订立的建设工程施工合同与经过备案的中标合同实质性内容不一致的，应当以备案的中标合同作为结算工程价款的根据"，这一点没有人质疑。对于不属于必须招标的建设工程项目，是否同样适用《最高人民法院关于审理建设工程施工合同纠纷案件适用法律问题的解释》第二十一条的规定，在司法实践中产生了巨大的争议，不同地方法院对前述争议的看法也有所不同。

为解决建设工程合同纠纷司法裁判实践中的上述争议，统一司法裁判标准，《最高人民法院关于审理建设工程施工合同纠纷案件适用法律问题的解释（二）》作出了统一规定，比较一下第一条和第九条，前半句内容是一样的。对于不属于必须招标的建设工程项目，如果发包人仍然决定采用招标的方式选定承包人的，则要严格依照《中华人民共和国招标投标法》《招标投标法实施条例》等相关招标投标法律法规的规定，依法开展招标活动，并依照约定履行中标合同的相关内容。

二、"必"与"非"的不同规定

"必"规定了"变相降低工程价款"条款；"非"却没有规定。《最高人民法院关于审理建设工程施工合同纠纷案件适用法律问题的解释（二）》第一条（《最高人民法院关于审理建设工程施工合同纠纷案件适用法律问题的解释（一）》第二条）规定了"变相降低工程价款"的情形，《最高人民法院关于审理建设工程施工合同纠纷案件适用法律问题的解释（二）》第九条（《最高人民法院关于审理建设工程施工合同纠纷案件适用法律问题的解释（一）》第二十三条）并没有规定。

笔者认为：在变相降低的情况下，无论是"必"项目还是"非"项目，这种情形一般都是发包人利用市场优势地位，在不公平的前提下与承包人签订的合同。承包人在建筑市场中处于弱势地位，有时候为了承接工程，不顾风险而签订合同。因此，变相降低工程款的情况下，为保证工程质量合格及公平原则，"必"项目和"非"项目都应当按中标合同价结算工程款。

三、"但书"的规定

但是，毕竟必须招标与不必须招标的项目有所不同，因此该条作出了"但书"的规定，即因客观情况发生了在招标投标时难以预见的变化，发包人与承包人双方可以另行订立建设工程施工合同。即使背离中标合同实质性内容，人民法院也予以保护，这是在一定程度上体现对当事人意思自治的尊重，防止因客观情况的变化而造成发包人与承包方权利义务的失衡。

四、无效的中标合同并不必然是工程款的结算依据

本条适用的前提条件有两个：一个是经过政府招标投标管理部门监管下的公开招标和邀请招标，且招标投标合法有效；另一个是招标人和投标人签订的中标合同合法、有效。

◆ **相关案例** ◆

相关案例一：《苏州某建筑设计院有限公司与昆山某电子科技有限公司建设工程监理合同纠纷二审民事判决书》（江苏省苏州市中级人民法院〔2017〕苏 05 民终 10445 号）

判决书摘录：本院认为，本案涉案工程为非强制招投标项目。非强制招投标项目经过招标，当事人实际履行的建设工程施工合同与中标合同实质性内容不一致的，两份合同均有效，以中标合同作为工程价款的结算依据。

相关案例二：《漳州市某房地产开发有限公司、福建省某建设工程有限公司建设工程施工合同纠纷二审民事判决书》（福建省高级人民法院〔2017〕闽民终 605 号）

判决书摘录：虽然双方当事人在《补充协议》中约定总价款为 4414.4607 万元的合同仅作为备案用，不作为工程款结算依据，但《最高人民法院关于审理建设工程施工合同纠纷案件适用法律问题的解释》第二十一条规定："当事人就同一建设工程另行订立的建设工程施工合同与经过备案的中标合同实质性内容不一致的，应当以备案的中标合同作为结算工程价款的根据。"该条规定就是规范建筑市场签订黑白合同的问题，虽涉案项目并非

强制招标项目，但因双方当事人已自愿进行招投标，也应受《中华人民共和国招标投标法》的约束，当事人不得在此之外另行签订"黑合同"。

问题 53：工程规划许可证与合同效力的关系如何？

◆ 有关规定 ◆

《最高人民法院关于审理建设工程施工合同纠纷案件适用法律问题的解释（二）》

第二条　当事人以发包人未取得建设工程规划许可证等规划审批手续为由，请求确认建设工程施工合同无效的，人民法院应予支持。

《最高人民法院关于审理建设工程施工合同纠纷案件适用法律问题的解释（一）》

第三条　当事人以发包人未取得建设工程规划许可证等规划审批手续为由，请求确认建设工程施工合同无效的，人民法院应予支持，但发包人在起诉前取得建设工程规划许可证等规划审批手续的除外。

发包人能够办理审批手续而未办理，并以未办理审批手续为由请求确认建设工程施工合同无效的，人民法院不予支持。

◆ 实务提醒 ◆

《最高人民法院关于审理建设工程施工合同纠纷案件适用法律问题的解释（一）》第三条只列出了一个证，即建设工程规划许可证，这里的"一等"如何理解，为什么只规定了一种情况下的等？对此，实践中有两种理解。

第一种理解：名义是一证，实际包括两证。条文中之所以会使用"等规划审批手续"的表述，原因有两个：第一，这里的"等"事实上包括两个证，即建设用地规划许可证与建设工程规划许可证；第二，因为实践中对"建设工程规划许可证"的称呼不同，"等"字是立法技术的需要。

建设用地规划许可证与建设工程规划许可证的关系。从法律规定和办证程序来看，取得建设用地规划许可证是取得建设工程规划许可证的前提条件，取得了建设工程规划许可证必然取得了建设用地规划许可证，所以仅需规定建设工程规划许可证即可。

第二种理解：名义是一证，实际也是一证。"等"是语气助词。

◆ 相关案例 ◆

《上海某建筑工程有限公司与沭阳县某建设实业有限公司建设工程施工合同纠纷二审

民事判决书》（江苏省高级人民法院〔2016〕苏民终572号）

判决书摘录：涉案工程系双方经过招投标程序签订的建设工程施工合同，虽然双方在签订合同时尚未取得建设工程规划许可证等许可证件，但沭阳县某建设实业公司事后已经完善手续，故双方签订的建设工程施工合同应认定为有效。双方在合同中约定承包人应在工程竣工后一个月内免费提供四套完整的竣工图纸和竣工结算及其资料；否则，每迟延一天向发包人支付合同价款万分之五的违约金。该约定为当事人真实意思表示，不违反法律、行政法规的强制性规定，依法应认定为有效，对双方当事人均有约束力。现上海某建筑工程公司未按约定提供资料，沭阳县某建设实业公司要求其承担违约责任，有合同依据。

问题 54：建设工程合同效力的补正时间是什么？

◆ **有关规定** ◆

一、《最高人民法院关于审理建设工程施工合同纠纷案件适用法律问题的解释（一）》

第三条　当事人以发包人未取得建设工程规划许可证等规划审批手续为由，请求确认建设工程施工合同无效的，人民法院应予支持，但发包人在起诉前取得建设工程规划许可证等规划审批手续的除外。

发包人能够办理审批手续而未办理，并以未办理审批手续为由请求确认建设工程施工合同无效的，人民法院不予支持。

二、《中华人民共和国城乡规划法》

第四十条　在城市、镇规划区内进行建筑物、构筑物、道路、管线和其他工程建设的，建设单位或者个人应当向城市、县人民政府城乡规划主管部门或者省、自治区、直辖市人民政府确定的镇人民政府办理建设工程规划许可证。

第六十六条　建设单位或者个人有下列行为之一的，由所在地城市、县人民政府城乡规划主管部门责令限期拆除，可以并处临时建设工程造价一倍以下的罚款：（1）未经批准进行临时建设的；（2）未按照批准内容进行临时建设的；（3）临时建筑物、构筑物超过批准期限不拆除的。

三、《城镇房屋租赁合同司法解释》

第二条　出租人就未取得建设工程规划许可证或未按照建设工程规划许可证的规定建设的房屋，与承租人订立的租赁合同无效。但在一审法庭辩论终结前取得建设工程规划许可证或者经主管部门批准建设的，人民法院应当认定有效。

一、关于合同效力的补正时间节点

《最高人民法院关于审理建设工程施工合同纠纷案件适用法律问题的解释（一）》第三条为什么把合同效力的补正时间节点确定为"起诉前"，而不是"一审辩论终结前"？

建设工程施工合同纠纷案具有复杂性，争议焦点多，审理期限长，将效力补正时间节点确定为"一审法庭辩论终结前"，会导致涉案合同效力在法庭审理期限内存在不确定性，从公平、便于案件审理和法律价值判断角度，将效力补正时间确定为"起诉前"更加合理。

如果在一审辩论终结前补办了规划许可证，那么真的会认定合同无效吗？笔者认为，司法解释二把效力补正时间节点规定为起诉之前，是一种提倡性的规定。如果在一审辩论终结前补办了规划许可证，那么也应当认定合同有效。

如果在起诉之前或一审辩论终结之前不能办理规划手续，那么合同应当认定无效（见相关案例一）。

二、发包人能办而不办的情况

发包人能够办理审批手续而未办理，并以未办理审批手续为由请求确认建设工程施工合同无效的，人民法院不予支持。

三、如何理解"建设工程规划许可证等规划审批手续"

建设工程规划许可证等规划审批手续并不能狭义地理解为建设工程规划许可证。在特殊情形下，由相关部门出具的相关审批意见也可以视为有相关手续（见相关案例二）。

相关案例

相关案例一：《上海市松江某建筑工程公司与上海某餐饮有限公司、上海某智能科技有限公司建设工程合同纠纷一审民事判决书》（上海市松江区人民法院〔2018〕沪0117民初5192号）

判决书摘录：审理中，当事人均未提供本案工程的建设工程规划许可证等规划审批手续，亦未提供证据证明被告上海某餐饮公司或者其他案外人能够办理本案工程的审批手续而未办理。

因被告上海某餐饮公司并未就本案工程取得建设工程规划许可证等审批手续，故原、被告之间的《建设工程施工合同》应属无效。虽然合同无效，但工程经竣工验收合格的，原告仍有权按照结算价格向被告上海某餐饮公司主张工程价款。

相关案例二：《湖北某建设工程有限公司、湖北某再生资源有限公司建设工程施工合同纠纷二审民事判决书》（湖北省宜昌市中级人民法院〔2019〕鄂05民终1492号）

判决书摘录：关于某再生资源公司与某建设工程公司签订的建设工程施工合同是否有效。某建设工程公司上诉称该工程未取得建设工程规划许可证，故合同应属无效。结合某再生资源公司在二审中提交的枝江市住房和城乡建设局出具的《选址意见函》、建设用地规划许可证、枝江市人民政府出具的《关于某再生资源公司再生资源回收与综合利用项目与长江岸线距离确认的函》、枝江市自然资源和规划局出具的《项目规划方案审批情况的回复》等，案涉工程属于政府招商引资项目，规划方案已经枝江市规委会 2013 年第 3 次会议审定，选址亦符合《枝江市城市总体规划》和《姚家港化工园产业发展总体规划》要求，故可以认定案涉工程属于合法建设项目，未办理完建设工程规划许可证系受当地政策因素影响，基于对交易安全的保护，不宜认定某再生资源公司与某建设工程公司签订的建设工程施工合同无效。

问题 55：因履行无效合同所受到的损失范围是什么及如何举证？

◆ **有关规定** ◆

《最高人民法院关于审理建设工程施工合同纠纷案件适用法律问题的解释（一）》

第六条　建设工程施工合同无效，一方当事人请求对方赔偿损失的，应当就对方过错、损失大小、过错与损失之间的因果关系承担举证责任。

损失大小无法确定，一方当事人请求参照合同约定的质量标准、建设工期、工程价款支付时间等内容确定损失大小的，人民法院可以结合双方过错程度、过错与损失之间的因果关系等因素作出裁判。

◆ **实务提醒** ◆

一、从上述规定可以看出，因履行无效合同受到损失的，请求赔偿损失，应予支持。

二、损失的范围应当以实际损失为原则。

三、在实际损失难以确定的情况下，可以参照合同约定的质量标准、建设工期、工程价款支付时间等内容确定损失大小。

四、主张损害赔偿的一方应对"对方具有过错、损失的大小、对方的过错同损害结果之间存在因果关系"承担举证责任。

建设单位的过错：根据《中华人民共和国城乡规划法》的规定，应当由建设单位向相关管理部门申请办理相关建设工程规划许可证，建设单位没有办理，存在过错。

施工单位的过错：建筑工程已经取得建设工程规划许可证的，方能申请领取施工许可证，未取得施工许可证的，一律不得开工，作为施工方在施工前应当对施工许可证进行审查核实，如果发现没有办理的，有权拒绝施工，施工方在没有审查核实施工许可证的情况下进行施工，也存在过错。

◆ 相关案例 ◆

《江阴市某生物技术有限公司与李某建设工程施工合同纠纷一审民事判决书》（江阴市人民法院〔2014〕澄民初字第 01327 号）

判决书摘录： 本院认为，违反法律、行政法规强制性规定的合同无效。本案涉案工程，截至法庭辩论结束之日尚未办理相关建设工程规划许可证，违反了《中华人民共和国城乡规划法》关于建设工程必须取得规划许可证的强制性规定，规避了国家对规划体系、建筑产品质量、房地产交易市场等系列行为的监管，故本案的建设工程施工合同应依法认定为无效。

关于双方履行合同中过错大小。江阴市某生物技术公司称，李某施工的主体结构不合格，应承担主要责任；李某称，江阴市某生物技术公司没有办理审批手续，擅自建房，又发包给没有资质的个人承建，且江阴市某生物技术公司已经实际使用三年半的时间，故江阴市某生物技术公司应承担主要责任，李某可以承担 30％ 的责任。

本院认为，双方履行合同中均存在过错，理由为：第一，根据《中华人民共和国城乡规划法》的规定，应当由建设单位即江阴市某生物技术公司向相关管理部门申请办理相关建设工程规划许可证，但江阴市某生物技术公司没有办理，故江阴市某生物技术公司存在过错。第二，建筑工程已经取得建设工程规划许可证的，方能申请领取施工许可证，未取得施工许可证的，一律不得开工，李某在施工前应当对施工许可证进行审查核实，如果发现没有办理的，有权拒绝施工，但李某在没有审查核实施工许可证的情况下即进行施工，故李某存在过错。第三，鉴于办理相关规划证、许可证系江阴市某生物技术公司的义务，即使在合同签订时没有办理，但存在事后补办的可能，同时李某在施工中将建筑材料物化到不动产当中，耗费了大量人力、物力，故对合同履行中的损失，本院酌情认定江阴市某生物技术公司承担 70％ 的责任，李某承担 30％ 的责任。

问题 56：发包人如何向挂靠人和被挂靠人请求赔偿损失？

◆ 有关规定 ◆

《最高人民法院关于审理建设工程施工合同纠纷案件适用法律问题的解释（二）》

第四条　缺乏资质的单位或者个人借用有资质的建筑施工企业名义签订建设工程施工合同，发包人请求出借方与借用方对建设工程质量不合格等因出借资质造成的损失承担连带赔偿责任的，人民法院应予支持。

《最高人民法院关于审理建设工程施工合同纠纷案件适用法律问题的解释（一）》

第七条　缺乏资质的单位或者个人借用有资质的建筑施工企业名义签订建设工程施工合同，发包人请求出借方与借用方对建设工程质量不合格等因出借资质造成的损失承担连带赔偿责任的，人民法院应予支持。

◆ 实务提醒 ◆

一、损失的范围问题

问题还是出在"等"字上，从上述条款中"建设工程质量不合格等"之"等"可以看出，除建设工程质量不合格的损失之外，其他损失比如工期延误等，也应该予以赔偿。"最高人民法院民一庭负责人就《最高人民法院关于审理建设工程施工合同纠纷案件适用法律问题的解释（二）》答记者问"中指出，建筑施工企业出借资质造成的损失主要包括建设工程质量不合格、工期延误等损失。只要损失是由出借资质造成的，发包人就有权请求借用资质的单位或者个人与出借资质的建筑施工企业承担连带责任。

二、出借方与借用方对建设工程质量不合格等造成的损失承担的是连带赔偿责任。

三、建设工程质量不合格等损失与出借资质有因果关系，是因为出借资质造成的，这是请求赔偿损失的前提条件。

四、举证责任的分配与承担

上述司法解释第四条规定了应当承担责任，但是并没有明确举证责任如何分配。司法实践中，发包人要举证证明损失与出借资质之间的因果关系是很难证明的。笔者认为，应当将举证责任分配给挂靠人与被挂靠人。因为在挂靠的情况下，挂靠人与被挂靠人的过错不言而喻非常明显。对于因果关系的证明，如果挂靠人与被挂靠人不能举证证明发包人存在过错的，则发包人对因果关系的存在也不需要再承担举证责任。

实践中，作为发包方，鉴于实际损失的难以举证，所以签订《施工合同》时，应当在条款中明确约定损失的计算方法；而作为承包方，鉴于转包与挂靠的难以区分，应当对印章、合同、委托书等加强管理，避免因管理疏漏造成被认定为挂靠的风险。

◆ 相关案例 ◆

相关案例一：《佛山市三水区某医疗器材有限公司、原某二审民事判决书》（广东省佛山市中级人民法院〔2018〕粤06民终9619号）

判决书摘录：某器材公司上诉主张某建筑公司应对原某、杜某向某器材公司支付的涉案工程修复费用718944.42元承担连带责任。某建筑公司、原某、杜某辩称某建筑公司只是提供资质为涉案项目办理施工报建和开具建筑发票，不参与工程款的管理，不承担任何责任。本案中，某建筑公司出借企业的资质证书和营业执照给原某、杜某使用，原某、杜某是涉案工程的实际施工人，根据《中华人民共和国建筑法》第二十六条"承包建筑工程的单位应当持有依法取得的资质证书，并在其资质等级许可的业务范围内承揽工程。禁止建筑施工企业超越本企业资质等级许可的业务范围或者以任何形式用其他建筑施工企业的名义承揽工程。禁止建筑施工企业以任何形式允许其他单位或者个人使用本企业的资质证书、营业执照，以本企业的名义承揽工程"的规定，某建筑公司与原某、杜某就出借资质证书所签订的协议为无效合同。涉案工程确实存在质量问题，原某、杜某向某器材公司支付涉案工程修复费用718944.42元，根据《中华人民共和国建筑法》第六十六条"建筑施工企业转让、出借资质证书或者以其他方式允许他人以本企业的名义承揽工程的，责令改正，没收违法所得，并处罚款，可以责令停业整顿，降低资质等级；情节严重的，吊销资质证书。对因该项承揽工程不符合规定的质量标准造成的损失，建筑施工企业与使用本企业名义的单位或者个人承担连带赔偿责任"以及《最高人民法院关于审理建设工程施工合同纠纷案件适用法律问题的解释（二）》第四条"缺乏资质的单位或者个人借用有资质的建筑施工企业名义签订建设工程施工合同，发包人请求出借方与借用方对建设工程质量不合格等因出借资质造成的损失承担连带赔偿责任的，人民法院应予支持"的规定，某建筑公司应对原某、杜某向某器材公司支付的涉案工程修复费用718944.42元承担连带赔偿责任。某器材公司的该项上诉主张合理有据，本院予以支持。一审判决认为，某建筑公司对原某、杜某向某器材公司支付的涉案工程修复费用718944.42元不需承担责任，处理不当，本院予以纠正。某器材公司上诉主张某建筑公司应对原某、杜某向某器材公司支付的涉案工程延期违约金承担连带责任，理由不成立，本院不予支持。一审判决对此处理正确，应予维持。

相关案例二：《范某、褚某等与湖南省某工程有限公司、赵某建设工程施工合同纠纷一审民事判决书》（洪湖市人民法院〔2018〕鄂1083民初838号）

判决书摘录：关于八原告与被告赵某的过错认定与责任承担问题。2013年3月8日，原告方与被告签订的补充协议上明确注明因承包方未按进度施工，导致发包方利益损失，且原告、被告签订的其他补充合同，原告方均按期支付工程款，而被告却没有按期施工，造成涉案工程竣工日期不断延误，建筑工程重复施工，成本上升，造价增加。被告赵某因资金不足，拖延施工，是造成原告方损失的根本原因。原告方明知被告赵某系无资质的个人，借用其他单位的资质，仍与其签订合同。因其选任无资质的个人赵某，而不是有资质财力雄厚的单位，客观上增加了工程延误的风险，存在一定的过失。综合本案情况，本院酌定原告方与被告赵某损失承担比例为2∶8。

关于被告湖南省某工程公司的过错认定与责任承担问题。《最高人民法院关于审理建设工程施工合同纠纷案件适用法律问题的解释（二）》第四条规定："缺乏资质的单位或者个人借用有资质的建筑施工企业名义签订建设工程施工合同，发包人请求出借方与借用方对建设工程质量不合格等因出借资质造成的损失承担连带赔偿责任的，人民法院应予以支持"。本案中，被告赵某系无建筑施工资质的个人，借用被告湖南省某工程公司的资质与原告方签订建设工程施工合同，因资金不足等原因造成工程至今未竣工，工期延误，工程造价增加，共计造成八原告损失 929965.88 元，根据原、被告双方的过错，被告湖南省某工程公司应与被告赵某对该损失的 80%，即 743972.70 元承担连带赔偿责任。

问题 57：如何理解"工期顺延逾期失权"？

◆ 有关规定 ◆

《最高人民法院关于审理建设工程施工合同纠纷案件适用法律问题的解释（一）》

第十条　当事人约定顺延工期应当经发包人或者监理人签证等方式确认，承包人虽未取得工期顺延的确认，但能够证明在合同约定的期限内向发包人或者监理人申请过工期顺延且顺延事由符合合同约定，承包人以此为由主张工期顺延的，人民法院应予支持。

当事人约定承包人未在约定期限内提出工期顺延申请视为工期不顺延的，按照约定处理，但发包人在约定期限后同意工期顺延或者承包人提出合理抗辩的除外。

◆ 实务提醒 ◆

一、合同必须有约定。

二、承包人必须申请过。

三、逾期申请失权的例外。凡事都要实事求是，不能强人所难。应区分工期延误的原因，如果无法克服困难，有不可预见的不利条件，则是否申请过都不能成为顺延的要件。

四、承包人的申请形式多种。不拘泥于申请书形式，只要能证明承包人主张过即可。

◆ 相关案例 ◆

《无锡某传感科技有限公司与无锡某建筑工程有限公司建设工程施工合同纠纷一审民事判决书》（无锡高新技术产业开发区人民法院〔2016〕苏 0291 民初 2248 号）

判决书摘录：案涉工程开工时间较约定的开工日期顺延，相应的应竣工日期也应顺延至 2013 年 3 月 3 日，实际竣工日期已超出了上述应竣工日期，但仍应继续考察无锡某建筑工程公司是否有权主张工期顺延。当事人约定顺延工期应当经发包人或者监理人签证等方式确认，承包人虽未取得工期顺延的确认，但能够证明在合同约定的期限内向发包人或者监理人申请过工期顺延且顺延事由符合合同约定，承包人以此为由主张工期顺延的，人民法院应予支持。当事人约定承包人未在约定期限内提出工期顺延申请视为工期不顺延的，按照约定处理，但发包人在约定期限后同意工期顺延或者承包人提出合理抗辩的除外。

首先，检视合同约定，施工合同及补充协议关于工期顺延的方式及程序均有明确约定。施工合同约定无锡某建筑工程公司在出现工期延误情况后应在事件发生后 28 天内向无锡某传感科技公司发出索赔意向通知，后 28 天内提出延长工期的索赔报告，无锡某传感科技公司在 28 天内答复，未答复视为认可。补充协议约定出现可以顺延工期的情形须经无锡某传感科技公司、监理及无锡某建筑工程公司三方确认，作为工期顺延的依据，以三方共同签字盖章为准。所有签证无锡某建筑工程公司必须在事件发生后 14 天内且签证事件隐蔽前报出签证申请，经无锡某建筑工程公司、无锡某传感科技公司工程师、监理、无锡某传感科技公司审计员现场见证、签署，逾期作为对无锡某传感科技公司的让利。

证据材料中符合上述合同约定的签证单共有 3 张，分别是：①签证单 017 号载明"因桩基分部验收时间延误……人员窝工，时间段（6 月 20 日～7 月 8 日）"，签证意见时间为 2012 年 7 月 30 日，联系单 018 号载明"由于桩基施工单位准备资料拖延，导致桩基验收时间延后，现场出现总包单位误工状况"，签证意见时间为 2012 年 7 月 31 日。上述材料相互印证，2012 年 7 月 1 日至 7 月 8 日期间工期应顺延。②签证单 022 号载明"……施工方请业主总工期增加 6 天"，业主签证意见为同意总工期增加 3 天。故工期可顺延 3 天。③签证单 029 号载明"受台风海葵影响停工，工期顺延 4 天"，业主签证意见为停工时间为 3 天。故工期可顺延 3 天。除上述签证单、联系单外，现有证据材料中未有其他符合合同约定的签证单或联系单，故符合合同约定的双方确认可以顺延的工期共 14 天。

继续考察无锡某建筑工程公司提出的抗辩是否合理。关于无锡某建筑工程公司列出的其认为影响工期的签证单及联系单，虽该些材料载明的事项或有可能影响工期，但因在该些材料均未载有无锡某建筑工程公司提出工期顺延要求的内容，无锡某建筑工程公司也未提供证据证明其曾在合同约定的期限内以其他方式向无锡某传感科技公司或者监理单位申请过工期顺延，故无法确定相关事项是否必然造成工期的延误，更无法确定应顺延工期的天数，且无锡某建筑工程公司未提供证据证明无锡某传感科技公司后续曾同意其顺延工期，故无锡某建筑工程公司未按约且未及时主张权利的不利后果应由其自行承担。

关于无锡某建筑工程公司提出的因无锡某传感科技公司指定分包的工程影响工期的抗辩意见。第一，根据施工合同及补充协议，无锡某建筑工程公司是案涉工程的总承包方，须对无锡某传感科技公司指定分包的项目承担总承包管理与服务（即总分包管理、总分包配合）责任并给予工作配合，且无锡某传感科技公司为此统一支付无锡某建筑工程公司总承包服务费（即总包管理费及配合费），故无锡某建筑工程公司作为总承包人的义务除进行案涉工程的土建工程、安装工程、室外工程的施工外，还有对无锡某传感科技公司指定分包项目的部分管理、服务及配合工作。第二，如因无锡某传感科技公司指定分包项目的问题导致工期顺延的，无锡某建筑工程公司应按约向无锡某传感科技公司提出工期顺延的索赔或申请，但无锡某建筑工程公司未提供相应的证据予以证明，因此而导致的不利后果应由无锡某建筑工程公司自行承担。第三，签证单042号载明"无锡某建筑工程公司2012年6月16日～2012年12月6日完成垫层—主体结构封顶。2012年9月28日～2013年4月10日完成主体填充墙砌筑。屋面防水及装饰后续。"无锡某建筑工程公司于2014年9月制作的《传感网产品研发生产基地工程完成节点时间表》也列明了其施工的详细时间，最后列明的市政工程结束时间为2014年1月。可以看出，无锡某建筑工程公司对其施工内容有明确的安排和规划，且上述材料为无锡某建筑工程公司提出或出具，但在该些材料中却未提及任何分包项目对其施工造成影响，更未因此提出工期顺延的索赔或申请，应认为无锡某建筑工程公司对上述材料中载明施工及工期情况是认可的，故无锡某建筑工程公司就2014年1月之前的工期主张顺延不应认定为合理的抗辩。第四，从质量验收记录看，案涉工程电气子分部工程于2013年12月10日经验收合格，室外市政工程于2014年2月5日经验收合格，而此后的验收记录绝大部分为无锡某传感科技公司指定分包项目。从签证单及联系单看，2014年2月以后的签证单及联系单涉及的内容大多为因甲方要求或指定分包项目原因导致的增加工程量及修补工程量。2014年3月19日的1份签证单载明"经双方协商，从2013年12月以后，水电费将由无锡某传感科技公司自行承担，与无锡某建筑工程公司无任何关系。"从履约保证金的退还情况看，无锡某传感科技公司是分4次将履约保证金200万元退还无锡某建筑工程公司，在2014年1月22日退还完毕，而根据补充协议的约定，履约保证金全部退还完毕的时间应在单体竣工验收合格后一周内。这几方面的情况综合来看，无锡某建筑工程公司在2014年1月前已基本完成了其主要的施工内容，此后主要是进行对分包单位的服务和配合工作，故无锡某建筑工程公司主张其施工的消防工程的验收时间为2014年10月系因无锡某传感科技公司先行对案涉工程进行二次装修所导致的意见，具有一定的合理性。第五，无锡某传感科技公司在对相关施工项目指定分包时，均未按约由其与无锡某建筑工程公司、分包单位签订三方合同，而是由其直接与分包单位签订合同，除桩基工程款外的其他指定分包工程的价款均由合普瑞公司直接向分包单位支付工程款，故无锡某传感科技公司主张其无法对分包单位进行施工管理、协调安排工序等工作的抗辩意见亦属合理。可以看出，造成2014年2月之后的工期延误情况的主要过错在于无锡某传感科技公司。

从上述情况综合分析来看，案涉工程确存在工期延误的情况，无锡某建筑工程公司应承担相应的违约责任。根据补充协议约定的工期延误的违约金的计算方式，考虑到工期延误的时间较长、无锡某建筑工程公司对2014年1月之前的工期延误应承担责任、无锡某传感科技公司对2014年2月之后的工期延误存在主要过错，结合双方当事人履行合同的情况、无锡某传感科技公司因工期延误导致的经济损失等情况综合考虑，并根据公平原则和诚实信用原则综合衡量，本院酌定无锡某建筑工程公司因工期延误所应承担的违约金为100万元。

问题 58：法院对鉴定的释明义务和当事人的举证责任如何理解？

◆ 有关规定 ◆

一、《最高人民法院关于审理建设工程施工合同纠纷案件适用法律问题的解释（二）》

第十四条　当事人对工程造价、质量、修复费用等专门性问题有争议，人民法院认为需要鉴定的，应当向负有举证责任的当事人释明。

一审诉讼中负有举证责任的当事人未申请鉴定，虽申请鉴定但未支付鉴定费用或者拒不提供相关材料，二审诉讼中申请鉴定，人民法院认为确有必要的，应当依照民事诉讼法第一百七十条第一款第三项的规定处理。

二、《最高人民法院关于审理建设工程施工合同纠纷案件适用法律问题的解释（一）》

第三十二条　同上。

三、《中华人民共和国民事诉讼法》

第一百七十条　第二审人民法院对上诉案件，经过审理，按照下列情形，分别处理：（三）原判决认定基本事实不清的，裁定撤销原判决，发回原审人民法院重审，或者查清事实后改判。

◆ 实务提醒 ◆

一、应当释明。法院在申请建设工程纠纷案件中，如果认为争议问题属于建筑行业的专门问题，需要由第三方鉴定机构予以鉴定，应当向当事人及时说明，并指出应当由哪一方当事人提出鉴定申请；如果不释明，则可能发回重审。

二、启动鉴定程序的决定权在于法院，但是提出鉴定申请仍然属于当事人的举证责任。鉴定申请应当由当事人提出，并按照鉴定程序要求，提交鉴定需要的材料，缴纳鉴定费用，配合鉴定事项实施与完成。

三、并不是只要当事人申请，法院就必须同意鉴定。

1. 是否同意鉴定，由法院决定。

当事人提出鉴定申请后，需人民法院进行审核，作出是否同意的决定，并不是只要当事人申请，人民法院就必须同意鉴定。

2. 鉴定的事项、范围，由法院决定。

并不是当事人提出什么，就必须鉴定什么。人民法院准许当事人提出的鉴定申请后，还应结合当事人申请及查明案件事实的需要，来确定委托鉴定的事项、范围、鉴定期限等。

实践中，有的当事人为了获取最大利益，有的当事人出于其他目的，有的当事人甚至为了恶意拖延而提出质量、工期、造价等许多项的鉴定申请，不但导致诉讼程序拖延而迟迟无法结案，甚至有可能导致企业的正常生产经营都无法开展。

四、一审未提出鉴定，二审中申请鉴定，如何处理。

二审法院经审查认为，确有必须查明的事实的，可同意鉴定申请。双方当事人同意在二审启动鉴定的，可直接于二审程序中启动鉴定，有一方不同意的，二审法院应将案件发回重审。

◆ 相关案例 ◆

相关案例一：《江苏省某建工集团有限公司、云南某房地产开发有限公司建设工程施工合同纠纷二审民事裁定书》（最高人民法院〔2019〕最高法民终 398 号）

判决书摘录：关于停工损失金额大小的问题。《最高人民法院关于审理建设工程施工合同纠纷案件适用法律问题的解释（二）》第十四条规定："当事人对工程造价、质量、修复费用等专门性问题有争议，人民法院认为需要鉴定的，应当向负有举证责任的当事人释明。"江苏某建工公司在一审审理中提供了一份《昆明市五华区下马村"城中村"改造回迁安置房工程结算审核说明》，以证明云南某房地产开发公司通过电子邮件向其发送该结算审核说明并在该结算审核说明中确认了停工损失金额，原审法院对该证据未予采信，也未向负有举证责任的一方当事人释明是否通过司法鉴定来确定损失大小，致本案停工损失金额问题未能查清。经本院在二审中向江苏某建工公司释明后，其已向本院申请对案涉工程停工损失进行鉴定。同时，江苏某建工公司还在二审中提供了〔2018〕云昆明信证经字第 50981 号《公证书》，用以证明《昆明市五华区下马村"城中村"改造回迁安置房工程结算审核说明》电子邮件的真实性，并同时申请对电子邮件附件中云南某房地产开发公司印章的真实性及是否电子合成进行鉴定。上述两种鉴定方式均是解决停工损失认定的有效途径。为查清案件事实，维护当事人的实体权利和诉讼权利，本案应予发回重审。

相关案例二：《康某与张某装饰装修合同纠纷二审民事裁定书》（北京市第一中级人民法院〔2019〕京 01 民终 1288 号）

裁判书摘录：本院认为，当事人对工程造价、质量、修复费用等专门性问题有争议，人民法院认为需要鉴定的，应当向负有举证责任的当事人释明。当事人经释明未申请鉴定，虽申请鉴定但未支付鉴定费用或者拒不提供相关材料的，应当承担举证不能的法律后果。一审诉讼中负有举证责任的当事人未申请鉴定，虽申请鉴定但未支付鉴定费用或者拒不提供相关材料，二审诉讼中申请鉴定，人民法院认为确有必要的，应当发回原审法院重审。本案中，双方当事人对工程质量及修复费用等专门性问题产生争议。康某在二审中申请鉴定，本院认为确有必要，故将本案发回一审法院重新审理。

问题 59：放弃优先权条款中，如何认定损害建筑工人的利益？

◆ 有关规定 ◆

《最高人民法院关于审理建设工程施工合同纠纷案件适用法律问题的解释（一）》

第四十二条　发包人与承包人约定放弃或者限制建设工程价款优先受偿权，损害建筑工人利益，发包人根据该约定主张承包人不享有建设工程价款优先受偿权的，人民法院不予支持。

◆ 实务提醒 ◆

一、权利当然可以放弃。建设工程价款优先受偿权作为权利的一种，则当事人有自由处分的权利，故承包人原则上可以作出放弃或限制的处分。

二、放弃权利不能损害他人权益。建设工程价款优先受偿权作为法定的优先权，具有保护建筑工人利益的特殊立法目的。如果承包人同意放弃或限制建筑工人利益的行为侵害了建筑工人利益的，放弃或限制行为无效，即承包人仍可以行使享有建设工程价款优先受偿权。

三、损害建筑工人利益的认定。一般而言，放弃或限制建设工程价款优先受偿权，必然实质上影响建筑工人工资的清偿，从而损害建筑工人利益。但是，如果专门调拨资金全部清偿了建筑工人工资或者为建筑工人的工资另行提供了足额担保。在此类情形下，建筑工人的利益有了保障，则应当认定为建筑工人利益未受损害。

◆ 相关案例 ◆

相关案例一：《广东省某工程有限公司、仁化县某水电有限公司建设工程施工合同纠纷二审民事判决书》（广东省韶关市中级人民法院〔2019〕粤 02 民终 290 号）

判决书摘录：本院认为，本案是建设工程施工合同纠纷。根据《中华人民共和国民事诉讼法》第一百六十八条"第二审人民法院应当对上诉请求的有关事实和适用法律进行审查"的规定，本院仅对广东省某工程公司上诉请求的有关事实和法律适用进行审查。根据各方当事人的上诉和答辩意见，本案的争议焦点是广东省某工程公司对涉案建设工程价款是否享有优先受偿权。

《最高人民法院关于审理建设工程施工合同纠纷案件适用法律问题的解释（二）》第二十三条规定："发包人与承包人约定放弃或者限制建设工程价款优先受偿权，损害建筑工人利益，发包人根据该约定主张承包人不享有建设工程价款优先受偿权的，人民法院不予支持。"根据该条文的规定，首先是尊重意思自治，承包人与发包人有权就包括建设工程价款优先受偿权在内的各项权利进行讨价还价，建设工程价款作为私权，原则上允许当事人依法处分；其次是维护《中华人民共和国合同法》第二百八十六条的立法目的，即承包人与发包人有权就事先放弃或限制建设价款优先受偿权的约定不得损害农民工等建筑工人的合法权益，不能导致建筑工人的工资权益受到损害。本案中，广东省某工程公司认为其与某水电公司约定及向某农信社承诺放弃建设工程价款的优先受偿权，损害了工人的利益，是无效的。首先，广东省某工程公司作为承包人，其可以与发包人某水电公司约定放弃建设工程价款的优先受偿权，这是其对自身权利的处分。虽然承包人与发包人之间的市场地位可能不平等，导致缔约地位不平等。但对于此种不平等，只要不超出一定的范围和界限，法律和司法应当予以尊重。承包人和发包人主要是商事主体，在商事交易中，应着重维护契约自由、市场秩序、交易效率和交易安全。这与民事交易中的价值取向有所区别。因此，对于广东省某工程公司事先与某水电公司约定部分放弃建设工程价款优先受偿权及向某农信社承诺放弃全部建设工程价款优先受偿权的行为，应予尊重。其次，广东省某工程公司不仅与某水电公司约定放弃其所负责施工的涉案工程一、二期工程价款的优先受偿权，其还向某农信社出具《承诺书》，承诺放弃全部优先受偿权。广东省某工程公司认为其放弃的只是一、二期工程的工程价款的优先受偿权，并未放弃三期工程价款的优先受偿权，但其在出具《承诺书》时应能理解全部与"一、二期"的含义，且广东省某工程公司在《周田水电站土建二期工程施工补充协议》与《承诺书》中所作的表述并不一致，这反映其对自己放弃的建设工程价款优先受偿权的范围有充分的认识。最后，如果损害了建筑工人的利益，即使承包人与发包人约定放弃建设工程价款的优先受偿权，也不会得到人民法院的支持。但广东省某工程公司所提交的四份结算汇总表只是其单方提供的剩余工程结算尾款的汇总材料，反映的是与有关单位和个人的结算，但不能据此证明广东省某工程公司拖欠了建筑工人的工资，也没有其他证据佐证广东省某工程公司至今仍拖欠上述剩余工程结算尾款。广东省某工程公司提交的证据不足以证明其放弃涉案工程价款的优先受偿权会损害建筑工人的利益。一审法院对广东省某工程公司主张涉案工程折价或拍卖款享有优先受偿权的诉讼请求不予支持并无不当，本院予以维持。

相关案例二：《某建设集团有限公司与洪湖市某置业有限公司建设工程施工合同纠纷一审民事判决书》（湖北省荆州市中级人民法院〔2019〕鄂10民初9号）

判决书摘录：关于工程款优先受偿权的问题。《中华人民共和国合同法》第二百八十六条规定："发包人未按照约定支付价款的，承包人可以催告发包人在合理期限内支付价款。发包人逾期不支付的，除按照建设工程的性质不宜折价、拍卖的以外，承包人可以与发包人协议将该工程折价，也可以申请人民法院将该工程依法拍卖。建设工程的价款就该工程折价或者拍卖的价款优先受偿。"《最高人民法院关于建设工程价款优先受偿权问题的批复》第三条规定："建筑工程价款包括承包人为建设工程应当支付的工作人员报酬、材料款等实际支出的费用，不包括承包人因发包人违约所造成的损失"。第四条规定:"建设工程承包人行使优先权的期限为六个月,自建设工程竣工之日或者建设工程合同约定的竣工之日起计算"。依据上述规定,原告行使优先权未超出六个月期限。2019年2月1日实施的《最高人民法院关于审理建设工程施工合同纠纷案件适用法律问题的解释(二)》第二十三条规定:"发包人与承包人约定放弃或者限制建设工程价款优先受偿权,损害建筑工人利益,发包人根据该约定主张承包人不享有建设工程价款优先受偿权的,人民法院不予支持。"根据上述规定,发包人与承包人可以约定放弃或限制建设工程价款优先受偿权。本案争议的关键在于2012年4月20日原告某建设集团公司向第三人某农商行出具《承诺书》是否表明原告某建设集团公司已放弃或限制优先受偿权。原告出具的承诺书核心内容为:"洪湖市某置业有限公司向洪湖市某农村信用合作联社公司业务部申请项目贷款8000万元,期限三年,用于项目建设及工程款支付。为配合洪湖市某置业有限公司工作,我公司同意"三民·第园"项目开盘销售起,销售资金首先用于支付已测算的除项目资本金和信用社贷款资金外的项目资金缺口,剩余销售款项按与贵社约定的还款比例和进度偿还贷款,我公司同意未收工程款待洪湖市某置业有限公司还清洪湖市某农村信用合作社公司业务部的全部项目贷款本息后,再行结算。"从承诺书的内容来看,该承诺书系某建设集团公司对其优先受偿权进行了限制,即在洪湖市某置业公司向洪湖某农商行偿还三年期贷款8000万元后行使优先受偿权。该承诺书的内容同时表明,原告某建设集团公司限制优先受偿权是附条件的,即被告应按照与第三人约定的还款比例和进度偿还贷款。被告洪湖市某置业公司与第三人洪湖某农商行签订的借款合同中约定:还款时间3年,当销售收入达到30%时,归还贷款比例40%;当销售收入达到50%时,归还贷款比例60%;当销售收入达到70%时,还清全部贷款。根据上述借款合同的约定,被告洪湖市某置业公司应在约定的时间3年内按照约定的销售进度和还款比例向第三人偿还贷款,但截至本案本次诉讼时,承诺书约定的三年期贷款及约定的还款时间均已到期,被告洪湖市某置业公司既未按照借款合同的约定向第三人偿还贷款,第三人洪湖某农商行也未向被告洪湖市某置业公司主张权利以实现其债权,而是在贷款期限届满后与洪湖市某置业公司两次签订展期合同,对贷款展期至2021年,远远超过原告某建设集团公司在承诺书中对于其优先权限制行使的时间。本院认为,建设工程价款优先受偿权是法律赋予承包人的法定权利,本案原告某建设集团公司对于优先受偿权的限制涉及该公司重大权利。承诺书对于优先权的限制的条件为第三人应按照与被告签订的借款合同还款,在没有证据证明被告对于借款合同客观不能履行的情况下,第三人在借款合同约定的贷款到期日及还款时间内怠于行使债权,影响原告某建设集团公司权利的实现。在第三人及被告未告知原告某建设集团公司双方对于贷款展期,某建设集团公司也未对展期后的贷款重新作出新的意思表示时,如认为原承诺书仍系对原告行使优先受偿权的限制,则被告洪湖市某置业公司与第三人通过展期方式将长期阻碍原告行使权利,该行为对原告某建设集团公司明显不公,不能以原告某建设集团公司在承诺书中所作出的限制优先受偿权的表示认定其对于展期后的贷款也限制优先受偿权。故原告某建设集团公司对工程款6107.7万元享有优先受偿权。

问题 60：工程质量问题的反诉和抗辩，如何区分？

◆ 有关规定 ◆

《最高人民法院关于审理建设工程施工合同纠纷案件适用法律问题的解释（一）》

第十六条　发包人在承包人提起的建设工程施工合同纠纷案件中，以建设工程质量不符合合同约定或者法律规定为由，就承包人支付违约金或者赔偿修理、返工、改建的合理费用等损失提出反诉的，人民法院可以合并审理。

◆ 实务提醒 ◆

一、质量问题应当反诉或另诉。工程项目质量缺陷纠纷与工程款欠款纠纷属于不同的法律关系，发包人以抗辩的方式主张工程质量不合格请求支付违约金或者赔偿修理、返工、改建的合理费用等损失，应提出反诉。不构成反诉的，应当另行起诉。

二、反诉可以合并审理。如果发包人提出反诉的，人民法院可以和承包人的本诉请求合并审理。哪些可以分别审理，哪些应当合并审理并没有明确规定，法官可以根据情况决定。

三、反诉"可以"合并审理，而非"必须"合并。《民事诉讼法解释》第二百三十二条规定："可以合并审理的，人民法院应当合并审理"，根据《最高人民法院关于审理建设工程施工合同纠纷案件适用法律问题的解释（一）》的规定来看，是否合并审理的决定权由法官自由裁量。

四、如果发包人坚持提出抗辩主张的，人民法院应不予采纳其抗辩主张。

五、承包人的含义。此处的承包人，不仅单指总包人，还包括分包人、转承包人、违法分包人等实际施工人。因为这里是发包人就质量问题对施工责任主体提出主张，不应限于合法的第一手的承包人。

六、一审中没提出反诉，二审提出工程质量不合格请求支付违约金或赔偿修理、返工、改建的费用等损失问题，应另案起诉。

◆ 相关案例 ◆

相关案例一：《郑某与刘某建设工程施工合同纠纷二审民事判决书》（江苏省南京市中级人民法院〔2019〕苏 01 民终 1010 号）

判决书摘录：本院认为，《最高人民法院关于审理建设工程施工合同纠纷案件适用法律问题的解释（二）》第七条规定："发包人在承包人提起的建设工程施工合同纠纷案件中，以建设工程质量不符合合同约定或者法律规定为由，就承包人支付违约金或者赔偿修理、返工、改建的合理费用等损失提出反诉的，人民法院可以合并审理。"本案中，郑某提出刘某施工过程中将乳胶漆洒到了原有自流坪上，对自流坪造成损失。本院认为，当事人所提出的理由是否可以作为抗辩或需提出反诉或应另行起诉，人民法院应加以区分。郑某所称损害，超出案涉工程质量范畴，属于主张承包人在施工过程中造成其他财产损害，既超出原告诉讼请求范围，亦与建设工程施工合同纠纷不属于同一法律关系，该请求系侵权损害赔偿的独立诉讼请求，郑某应另行提起诉讼主张权利。据此，郑某的上诉理由不能作为拒付案涉工程欠款的抗辩，一审法院所作判决并无不当，本院予以维持。

相关案例二：《准格尔旗某汽贸有限责任公司与王某建设工程施工合同纠纷二审民事裁定书》（内蒙古自治区鄂尔多斯市中级人民法院〔2019〕内 06 民终 530 号）

裁判书摘录：本院认为，因工程项目质量缺陷纠纷与工程款欠款纠纷属于不同的法律关系。〔2015〕准民初字第 3362 号民事判决为王某起诉索要工程款案件，在该案件中某汽贸公司提出涉案工程存在质量问题的抗辩。〔2015〕准民初字第 3362 号民事判决和〔2018〕内 06 民终 1631 号民事判决只是认定某汽贸公司关于涉案工程存在质量问题的抗辩不能成立，对涉案是否存在质量问题并未进行实体审理。《最高人民法院关于审理建设工程施工合同纠纷案件适用法律问题的解释（二）》第七条规定："发包人在承包人提起的建设工程施工合同纠纷案件中，以建设工程质量不符合合同约定或者法律规定为由，就承包人支付违约金或者赔偿修理、返工、改建的合理费用等损失提出反诉的，人民法院可以合并审理。"故工程是否存在质量问题，应以反诉的形式提出，否则无法对工程质量问题进行实体审理。原审裁定把生效判决对工程质量抗辩的认定当作对工程质量的实体认定，属于适用法律错误。某汽贸公司提起的质量问题诉讼系其第一次提起，符合起诉条件，准格尔旗人民法院应依法进行实体审理。

相关案例三：《某文体广电和旅游局与甘肃某建设集团股份有限公司建设工程施工合同纠纷二审民事判决书》（甘肃省高级人民法院〔2019〕甘民终 128 号）

判决书摘录：某广电局于 2017 年 7 月 12 日向甘肃某建设集团公司发出《关于广电大厦外墙真石漆严重脱落责令施工方整改的通知》，要求甘肃某建设集团公司对外墙面在保质期内出现真石漆脱落问题进行维修，并在二审中举证证明涉案工程地下室存在渗水问题。《最高人民法院关于审理建设工程施工合同纠纷案件适用法律问题的解释（二）》第七条规定："发包人在承包人提起的建设工程施工合同纠纷案件中，以建设工程质量不符合合同约定或者法律规定为由，就承包人支付违约金或者赔偿修理、返工、改建的合理费用等损失提出反诉的，人民法院可以合并审理。"某广电局上诉提出涉案工程质量存在问题，但其未在一审中提出反诉。《最高人民法院关于适用〈中华人民共和国民事诉讼法〉的解释》第三百二十八条第一款规定："在第二审程序中，原审原告增加独立的诉讼请求或者原审被告提出反诉的，第二审人民法院可以根据当事人自愿的原则就新增加的诉讼请求或者反诉进行调解；调解不成的，告知当事人另行起诉。双方当事人同意由第二审人民法院一并审理的，第二审人民法院可以一并裁判。"本院二审中，对某广电局提出的质量问题进行了调解，双方未能达成协议，且甘肃某建设集团公司不同意并案处理。因此，某广电局提出的涉案工程质量问题，本院不能合并审理，应另案处理。

问题 61：违法工程是否享有优先受偿权？

◆ 有关规定 ◆

一、《中华人民共和国民法典》

第八百零七条　发包人未按照约定支付价款的，承包人可以催告发包人在合理期限内支付价款。发包人逾期不支付的，除根据建设工程的性质不宜折价、拍卖外，承包人可以与发包人协议将该工程折价，也可以请求人民法院将该工程依法拍卖。建设工程的价款就该工程折价或者拍卖的价款优先受偿。

二、《中华人民共和国合同法》

第二百八十六条　发包人未按照约定支付价款的，承包人可以催告发包人在合理期限内支付价款。发包人逾期不支付的，除按照建设工程的性质不宜折价、拍卖的以外，承包人可以与发包人协议将该工程折价，也可以申请人民法院将该工程依法拍卖。建设工程的价款就该工程折价或者拍卖的价款优先受偿。

三、《中华人民共和国城乡规划法》

第六十四条　在城市规划区内，未取得建设工程规划许可证件或者违反建设工程规划许可证件的规定进行建设，严重影响城市规划的，由县级以上地方人民政府城市规划行政主管部门责令停止建设，限期拆除或者没收违法建筑物、构筑物或者其他设施；影响城市规划，尚可采取改正措施的，由县级以上地方人民政府城市规划行政主管部门责令限期改正，并处罚款。

四、《最高人民法院第八次全国法院民事商事审判工作会议纪要》

关于违法建筑相关纠纷的处理问题，对于未取得建设工程规划许可证或者未按照建设工程规划许可证规定内容建设的违法建筑的认定和处理，属于国家有关行政机关的职权范围，应避免通过民事审判变相为违法建筑确权。

五、《广东省高级人民法院关于在审判工作中如何适用〈中华人民共和国合同法〉第286条的指导意见》

第七条　在建设工程承包合同无效的情形下，承包人主张建设工程价款优先受偿权的，人民法院不予支持。

对于违法建筑是否享有优先受偿权，实务中有分歧，两种不同的观点各自都有一定的理由。

一、不支持享有优先受偿权的理由

1. 从判决后的执行力来看。人民法院的判决书具有既判力、确定力和执行力，违法工程并不能保证判决书的"三力"。

2. 从物权取得来看。违法建筑不能依法取得相应物权。见相关案例一。

3. 从司法实践来看。一旦判决违法建筑享有优先受偿权，则容易造成变相的通过民事审判为违法建筑确权。

二、支持享有优先受偿权的理由

1. 从建设工程价款优先受偿权制度的目的来看。建设工程价款优先受偿权制度的目的主要在于保护工人的工资债权，起源于承揽人对工作成果的留置权。只要建筑物存在，就应该肯定建设工程价款对这种工作成果有优先受偿权。

2. 从建设工程价款优先受偿权的性质来看。建设工程价款对建设工程的法定抵押权由建设工程提供担保，在该建设工程未被拆除之前，建设工程价款优先受偿权的标的均客观存在，而在不存在《中华人民共和国民法典》第三百九十三条规定"法定担保物权消灭"的情形下，应承认建设工程价款优先权客观存在。

3. 从担保物权物上代位的属性来看。违法建筑物可以事实上基于"租赁关系"或者"使用关系"而有收益，则工程价款受偿权人可以基于抵押权物上代位的规定而针对租赁收益或者使用收益获得清偿。通过承认建筑物收益的物上代位，可使工程价款对建筑物的收益进行取偿，且现实拍卖程序中，对此租赁收益或者使用收益也均是一并与建筑物进行拍卖而进行取偿。

4. 从违法建筑的持续状态来看。违法建筑其现状不宜折价、拍卖，但不等于一直处于此状态，且法律规定的是建设工程的"性质不宜"而非现状不宜。判断是否属于违法建筑的依据看是否办理了工程规划许可证，而有的虽然没有办理工程规划许可，但是取得了立项许可等手续，有的工程也许以后会办理工程规划许可手续。即便是违法建筑，其本身也具有使用权益，因此对违法建筑可以享有优先受偿权。

5. 从权力法定来看。工程价款优先受偿权是《中华人民共和国民法典》第八百零七条赋予建设工程施工方的一项法定优先权，目的是保障施工方能够及时取得工程款。建设工程施工合同被认定无效，并非排除适用该法第八百零七条的条件。

◆ 相关案例 ◆

相关案例一：《南通某建设集团有限公司、儋州某房地产开发有限责任公司建设工程

施工合同纠纷再审审查与审判监督民事裁定书》（最高人民法院〔2019〕最高法民申 1250 号）

判决书摘录：关于南通公司是否就案涉建设工程价款享有优先受偿权的问题。根据《中华人民共和国合同法》第二百八十六条的规定，承包人有权请求就所涉工程折价或者拍卖的价款优先受偿。然而，根据本案查明的事实，案涉工程至本案一审庭审时仍未办理建设工程规划许可证、建设工程施工许可证，属于违法建筑，其不能依法取得相应物权，且相关工程一直处于停工状态，原审判决据此认定案涉工程属于依现状不宜折价、拍卖的建设工程，进而对南通公司就案涉工程价款享有优先受偿权的主张不予支持，并无不当。

相关案例二：《肖某、四川某房地产开发有限公司、彭某、四川某建筑工程有限公司建设工程价款优先受偿权纠纷一案再审民事判决书》（四川省达州市中级人民法院〔2018〕川 17 民再 9 号）

判决书摘录：关于优先受偿权的问题。《中华人民共和国合同法》第二百八十六条规定："发包人未按照约定支付价款的，承包人可以催告发包人在合理期限内支付价款。发包人逾期不支付的，除按照建设工程的性质不宜折价、拍卖的以外，承包人可以与发包人协议将该工程折价，也可以申请人民法院将该工程依法拍卖。建设工程的价款就该工程折价或者拍卖的价款优先受偿。"工程价款优先受偿权是《中华人民共和国合同法》第二百八十六条赋予建设工程施工方的一项法定优先权，目的是保障施工方能够及时取得工程款。建设工程施工合同被认定无效，并非排除适用该法第二百八十六条的条件。

问题 62：合同无效情形下，违法建筑与合法建筑工程款结算有何不同？

◆ **相关规定** ◆

一、《中华人民共和国民法典》

第一百五十七条　民事法律行为无效、被撤销或者确定不发生效力后，行为人因该行为取得的财产，应当予以返还；不能返还或者没有必要返还的，应当折价补偿。有过错的一方应当赔偿对方由此所受到的损失；各方都有过错的，应当各自承担相应的责任。法律另有规定的，依照其规定。

第七百九十三条　建设工程施工合同无效，但是建设工程经验收合格的，可以参照合同关于工程价款的约定折价补偿承包人。

建设工程施工合同无效，且建设工程经验收不合格的，按照以下情形处理：

（一）修复后的建设工程经验收合格的，发包人可以请求承包人承担修复费用；

（二）修复后的建设工程经验收不合格的，承包人无权请求参照合同关于工程价款的约定折价补偿。

发包人对因建设工程不合格造成的损失有过错的，应当承担相应的责任。

二、《中华人民共和国合同法》

第五十八条　合同无效或者被撤销后，因该合同取得的财产，应当予以返还；不能返还或者没有必要返还的，应当折价补偿。有过错的一方应当赔偿对方因此所受到的损失，双方都有过错的，应当各自承担相应的责任。

三、《最高人民法院关于审理建设工程施工合同纠纷案件适用法律问题的解释》

第二条　建设工程施工合同无效，但建设工程经竣工验收合格，承包人请求参照合同约定支付工程价款的，应予支持。

第三条　建设工程施工合同无效，且建设工程经竣工验收不合格的，按照以下情形分别处理：

（一）修复后的建设工程经竣工验收合格，发包人请求承包人承担修复费用的，应予支持；

（二）修复后的建设工程经竣工验收不合格，承包人请求支付工程价款的，不予支持。

因建设工程不合格造成的损失，发包人有过错的，也应承担相应的民事责任。

四、《江苏省高级人民法院建设工程施工合同案件审理指南》

建设工程施工合同无效的处理中应注意问题：（七）施工合同约定的建设工程是"三无"工程或被行政主管部门认定为违法建筑工程价款的结算。

什么是违法建筑，或者说是违章建筑？违法建筑是指未取得建设工程规划许可证或者未按照建设工程规划许可证规定内容建设的房屋及建筑物为违法建筑。所谓"三无"工程，指未取得土地使用权证、未取得建筑工程规划许可证、未办理报建手续的工程。对于这样的工程，如果发包人和承包人签订了施工合同，其效力如何？正式公布的法释〔2004〕14号文未作出明确规定。认为合同应当有效的理由是：房屋建设者违反《中华人民共和国城乡规划法》等公法的规定，引起的法律后果是接受相关行政部门的处罚，其私法行为效力不受违反公法的影响。《中华人民共和国城乡规划法》第六十四条规定：未取得建设工程规划许可证或者未按照建设工程规划许可证的规定进行建设的，由县级以上地方人民政府城乡规划主管部门责令停止建设；尚可采取改正措施消除对规划实施的影响的，限期改正，处建设工程造价百分之五以上百分之十以下的罚款；无法采取改正措施消除影响的，限期拆除，不能拆除的，没收实物或者违法收入，可以并处建设工程造价百分之十以下的罚款。

我们认为应认定无效。一是2002年8月《最高法院关于审理建设工程合同纠纷的暂行意见》第十条规定："发包人与承包人签订无取得土地使用权证、无取得建筑工程规划许可证、无办理报建手续的'三无'工程建设施工合同，应确认无效；但在审理期间已补办手续的，应确认合同有效。"二是违章建筑具有违法性，具体体现在：①违法建筑违反了《中华人民共和国城乡规划法》规定。②《中华人民共和国城乡规划法》对此作出的规定是强制性规定，是有关合同效力性的规定。三是国家对违法建筑持否定性评价，是因为违法建筑损害了国家利益，规避了国家对规划体系、建筑产品质量、房地产交易市场等系列行为的监管，使得违法建筑在现行体制以外生存，直接危及社会的公共安全，直接危及人民群众的生命财产安全。故违法建筑直接损害国家和社会公共利益，并不是在当事人私权范畴内就能解决的问题，人民法院作为公权力的行使者，应当旗帜鲜明地认定就违法建筑订立的合同无效。四是建设工程的特殊性决定了建设工程施工合同效力必然受建设审批手续的影响。建设工程具有不可移转、投资大、对周围环境影响大、涉及人民群众生命财产安全等特点，这些特点也决定了国家对建设工程从建设审批手续上必须作出严格规定和要求，否则有损公共利益。五是由于未取得土地使用权证、未取得建筑工程规划许可证的工程，无法进行竣工验收和备案，也就无法申领到相关权属证书。故该类合同应依据《中华人民共和国合同法》第五十二条的规定认定为无效合同。

因违法建筑或"三无"工程严重违反了《中华人民共和国土地管理法》《中华人民共和国城乡规划法》，这样的建设工程无论工程质量是否合格，都不作为支付工程价款的依据，均应立即拆除和返还所支付的工程款。发包人或承包人的损失，是发包人的过错，发包人对自己的损失自负，同时应赔偿承包人施工中支付的人工费、材料费等实际损失；是承包人的过错，承包人对自己的损失自负，同时应赔偿发包人材料费等实际损失。双方都有过错，按过错大小各自承担相应的赔偿责任。

◆ **实务提醒** ◆

一、"合法建筑的合同无效"与"违法建筑的合同无效"需要注意两个不同方面的问题。建筑可以分为合法建筑与违法建筑，合同可以分为有效合同与无效合同。

二、"违法建筑"和"合同无效"是两个不同的概念。合同无效的建筑并不必然就是违法建筑，而违法建筑的施工合同肯定是无效。

三、可以补办工程规划手续的不属于根本性违法建筑，合同有效。比如：最高人民法院公报案例〔2012〕民一终字第 126 号判决："根据相关行政部门的决定，案涉项目并非根本性违章建筑，可以通过补办相关规划手续使之合法化。因此，虽然未成功办理规划手续，但并不属于根本性违约导致合同目的不能实现。"

四、合法建筑的合同无效，如何支付工程款。

《最高人民法院关于审理建设工程施工合同纠纷案件适用法律问题的解释》第二条规定，建设工程施工合同无效，但建设工程经竣工验收合格，承包人请求参照合同约定支付工程价款的，应予支持。对于该条的理解，笔者认为应当注意以下两个方面。

1. 该建设工程应当是合法建筑。该条规定的"建设工程"是指合法的建设工程，并不包括违法的建设工程。只有合法的建设工程的合同无效，才能参照合同约定结算工程款。对于违法建设工程，无论是否合格，都不能按照合同约定支付工程款。

2. 支付工程款的前提是建设工程"验收合格"。对于"验收合格"的理解：①所谓验收合格，其根本目的是要保证工程具有使用价值，而不是简单地说，其目的就是验收合格。违法建筑本身就不存在使用的问题，所以也根本不存在验收合格之说。②验收不合格的，也并不是说直接不支付工程价款，而是先要维修，维修后仍然不合格的，才不支付工程价款。至于违法建筑，可能会去维修吗？既然不可能维修，也就不存在维修后是否合格的问题，也许维修后会合格，但是合格与否都不能参照合同约定支付工程款。

五、违法建筑的合同无效，如何支付工程款。

对于违法建筑如何支付工程款呢？笔者认为，违法建筑不存在支付工程款的问题，而应该讨论如何赔偿损失。

1. 工程款支付问题。违法建筑无论工程质量是否合格，都不作为支付工程价款的依据，均应立即拆除和返还所支付的工程款。

2. 损失计算问题。如果是发包人的过错，发包人对自己的损失自负，同时应赔偿承包人施工中支付的人工费、材料费等实际损失；如果是承包人的过错，承包人对自己的损失自负，同时应赔偿发包人材料费等实际损失；如果双方都有过错，则应当按过错大小各自承担相应的赔偿责任。

六、实践中对违法建筑支付工程款的不同观点。

1. 质量是否合格不影响参照合同约定支付工程款，质量保修责任不支持。比如相关案例一，判决认为：工程未经验收已实际投入使用，视为发包方对实际施工工程的确认；参照合同约定支付工程款；不支持违法建筑的维修费用的要求。

2. 无效合同不区分是违法建筑还是合法建筑，违法建筑也参照合同约定结算工程款，对于质量保修责任也按照合同条款约定。比如相关案例二。

◆ **相关案例** ◆

相关案例一：《上海某工程建设有限公司与周某、经某建设工程合同纠纷一审民事判决书》（上海市浦东新区人民法院〔2013〕浦民一（民）初字第 41778 号）

判决书摘录：本院认为，系争工程在原告与被告周某签订《建设工程合同》时，并未取得相应建设手续，该合同标的物违法，且至今仍未取得相应合法手续，故上述合同应当认定无效。现被告周某虽认为曾在接收工程前催告原告工程存在质量问题和工程未完工，而原告在对此不认可的情况下，即双方就上述问题存在争议的情况下，被告周某实际已经接收上述工程，并投入使用，只能认定其对实际施工工程的确认，被告周某虽还提供照片以证明接收工程时工程还未完工，但原告对此不予认可，且照片的拍摄时间可以随意设置，故本院对被告周某的该抗辩难以采信，由此可以认定原告已经完成工作量，为此，被告周某应当参照合同约定向原告支付工程款 386000 元，被告周某要求对减少工作量进行鉴定的申请，本院不予采纳。

系争工程为违法标的物，即使该工程在保修期内存在质量问题，被告周某要求承担原告修复或修复的相关费用，无法律依据，本院不予支持，对被告周某申请对修复费用进行评估的意见不予采信。且从鉴定意见也可看出，系争工程本身未经正规设计，并建议进行重新设计，对结构性缺陷的修复应结合重新设计要求，即被告周某所提供的施工图本身存在一定缺陷，也是导致施工存在质量问题的因素，故被告周某亦应对质量问题本身承担一定责任。

相关案例二：《上诉人南京某货架型材制造有限公司与上诉人南京市某建筑工程有限公司建设工程施工合同纠纷一案的民事判决书》（江苏省南京市中级人民法院〔2015〕宁民终字第 2532 号）

判决书摘录：未取得建设用地规划许可证、国有土地使用权证和建设工程规划许可证，故签订的建设工程施工合同无效。建设工程施工合同无效，但建设工程经竣工验收合格，发包人仍应参照合同约定向承包人支付工程价款，同时，承包人亦应参照合同关于质量保修的约定，承担质量保修责任。上诉人某公司认为本案所涉工程为"三无"工程，所以不应当承担质量保修责任的观点，本院不予采纳。

问题 63：建设工程施工合同预期利益损失如何主张？

◆ 有关规定 ◆

一、《中华人民共和国民法典》

第五百八十四条　当事人一方不履行合同义务或者履行合同义务不符合约定，造成对方损失的，损失赔偿额应当相当于因违约所造成的损失，包括合同履行后可以获得的利益；但是，不得超过违约一方订立合同时预见到或者应当预见到的因违约可能造成的损失。

二、《建设工程造价鉴定规范》（GB/T 51262—2017）

5.8.5　因发包人原因，发包人删减了合同中的某项工作或工程项目，承包人提出应由发包人给予合理的费用及预期利润，委托人认定该事实成立的，鉴定人进行鉴定时，其费用可按相关工程企业管理费的一定比例计算，预期利润可按相关工程项目报价中的利润的一定比例或工程所在地统计部门发布的建筑企业统计年报的利润率计算。

◆ 实务提醒 ◆

一、预期利益损失金额的赔偿范围

根据最高人民法院发布《关于当前形势下审理民商事合同纠纷案件若干问题的指导意见》（以下简称指导意见），可以归纳出三种主要的预期利润损失。根据交易性质、合同目的等因素，预期利益损失主要分为生产利润损失、经营利润损失和转售利润损失。此外，当事人在合同中明确约定了预期利益损害赔偿范围时，应当以其合同约定的范围为准。

二、主张预期利益损失的四要件

诉讼中主张预期利益损失应当满足四要件，即有效合同关系、违约行为、因违约行为产生的损害事实、合理可预见的损失利益。其中，合法有效的合约是主张预期利益损失的必要前提；违约行为的发生是主张预期利益损失的基础要素；违约行为与损害事实之间的因果关系是举证的重要方向；合理、确定、可预见的损失金额是主张获得法院支持的核心依据。

三、预期利益损失认定的基本原则

建设工程施工合同纠纷在主张预期利益损失时，应当综合运用可预见规则、减损规则、损益相抵规则以及过失相抵规则等原则，限定损失范围为可以预见的、合理的、明确的金额，同时排除因守约方未及时采取措施而扩大的损失，查明守约方的净损失以及过错双方过失相抵后的综合情形，以便计算出准确、科学、合理的损失金额。

四、建设工程领域预期利益损失的计算方法

1. 以工程造价地方定额中的利润率作为计算标准

当事人可以依据当地规定的工程造价定额利润率作为确定预期利益损失的依据，如福建省高级人民法院（2014）闽民终第 1434 号案件中，根据《福建省建筑安装工程费用定额》的规定确定本案讼争工程的利润率为 2%，扣除已施工部分工程款，即［9554597－（727272.88＋36067.52）］×2%元＝8791256.6×2%元＝175825.13 元。

2. 以最终中标价超出招标最低价的差额作为计算标准

当事人可以将最终中标价超出招标最低价的部分为准，以两者差额作为计算标准认定损失。因发包人原因删减工程项目的，预期利润可按相关工程项目报价中的利润的一定比例计算，如安徽省高级人民法院（2010）皖民终第 80 号案件中，某建安公司投标时以 1750 万元承建案涉工程，而某房产公司就案涉工程设定的合理最低价参考值 17059954 元则表明该公司认为承包方报价中高于该最低成本价的部分即为利润，故某房产公司在与某建安公司签订合同时可预知案涉工程的预期利润为 440046 元（17500000 元－17059954 元），以此为依据主张预期利益损失具有相应的事实和法律依据。

3. 以投标文件中载明的利润率作为计算标准

建设工程领域涉及投标项目时，当事人可以依据投标文件中明文约定的利润率主张预期利益损失金额。如江西省高级人民法院（2017）赣民终 325 号案件中，某公司向开发区建投公司递交的《江西省房屋建筑和市政基础设施工程施工招标投标文件》中明确载明利润为 1010323.82 元。本案结合实际情况，基于双方当事人利益平衡的公平原则和民商事活动诚实信用的原则予以衡量，二审法院参照案涉工程五标段（杨梅四期东区项目）利润金额为基数，酌情在 10% 利润的范围内计算预期利益损失赔偿金 101032.38 元（1010323.82 元×10%）。

4. 以施工企业行业利润率作为计算标准

当事人可以依据同行业最低利润率主张预期利益损失金额，如最高人民法院（2019）最高法民申第 5776 号案件中，某公司主张以同行业最低利润率 20% 计算预期利益损失 2086.1 万元。

5. 以企业自身年度利润率作为计算标准

当事人可以将自身年度利润率为依据折算损失金额。如江苏省高级人民法院（2013）苏民终第205号案件中，某公司提供了武汉某电力股份有限公司2010年度利润率及中国化工节能技术协会出具的证明，以证明涉案工程利润率为41.74%，一审法院依据上述证据确认涉案工程利润率为41.74%，并根据这一利润率，可计算出涉案工程若如期完成，某公司可获得预期可得利润184万余元。

6. 逾期竣工造成的建设单位预期利益损失可参照同期同地段的房屋租金作为计算标准

因建设工程项目逾期竣工造成预期利益损失的，发包人的损失金额可参照同期同地段的房屋租金确定，如浙江省高级人民法院（2016）浙民申第1654号案件中，某公司因无法及时使用建成的房屋产生的损失金额参照同期同地段的房屋租金确定。原判确定预期利益损失期间为2007年3月18日至2010年12月26日，并参照某资产评估有限公司鉴定意见，酌定某公司预期利益损失为同期同地段房屋租金的60%，计1163245.13元。

7. 以企业自身同等时间内的营业收入扣除成本支出作为计算标准

当事人可以依据自身同等时间内的营业收入扣除成本支出后计算其预期利益损失。如安徽省高级人民法院（2013）皖民终第56号案件中，某贸易公司提供记载具体的每日营业收入明细表，并有案涉期间缴纳各种税费的缴款书对其营业收入予以印证。此外，房租支出有租赁合同和缴纳租金的税务发票，贷款利息有中国工商银行出具的利息支付凭证，工人工资表反映了各个员工的职位及工资情况，均由领取人签字确认。因此，某贸易公司提交的上述财务资料的证据以及据此作出每日经营损失的认定标准受到人民法院认可。

8. 评估机构通过现场勘查、同类企业市场调查计算损失

当事人可以自行选择专业机构就预期利益损失范围内的金额予以评估，以鉴定结果为依据向人民法院主张权益。诉讼中双方当事人就评估机构选择难以达成一致的，可向人民法院提出申请，由法院委托专业评估机构，予以确认损失。如最高人民法院（2017）最高法民再第44号案件中，鉴定机构提供现场勘察、同类企业市场调查等方式明确设备折旧及经营利润等金额，确定预期利益损失（1574.1万元＋451.01万元），共计2025.11万元。

◆ 相关案例 ◆

相关案例一：《丹东某房地产开发有限公司、大连某影业集团有限公司房屋租赁合同纠纷再审审查与审判监督民事裁定书》（最高人民法院〔2017〕最高法民申1240号）

判决书摘录：本院认为，计算和认定涉案合同未履行部分预期利益损失时，应当充分考虑未来市场风险以及鉴定评估报告的依据是否全面等因素作出综合评判，本案中法院最终综合评估机构报告后酌定预期利益损失金额。

相关案例二：《湖北某建设集团有限公司、某部队建设工程施工合同纠纷再审审查与

审判监督民事裁定书》(最高人民法院〔2017〕最高法民申 829 号)

判决书摘录：本院认为，由于双方当事人未签订书面合同，一审法院参考某公司投标书确定案涉工程利润为 503551.08 元并无不妥。《中华人民共和国合同法》第一百一十三条规定，当事人一方不履行合同义务或者履行合同义务不符合约定，给对方造成损失的，损失赔偿额应当相当于因违约所造成的损失，包括合同履行后可以获得的利益，但不得超过违反合同一方订立合同时预见到或者应当预见到的因违反合同可能造成的损失。根据上述法律规定，该利益损失属于合同当事人能够预见的合理损失，应当予以赔偿。二审法院除一审已支持的 50355.10 元外，又将可得利益赔偿数额增加到 453195.98 元。一审法院根据某公司已完成的工程造价数额、可确定的实际损失数额，按照银行同期贷款利率标准计算合理的资金损失并无不妥。

问题 64：建设工程价款优先受偿"应付之日"如何确定？

◆ 有关规定 ◆

《最高人民法院关于审理建设工程施工合同纠纷案件适用法律问题的解释（一）》

第四十一条　承包人应当在合理期限内行使建设工程价款优先受偿权，但最长不得超过 18 个月，自发包人应当给付建设工程价款之日起算。

◆ 实务提醒 ◆

一、关于建设工程价款优先受偿权制度的演变

2002 年 6 月 27 日施行的《最高人民法院关于建设工程价款优先受偿权问题的批复》正式确立了建设工程价款优先受偿权制度。该批复第四条规定："建设工程承包人行使优先权的期限为 6 个月，自建设工程竣工之日或者建设工程合同约定的竣工之日起计算。"2019 年 2 月 1 日起施行的《最高人民法院关于审理建设工程施工合同纠纷案件适用法律问题的解释（二）》（以下简称"原司法解释二"）第二十二条规定："承包人行使建设工程价款优先受偿权的期限为六个月，自发包人应当给付建设工程价款之日起算。"2021 年 1 月 1 日起施行的《最高人民法院关于审理建设工程施工合同纠纷案件适用法律问题的解释（一）》（以下简称"新司法解释一"）第四十一条规定："承包人应当在合理期限内行使建设工程价款优先受偿权，但最长不得超过 18 个月，自发包人应当给付建设工程价款之日起算。"通过以上规定可以看出，承包人行使建设工程价款优先受偿权的起算时间由开始确立的"建设工程竣工之日"调整为"建设工程价款应付之日"。

二、关于建设工程价款优先受偿权制度的修改原因

自 2019 年原司法解释二将建设工程价款优先受偿权的起算之日从"竣工之日"改为"应付之日"的那一天起，引发的质疑和争议就未曾停歇。最高人民法院之所以进行修改，解释是："因建设工程结算周期较长，流程复杂，在工程竣工后六个月期限内，承、发包双方很难达成结算。若依《工程价款优先受偿权批复》规定的以建设工程竣工之日或建设工程合同约定的竣工之日作为优先权行使期间的起算时间，则起算时间早于行使条件具备之日，此时承包人尚不知道发包人是否会拖欠工程款，甚至可能出现优先受偿权行使期限已经届满，而发包人的付款期限尚未届至的情形，显然不利于对承包人权益的保护，加之《中华人民共和国民法典》第八百零七条还规定，承包人在行使优先受偿权之前应予催告，为了保证不丧失工程款优先受偿权，承包人只能要求发包人将给付工程款的时间定在竣工之后不久，故有必要对行使优先受偿权的起算时间进行完善。""此规定系参照担保物权将建设工程价款优先受偿权的行使时间确定为债权未获满足之时，发包人应该给付工程款而未给付之时，解决了优先受偿权起算点不明确、不妥当的问题。"

简而言之，最高人民法院对优先权批复进行修改的原因有两个：一是认为 6 个月时间太短，所以修改为 18 个月（当然，承包人应该在合理的时间内积极去行使权利，18 个月是最长不得超过的时间）；二是认为"竣工之日"起算点不妥当、不明确，应改为"应付之日"。

三、如何正确理解"竣工之日"与"应付之日"

针对最高人民法院的上述解释，有两种观点：一是"竣工之日"是一个非常明确的起算点，不存在"不明确"的理解；倒是"应付之日"的规定将起算点变成了变幻不定、难以确定的时间点，特别是承、发包双方另外通过"结算协议"或"付款协议"将工程款的付款时间另外约定的情形下，更让"应付时间"变得难以把握。二是如果说 6 个月的期限太短，那不是起算时间点的问题，完全可以通过延长期限的时间予以解决。

笔者认为，建设工程是复杂的，实践中应结合具体情况根据不同的情形去理解和把握，有的情形"应付之日"即为文义所体现的"应付之日"，有的情形"交付之日"为"应付之日"，有的情形"竣工之日"就是"应付之日"……具体来说，可以根据不同的情况，将以下 7 种情形作为"应付之日"。

1. 如约履行《施工合同》，以合同中约定的"付款之日"为"应付之日"。

这是最理想的情形，工程依照《施工合同》如约履行，工程竣工验收交付，对于工程款的支付也没有另外的"付款协议"约定，工程款应当按照《施工合同》中约定的时间进行支付。这种情形下，《施工合同》中约定的"付款之日"则为"应付之日"，应作为建设工程价款优先受偿权行使期限的起算点，这种情形在实践中基本没有争议。

2. 合法有效的补充协议，以协议中约定的"付款之日"为"应付之日"。

如果在施工过程中或者竣工验收交付之后，承、发包双方对工程款的付款时间另外达成了"结算协议"或"付款协议"，而新的补充协议和原来的施工合同中约定的付款时间有所不同（有的提前，有的推迟，当然大部分情形是分期、分批支付的推迟，甚至有可能

存在承、发包双方恶意串通抵制银行等抵押权的情形)。在这种情形下，如何认定"应付之日"?

一种观点认为，约定的权利不能侵害他人的权利，承、发包双方任意延长付款时间会对发包人的其他债权人产生不利影响，不应准许以牺牲发包人其他债权人利益的方式，任由承包人做出对付款期限的延迟或承、发包双方做出对付款期限的延迟约定。

另一种观点认为，承包人在未付工程款范围内享有建设工程优先受偿权，系为保护承包人对工程价款的实际受偿，本身就是对承包人的特殊保护，而且承、发包人对工程款的分期、分批付款，以及提前或延迟付款的约定协议，本身既不违法又有效。

《最高人民法院新建设工程施工合同司法解释(一)理解与适用》中提道："承、发包人在施工合同之外，另行签订的关于付款的协议，实际上系对施工合同的工程款数额，以及支付时间进行了变更，除了属于《中华人民共和国民法典》规定的合同无效的情形外，应当认定有效，应付款之日即以另行约定的日期为准。但是为了避免发包人与承包人恶意串通，损害银行等其他债权人利益，人民法院应该主动审查承、发包人的主观意愿，以及是否存在损害第三人利益的情形，如果确实是乙方原因，导致付款条件不能成就，双方协商一致另行确定了付款时间，不存在恶意损害第三人利益的情形，应认定对付款时间的约定有效，优先受偿权的行使的起算时间以协议确定的付款时间为准。反之，承、发包人恶意串通，目的是拖延银行抵押权的行使或损害第三人利益，则应以原合同约定的付款日期作为应付工程款之日，即行使建设工程优先受偿权的起算时间。❶"

简而言之，新协议如果不存在无效的情况，则以新协议约定的付款时间为"应付之日"，即优先受偿权行使期限的起算点。

3. 没有约定付款时间的交付，以工程"交付之日"为"应付之日"。

建设工程的实际情况一般比较复杂。如果原施工合同没有约定付款时间，承、发包人也没达成新的付款协议，如何确定"应付之日"呢?这种情况下，工程已经交付，此时发包人已实际占有并控制了建设工程，可以行使占有、使用、收益、处分的权利，承包人可以、也应当向发包人主张欠付工程款并行使优先受偿权。所以应当以工程"交付之日"作为工程款"应付之日"，即作为优先受偿权行使期限的起算点。

4. 拒不审核的结算申请，以约定的"审核完毕到期之日"为"应付之日"。

如果双方在施工合同或补充协议中约定付款时间，应该以约定的时间为应付之日。例如:"甲方收到乙方竣工结算书之日起 30 天内完成工程决算审核，如甲方在 45 个日历天内仍未审核完毕，甲方应按乙方上报的工程结算价款为准付给乙方。"按照上述约定，如果在发包人未按时审核的情况下，承包人不仅能够据此确定工程款数额，而且其提交工程结算资料 45 个日历天后即获得主张工程价款的权利。也即在发包人未按时审核的情况下，该条不仅能够确定工程款的结算数额，也可据此确定应付工程款时间(见相关案例)。

---

❶ 最高人民法院民事审判第一庭. 最高人民法院新建设工程施工合同司法解释(一)理解与适用 [M]. 北京:人民法院出版社, 2021.

5. 好聚好散的解除，以合同约定的"解除之日"为"应付之日"。

实际工程中，工程因为发包人的原因或者承包人的原因或者双方的原因导致中途解除合同或合同终止履行。这种情况下，如果承、发包人对工程的后续处理及已完工程款的结算或支付达成"结算协议"或"付款协议"，则应当以协议中约定的"付款时间"为"应付之日"，作为优先受偿权的起算点；如果承、发包人仅仅达成解除合同协议，而未对工程款支付达成协议，则应当以合同"解除之日"为"应付之日"，作为优先受偿权的起算点。

6. 一言不合的起诉，以"起诉之日"为"应付之日"。

实际工程中，工程因为发包人的原因或者承包人的原因或者双方共同的原因导致合同无法履行，处于终止状态。承、发包人没有达成合同解除或终止协议，承包人一方提起诉讼。这种情况下，应当以"起诉之日"为"应付之日"，即优先受偿权的起算之日。承包人起诉发包人要求支付工程款时，可以、也应当、一般也会同时请求法院确认其对工程享有优先受偿权，以"起诉之日"作为"应付之日"计算优先受偿权起算点，也有助于提高司法效率。

7. 不管不问的终止，以"实际终止履行"为"应付之日"。

在复杂多样的建设工程中，还存在承包商擅自放弃工程的情况。多数情况下，由于承包人的原因（如继续做会巨亏、已完成的工程存在重大质量问题且返工成本巨大、无能力继续施工等），导致工程停工。这时，承包人可能会终止履行合同，一走了之，对后续如何处理不管不问。在这种情况下，如果不合理地确定优先受偿权的起算时间，则不仅对发包人不公平，也对发包人的其他债权方不公平。笔者认为，在这种情况下应该以"实际终止履行"为"应付之日"，并作为优先受偿权的起算点，或者发包人可以行使合同解除权，以"合同解除之日"作为"应付之日"，即优先受偿权的起算点。

◆ 相关案例 ◆

《中国化学工程某建设有限公司、兖矿鲁南某建设工程价款优先受偿权纠纷再审审查与审判监督民事裁定书》（最高人民法院〔2021〕最高法民申 330 号）

判决书摘录：本案的核心问题在于如何确定"应当给付建设工程价款之日"。双方签订的补充协议书约定，甲方（某化肥厂）收到乙方（某公司）竣工结算书之日起 30 天内完成工程决算审核，如甲方在 45 个日历天内仍未审核完毕，甲方应按乙方上报的工程结算价款为准付给乙方。根据已经查明的事实，某公司于 2016 年 3 月即向某化肥厂报送结算材料。按照上述补充协议约定，在某化肥厂未按时审核的情况下，某公司不仅能够据此确定工程款数额，在其提交工程结算资料 45 个日历天后即获得主张工程价款的权利。也即，在某化肥厂未按时审核的情况下，该条不仅能够确定工程款的结算数额，也可据此确定应付工程款时间。某公司 2019 年 3 月 25 日向某化肥厂管理人申报债权并主张建设工程价款优先受偿权，已远超六个月期间。

◆ 有关规定 ◆

《中华人民共和国民法典》

第五百四十七条　债权人转让债权的，受让人取得与债权有关的从权利，但是该从权利专属于债权人自身的除外。

受让人取得从权利不因该从权利未办理转移登记手续或者未转移占有而受到影响。

第八百零七条　发包人未按照约定支付价款的，承包人可以催告发包人在合理期限内支付价款。发包人逾期不支付的，除根据建设工程的性质不宜折价、拍卖外，承包人可以与发包人协议将该工程折价，也可以请求人民法院将该工程依法拍卖。建设工程的价款就该工程折价或者拍卖的价款优先受偿。

◆ 实务提醒 ◆

一、关于债权受让人是否享有工程价款优先受偿权的争议

司法实践中，关于债权受让人是否可以主张工程价款优先受偿权，一直没有定论，在最高院的司法解释中，一直回避了这一问题。

在《最高人民法院新建设工程施工合同司法解释（一）理解与适用》中，最高院认为："有意见基于工程价款优先受偿权系从权利且认可受让人享有优先受偿权有利于承包人债权的实现，认为工程价款债权受让人应当享有优先受偿权。然而，工程价款优先受偿权制度的目的是保护建筑工人的劳动报酬，承包人转让工程价款债权获得相应对价后，则建筑工人的劳动报酬已经实现，而受让人并不涉及劳动报酬问题。"

二、债权受让人宜认为其享有工程价款优先受偿权

1. 从理论基础而言。建设工程价款优先受偿权的性质，目前主流观点是以最高院为代表的法定优先权说，但无论采用哪一种学说，都不能否定建设工程价款优先受偿权属于担保物权这一本质属性，"法定优先权具有担保属性，具有一定的追及效力"❶。

《中华人民共和国民法典》第五百四十七条规定："债权人转让债权的，受让人取得与债权有关的从权利，但是该从权利专属于债权人自身的除外。受让人取得从权利不因该从权利未办理转移登记手续或者未转移占有而受到影响。"建设工程价款优先受偿权既然属

---

❶　最高人民法院民事审判第一庭. 最高人民法院新建设工程施工合同司法解释（一）理解与适用［M］. 北京：人民法院出版社，2021.

于担保物权，在债权转让情况下，当然作为债权的从权利一并转让。

优先受偿权并非专属于债权人自身的权利。所谓专属于自身的权利，从上述规定而言，基本上是基于婚姻、家庭、继承或劳动者等特殊的身份关系而产生，而建设工程价款优先受偿权虽然一直强调对劳动者劳动报酬的保护，但毕竟其本身是基于工程价款债权而发生，无论如何也不能与劳动报酬混为一谈。

2. 从价值判断而言。否定债权受让人享有工程价款优先受偿权的理由主要在于，受让人无劳动者报酬保护的需要，以及承包人通过债权转让获得对价已经实现了工程款债权，因此无须保护。笔者认为，债权受让人是否需要保护，可以将债权受让人分为实际施工人和非实际施工人两个方面进行考虑。如果债权受让人是工程的实际施工人，保障工程款优先受偿权是为了保障劳动者的工作报酬，转包人、违法分包人、被挂靠人等本身没有任何的实际投入，因此根本不具有需要保护的基础权利；而实际施工人进行了包括人工成本在内的实际投入，如果反而没有优先受偿权，似乎并不符合设立工程价款优先受偿权的立法目的。

如果债权受让人是非实际施工人，这有利于承包人能够以更加合理的价格获取转让对价，从而更有可能保护劳动者的劳动报酬。

不支持受让人享有工程价款优先受偿权的一个理由是，承包人已经通过出让债权获得对价，劳动者报酬已经得到保障，因此无须保护。笔者认为一个附着了工程价款优先受偿权的工程款债权，可能会以接近债权金额的对价转让；而一个确定没有附着工程价款优先受偿权的工程款债权，可能在市场上一文不值，没有任何人愿意为此付出对价。从这个意义上来说，如果不承认债权受让人可以享有工程价款优先受偿权，其后果就是，无人愿意接手该债权并为此付出对价，或者只愿意支付一个非常低的对价，由此将导致承包人更加难以将债权变现，进一步将使得劳动者的报酬更加难以保障。

◆ **相关案例** ◆

相关案例一：《宁波某液压科技有限公司、宁波某建设集团有限公司某分公司某工程合同纠纷二审民事判决书》（浙江省宁波市中级人民法院〔2019〕浙 02 民终 1094 号）

判决书摘录：关于争议焦点一，《中华人民共和国合同法》第七十九条规定，债权人可以将合同的权利全部或者部分转让给第三人，但根据合同性质不得转让、按照当事人约定不得转让或者依照法律规定不得转让的除外。本案中争议的建设工程价款优先受偿权转让不属于债权转让的除外情形，宁波某液压科技有限公司主张某建设公司的工程价款优先受偿权不得转让，与法不符。某建设公司将其施工合同项下工程款债权转让给陈某，工程价款优先受偿权随之转让给陈某。

相关案例二：《陈某诉某安防科技有限责任公司破产债权确认纠纷案》（安徽省滁州市中级人民法院〔2020〕皖 11 民终 3630 号）

裁判要旨：发包人进入破产清算程序，农民工通过债权转让方式从承包人处受让的对发包人的债权，系建设工程价款中的农民工工资，应当享有优先受偿权，该权利优于抵押权和其他债权进行清偿。

判决书摘录：关于案涉债权是否符合优先受偿条件的问题。本案中，某安防公司已进入破产清算程序，陈某对某安防公司享有的债权 22800 元，其性质属于建设工程价款中的农民工工资，应当具有优先受偿权。主要从以下几个方面分析：

第一，《中华人民共和国合同法》第二百八十六条规定："发包人未按照约定支付价款的，承包人可以催告发包人在合理期限内支付价款。发包人逾期不支付的，除按照建设工程的性质不宜折价、拍卖的以外，承包人可以与发包人协议将该工程折价，也可以申请人民法院将该工程依法拍卖。建设工程的价款就该工程折价或者拍卖的价款优先受偿。"该条规定也是为了保护农民工的合法权益而作出的规定。本案所涉价款为依建设工程合同所应付的价款，即发包人依建设工程合同约定应支付给承包人的承包费，包括承包人为建设工程应当支付的工人工资、材料款等实际支出的费用。而案涉陈某款项属于建设工程价款中的农民工工资，应当优先受偿。

第二，《中华人民共和国企业破产法》第一百一十三条第一款第一项规定："破产财产在优先清偿破产费用和共益债务后，依照下列顺序清偿，破产人所欠职工的工资和医疗、伤残补助、抚恤费用，所欠的应当划入职工个人账户的基本养老保险、基本医疗保险费用，以及法律、行政法规规定应当支付给职工的补偿金。"从上述规定可知，公司进入破产、清算程序，相对普通债权而言，职工工资应优先支付，而作为弱势群体的农民工工资理应更需获得保护。

第三，《保障农民工工资支付条例》第三条第一款规定：农民工有按时足额获得工资的权利。任何单位和个人不得拖欠农民工工资。该条例第二十九条第一款、第二款规定，建设单位应当按照合同约定及时拨付工程款，并将人工费用及时足额拨付至农民工工资专用账户，加强对施工总承包单位按时足额支付农民工工资的监督。因建设单位未按照合同约定及时拨付工程款导致农民工工资拖欠的，建设单位应当以未结清的工程款为限先行垫付被拖欠的农民工工资。《最高人民法院关于进一步加强拖欠农民工工资案件审判执行工作的通知》《最高人民法院关于做好当前涉及农民工工资案件执行工作的通知》等，均对拖欠农民工工资纠纷案件审执工作作出明确要求，切实根治拖欠农民工工资问题，是践行以人民为中心发展思想的重要举措，事关广大农民工切身利益，事关社会的公平正义和和谐稳定。

问题 66：工程总承包模式下，勘察、设计、设备购置费是否属于工程价款优先受偿范围？

一、《最高人民法院关于审理建设工程施工合同纠纷案件适用法律问题的解释（一）》第四十条　承包人建设工程价款优先受偿的范围依照国务院有关行政主管部门关于建设工程价款范围的规定确定。

承包人就逾期支付建设工程价款的利息、违约金、损害赔偿金等主张优先受偿的，人民法院不予支持。

二、《建筑安装工程费用项目组成》（建标〔2013〕44号文件）

建筑安装工程费按照费用构成要素划分：由人工费、材料（包含工程设备）费、施工机具使用费、企业管理费、利润、规费和税金组成。其中人工费、材料费、施工机具使用费、企业管理费和利润包含在分部分项工程费、措施项目费、其他项目费中。

◆ **实务提醒** ◆

一、工程总承包模式下，最大的争议是工程总承包合同中设计费、设备购置费是否属于建设工程价款优先受偿范围。笔者认为，工程总承包合同中设计费、设备购置费应当属于建设工程价款优先受偿范围

1. 从工程总承包的特点来看。在工程总承包特别是典型的工程总承包EPC模式下，工程勘察、设计、采购、施工是一个相互交叉、紧密联系的整体，设计工作贯穿于施工的全生命周期，很难完全区分设计费和施工工程款。设计费是承包人实际支出的费用，在确认工程总承包的优先受偿权时，不应从合同价款中将设计费和材料费剥离。

2. 从工程优先受偿权的范围来看。《最高人民法院关于审理建设工程施工合同纠纷案件适用法律问题的解释（一）》第四十条规定："承包人建设工程价款优先受偿的范围依照国务院有关行政主管部门关于建设工程价款范围的规定确定。承包人就逾期支付建设工程价款的利息、违约金、损害赔偿金等主张优先受偿的，人民法院不予支持。"从该条规定可以看出，建设工程优先受偿权的范围包括人工费、材料费。只要不是工程款的利息、违约金、损害赔偿金，都属于工程优先受偿权的范围。

3. 住房和城乡建设部、财政部印发的《建筑安装工程费用项目组成》将建筑安装工程费用按构成要素划分为"人工费、材料费、施工机具使用费、企业管理费、利润、规费和税金"。

与建筑安装工程类似，工程总承包人在设备购置、安装、调试中投入的人力、物力最终也物化成了建设工程实体，工程总承包人的设备购置费依法应享有建设工程价款优先受偿权。

4. 从实务操作来看。实务中存在大量的工程总承包合同，只有一个固定总价，甚至都没有对总价进行拆分。发、承包双方在过程结算中难以准确确定设计费用，因此如果将勘察与设计费用排除在优先受偿权范围之外，在实践中也无法或很难操作。

二、工程总承包合同的效力不影响优先受偿权的行使。

◆ **相关案例** ◆

《某光大光伏农业发展有限公司、某电力建设第三工程公司建设工程施工合同纠纷二

判决书摘录： 关于某电建公司主张某光大公司支付工程款 106087757.64 元及利息的依据问题。双方光伏发电工程承包合同约定工程价款为 86683587.64 元，其中设计费 1400000元和咨询费 2619000 元为最高暂定价格，结算以实际发生不超过最高限价为准，其他费用82664587.64 元为固定总价。某电建公司与第三方签订的设计合同总价为 248 万元，超过了双方合同约定的最高限价，应以最高限价 140 万元支付设计费。某电建公司与第三方签订的咨询服务合同总价为 997380 元，没有超过双方合同约定最高限价，应以实际发生费用997380 元支付咨询费，某电建公司主张按照最高限价 2619000 元支付咨询费无合同依据，对其相应请求不予支持。双方约定增加部分电池板支架采购及安装工程，合同约定固定价6839000 元，电建公司已经完成，某光大公司应予支付。因此，某光大公司应支付某电建公司 10MWp 光伏发电项目工程价款为 82664587.64 元＋1400000 元＋997380 元＋6839000 元＝91900967.64 元。双方线路工程承包合同约定工程价款为 12565170 元，某光大公司应支付某电建公司 66kV 线路工程价款为 12565170 元。综上所述，某光大公司应支付某电建公司工程价款为 91900967.64 元＋12565170 元＝104466137.64 元。

关于某电建公司主张对涉案工程享有优先受偿权的依据问题。《中华人民共和国合同法》第二百八十六条规定：发包人未按照约定支付价款的，承包人可以催告发包人在合理期限内支付价款。发包人逾期不支付的，除按照建设工程的性质不宜折价、拍卖的以外，承包人可以与发包人协议将该工程折价，也可以申请人民法院将该工程依法拍卖，建设工程的价款就该工程折价或者拍卖的价款优先受偿。某电建公司作为涉案工程承包人，主张对涉案工程享有优先受偿权的请求符合上述规定，应当予以支持。

判决结果：（一）确认《某光大公司一期 10MWp 设施农业光伏发电示范项目 EPC 总承包合同》《光大公司 66kV 线路工程 EPC 总承包合同》无效；（二）某光大公司于判决生效后三十日内支付某电建公司工程款 104466137.64 元及利息（按照中国人民银行同期贷款利率计算，从 2016 年 12 月 6 日起至实际付清之日止）；（三）某电建公司对某光大公司10MWp 设施农业光伏发电示范项目工程、66kV 线路工程享有优先受偿权。

问题 67：如何判断重复起诉（以工程款为例）？

◆ **有关规定** ◆

《最高人民法院关于适用〈中华人民共和国民事诉讼法〉的解释》
第二百四十七条 当事人就已经提起诉讼的事项在诉讼过程中或者裁判生效后再次起诉，同时符合下列条件的，构成重复起诉：
（一）后诉与前诉的当事人相同；

（二）后诉与前诉的诉讼标的相同；

（三）后诉与前诉的诉讼请求相同，或者后诉的诉讼请求实质上否定前诉裁判结果。

当事人重复起诉的，裁定不予受理；已经受理的，裁定驳回起诉，但法律、司法解释另有规定的除外。

第二百四十八条　裁判发生法律效力后，发生新的事实，当事人再次提起诉讼的，人民法院应当依法受理。

◆ **实务提醒** ◆

一、关于重复起诉的构成要件

根据《最高人民法院关于适用〈中华人民共和国民事诉讼法〉的解释》第二百四十七条的规定可以看出，重复起诉的构成要件是三个相同，即当事人相同、诉讼标的相同、诉讼请求相同。而对于什么是相同的诉讼请求，这个看似简单的问题，在实务中却产生了很大的争议。比如，对于下面的三个相关案例存在完全相反的两种观点。笔者倾向于同意第二种观点，理由如下：

1. 如何理解"诉讼请求"

对于给付之诉而言，诉讼请求至少包括两项要素，即请求给付什么内容和请求多少数额。请求给付什么内容，比如支付工程款、偿还借款等；请求给付多少数额，比如支付工程款 2000 万元、偿还借款 300 万元等。

2. 如何判断"诉讼请求是否相同"

判断诉讼请求是否相同，理所当然要考察诉讼请求的两个要素，其根本和重点应当是考察给付内容是否相同，而不重点考察请求数额，否则随便变换一下数额，就不构成重复起诉也是不符合立法本意的。

3. 结合法律规定来看

《最高人民法院关于适用〈中华人民共和国民事诉讼法〉的解释》第二百四十八条规定：裁判发生法律效力后，发生新的事实，当事人再次提起诉讼的，人民法院应当依法受理。从上述规定来看，裁判发生法律效力之后，如果只有发生新的事实，当事人是不能再次起诉的，这里"新的事实"应为生效判决发生法律效力后发生的事实，而案例三中乙提供的《鉴定报告》虽然形成于前诉裁判生效之后，但其性质仅是对工程造价事实进行的技术认定，属于新的证据，而不是"新的事实"。

4. 从权利放弃后不得再次行使的角度来看

如果工程造价不明确，原告可以在前者诉讼的过程中申请司法鉴定。如果不申请，则视为放弃自己的权利。权利放弃后，则不能再次行使。变更或增加诉讼请求属于当事人行使处分权之范畴。处分权包含当事人变更或放弃自己的诉讼请求、承认或反驳对方的诉讼请求、自行和解与调解等。原告因自己的原因，在前者诉讼中，在法律已给予其行使权利的过程中，不予行使或行使不足，当然自己应当承担对自己不利的法律后果。

相关案例二中，原告提出了司法鉴定，司法鉴定的结果是工程造价超出了自己的诉讼请求，这个时候应该及时主张自己的权利，积极行使变更或增加诉讼请求的权利。在诉讼中不行使变更增加诉讼请求的权利，则视为放弃，不得再次行使，即不能再次提请诉讼。

二、关于"重复诉讼"与诉讼请求之"细分"和"拆分"

判决是否工程重复起诉，还要考察诉讼请求是否可以细分或者能否可以继续拆分。以工程款诉讼为例，工程款又可以细分为工程进度款、竣工结算款、质量质保金、合同范围内工程款、设计变更或签证索赔引起的工程款，与工程款有关的又有工程款利息、迟付工程款违约金、工期损失等，那么这些是否可以部分诉讼呢？答案是当然可以。这些细分之后的工程款，虽然同样属于工程款之序列，但是又可以独立存在，具有单独可诉讼的必要和可能。比如：工程未完成之前或工程款没有审计结束、没有结算之前，承包人可以就进度款单独提起诉讼，对其余的工程款再提起诉讼则不能视为重复诉讼。在工程款审计结果完成或结算协议达成之后，发包人不付或迟付工程款，承包人可以就总工程款提起诉讼，而不应该仅对部分工程款提前诉讼，但是可以就与工程有关的其他违约金、损失等再次提前诉讼而不算重复起诉。

笔者认为，重复诉讼中的诉讼请求应该指的是不可再细分、不能再拆分、不宜再拆分的最小的请求项，比如工程款中的同一进度项下的进度款、欠付工程款的利息、迟付工程款的违约金、工期延误的损失等则不能再继续细分、拆分，否则构成重复起诉。

三、关于部分请求与拆分请求

对于什么是部分请求，什么是拆分请求，一直以来理论界缺乏研究，实务中理解不一。笔者认为"不可再细分、不能拆分、不宜拆分的最小的请求项，比如工程款中的同一进度项下的进度款、欠付工程款的利息、迟付工程款的违约金、工期延误的损失等"属于不能拆分的请求。比如，工程已经竣工，达成结算协议，欠付工程款1000万元。对于这欠付的1000万元工程款，如果没有约定分期支付的前提下，则不宜拆分成"部分请求"，比如第一次起诉300万元，过一段时间再起诉500万，过一段时间再起诉200万元。但是对于欠付的工程款利息，如果在前者之诉讼中没有提起，则可以拆分成"部分请求"另行提起诉讼而不构成重复之诉。

◆ **相关案例** ◆

相关案例一：某项工程竣工后，经过发包人甲与承包人乙双方结算，甲尚欠乙工程款3000万元，双方达成结算协议，但甲未履行，乙诉至法院，起诉要求甲支付工程款2000万元，判决乙胜诉。一年后，乙再次提起诉讼要求支付工程款1000万元。

相关案例二：某项工程竣工后，发包人甲拖延结算，承包人乙起诉到法院，要求甲支付工程款2000万元，法院委托司法鉴定的结果是工程款3000万元。乙没有提出变更诉讼申请。法院判决甲支付工程款2000万元。一年后，乙再次提起诉讼，要求甲支付工程款1000万元。

相关案例三：某项工程竣工后，发包人甲拖延结算，承包人乙起诉到法院，要求甲支付工程款2000万元，法院以证据不足为由驳回了乙的诉讼请求。随后，乙委托造价机构进行鉴定，然后又以新取得证据《鉴定报告》为由，再次起诉至法院，继续要求甲支付工程款。

对于以上三个案件是否构成重复诉讼，产生了两种截然不同的观点：第一种观点认为，不构成重复起诉。理由：两次起诉的诉讼请求不一样，前者诉讼要求支付工程款2000万元，后者诉讼要求支付工程款1000万元。2000万元工程款和1000万元工程款是不同的，也不属于包含和被包含的关系，后者之诉无论是否得到支持，也不会出现对前者裁判结果的否定，所以不构成重复起诉。第二种观点认为，构成重复起诉。理由：两次诉讼虽然数额不同，但是诉讼请求都是工程款。如果允许当事人对诉讼请求进行拆分，那么当事人可以将3000万元的工程款拆分成3000次，每次起诉一元钱，这样将会带来当事人恶意诉讼的严重后果。

问题 68： 哪些情况可以作出先行判决和先行裁决？

◆ **有关规定** ◆

《中华人民共和国民事诉讼法》

第一百五十六条　人民法院审理案件，其中一部分事实已经清楚，可以就该部分先行判决。

《中华人民共和国仲裁法》

第五十五条　仲裁庭仲裁纠纷时，其中一部分事实已经清楚，可以就该部分先行裁决。

◆ **实务提醒** ◆

一般情况下，人民法院或仲裁庭审理案件时，一个案件仅需制作一份判决书或裁决书即可，即无论原告或申请人有多个或单个诉讼或仲裁请求，都要等全部案情查清之后作出判决或裁决。但是在特殊情况下，特别是在素以"法律关系复杂、审理期限漫长"而著称的建设工程领域纠纷中，可能同时涉及造价、工期、质量等专业技术问题，为了让当事人的合法权益从漫长的诉讼过程中得以有效保护，更加需要对部分已经查清的事实和诉讼请求或仲裁请求作出先予判决或先予裁决。

一、先行判决制度和先行裁决制度

1.《中华人民共和国民事诉讼法》第一百五十三条规定：人民法院审理案件，其中一部分事实已经清楚，可以就该部分先行判决。所谓先行判决，又称部分判决，是相对于全部判决而言的，是人民法院在审理民事案件的过程中，对已经查清的部分事实和部分请求作出的判决。所谓全部判决，又称一次（性）判决，是人民法院对于民事案件，经过审理对案件涉及的全部事实和全部请求进行全面的一次性处理而作出的判决。

2. 先行裁决制度。《中华人民共和国仲裁法》第五十五条规定："仲裁庭仲裁纠纷时，其中一部分事实已经清楚，可以就该部分先行裁决。"部分仲裁委员会仲裁规则也规定了先予裁决规则。与民事诉讼相比，仲裁强调"一裁终决"，也就意味着先行裁决作出后便等同于最终裁决，具有强制执行效力。

二、先行判决和先行裁决的意义

1. 提高审判和仲裁效率。先行判决或先先行裁决是针对已经审理清楚的问题进行判决或裁决，可以加快审理或仲裁的脚步，提高审判或仲裁效率，为经济发展、社会公正公平提供更加完善的制度保障。

2. 更好地保护当事人的权益先行判决或先行裁决的作出，也是法院或仲裁庭出于更及时地保护当事人的合法权益而对已经查明的部分法律或事实问题的先行处理，最终就是为了实现当事人利益的最大化。

三、先行判决或先予仲裁的特性

1. 关联性。先行判决或先行裁决的事实和请求，与整个案件相关联，涉的是整个案件的一部分事实和一部分判决，与案件的整体具有必然的关联性。

2. 独立性。先行判决的独立性包括三个方面：一是事实和请求的独立性，即先予判决或先予裁决所涉及的事实和请求必须在案件的全部事实和全部请求中具有独立性；二是效力的独立性，即先行判决或先行裁决作出后，不影响对案件其他部分的审理与判决或裁决。三是程序的独立性，即先行判决或裁决是独立的，不是其后判决或裁决以及整体判决或裁决的附属物和组成部分。如果是依法可以上诉的判决，其上诉的期限也应单独计算。

3. 例外和补充性。先行判决或先行裁决相对于全部判决或裁决，只是判决或裁决方式的一种例外和补充，大部分案件还是一次性全部判决或裁决。

四、先行判决或先行裁决的事项范围以及实务中需要注意的问题

1. 合同的效力或解除。建设工程领域，特别是工程项目在建过程中，承、发包双方发生纠纷，或是为了索要工程款，或是因为报价过低而不想继续履行合同，或是出于其他目的，工程停工，但是承包人却占据施工场地拒不退出，发包人提出解除合同，承包人提出支付工程款。而对于涉案工程款又需要进行司法鉴定。这种情况下，如果等整个案件审理完毕作出判决，可能会需要相当长的时间，工程一直处于停工状态，会给发包人造成巨大的经济损失。此时，为了不影响工程建设，减少发包人损失，可以就当事人诉讼请求中有关合同解除及施工人撤场的部分进行先行判决或先行裁决。这种情况下，作出先行判决或先行裁决需要注意的是，固定已完工程的进度状态及相关资料，以防止在鉴定过程中和审理过程中无法确定已完工程而影响工程价款的确定。

2. 确定及无争议的工程款。"结算周期长，回款速度慢"是工程领域普遍存在的问

题。受新冠疫情、拉闸限电、材料大涨等因素的影响，"地主家的余粮"也愈发紧张，因拖欠工程款而产生的纠纷案件也日益增多。而建设工程施工合同纠纷案件漫长的审理过程又让急需"回款续命"的施工单位雪上加霜。在很多案件处理过程中，我们常听到这样的劝解或威胁："早点退一步，早点能和解，早点收回款，大家各自相安；要不然一审、二审、发回重审、上诉、执行，一来二去，一年又一年，猴年马月才能见到钱。"此外，在建设工程施工合同纠纷中，承包人向发包人要求支付工程款，发包人往往以工程质量存在问题提出反诉，并同时要求对质量问题提出司法鉴定。这种情况下，案件的审理将会拖入漫长的程序中，工程款多涉及农民工的工资、材料款，如果不及时处理，可能对农民工的生活以及企业的正常生产经营造成重大影响。此时，可以对工程款中没有争议或可以确定的部分进行先行判决或先行裁决。在上述情况下，作出先行判决或先行裁决需要注意的是以解决急需困难为前提，防止判决或裁决执行后，对发包人的工程质量损失造成无法弥补的后果。

3. 竣工验收资料或备案手续。工程竣工验收及竣工验收备案手续的办理是国家对建设工程质量进行监督管理的重要制度。依据《建设工程质量管理条例》第十六条第二款、《房屋建筑和市政基础设施工程竣工验收备案管理办法》第五条的规定，竣工验收及办理工程竣工验收备案手续应当提交的文件中，部分文件需要施工单位签署或者提供，施工单位依法有配合义务，也只有承包人的配合才能完成。而在实践中，承包人往往以不支付工程款为由，拒不配合验收或拒不交付竣工验收资料。有的时候，工程量或工程款需要进行司法鉴定，整个案件需要长久的过程才能审理完毕，作出判决或裁决，而此时的发包人如果不尽快办理房产登记手续，则面临着购房户或其他商户不能按期交房，可能会造成巨大损失。这种情况下，就需要作出先行判决或先行裁决（见相关案例一）。

五、先行判决或先行裁决的程序问题

1. 一审法院可以作出先行判决，仲裁庭可以作出先行裁决。

2. 一审法院作出的先行判决，当事人对先行判决不服的可以单独向上级人民法院提起上诉。

3. 二审法院对先行判决的事项，可以部分维持，其余部分发回重审。对一审先行判决，当事人不服一审判决，可以上诉。二审法院根据情况可以改判，可以发回重审，也可以部分维持、部分发回重审（见相关案例二）。从该案例可以看出，一个案件同时出了一份判决和一份发回重审的裁定。

◆ 相关案例 ◆

相关案例一：最高人民法院〔2015〕民一终字第 269 号

判决书摘录：本案昆仑公司应履行配合竣工验收备案义务的事实已经查清，可以先行判决。昆仑公司有关文越公司未按照施工合同约定支付工程款，有权不配合办理竣工验收备案手续的抗辩理由不能成立。本案中，竣工验收备案手续不能及时办理，已经影响购房户办理产权证的权利。权衡各方利益，一审法院就此先行判决并无不当。若文越公司存在逾期支付工程款的违约行为，可以在本诉中解决。

相关案例二： 最高人民法院〔2014〕民申字第 643 号

判决书摘录： 二审法院经审理，认定东方某公司拖欠浦东某公司工程款 263.5683 万元、其他款项 70 万元、垫资利息 20 万元，以及浦东某公司延误工期 49 天等事实后，先判决东方某公司支付浦东某公司 333.5683 万元（工程款 263.5683 万元＋其他款项 70 万元）、约定利息 20 万元及其他款项 70 万元的利息，浦东某公司向东方某公司支付逾期竣工违约金 29.4 万元，再另行裁定撤销一审法院对万某的判项，发回重审，符合《中华人民共和国民事诉讼法》第一百五十三条、第一百七十条第一款第四项之规定。

相关案例三： 最高人民法院〔2015〕民一终字第 118 号

判决书摘录： 正某公司称 2013 年 1 月 31 日后其又与通许县政府事实或口头成立了建设工程施工合同关系，但未提供证据加以证明，通许县政府否认其与正某公司建立建设工程施工合同关系。因此，一审法院对正某公司与通许县政府之间建立建设工程施工合同的法律关系不予确认。正某公司已无滞留在案涉工程施工现场的法律依据。在一审法院已向正岩公司释明，告知正某公司应自行撤场，而正某公司表示不撤场的情况下，一审法院认为，八某公司申请正某公司撤场的主张于法有据。

相关案例四： 深圳中院〔2017〕粤 03 民特 186 号

判决书摘录： 仲裁认为，该条款是双方当事人的真实意思表示，且不存在《中华人民共和国合同法》第五十二条所规定的导致合同无效的情形，为合法有效。鉴于该条款是否有效这个法律问题的明确是双方当事人依约提请政府审计部门审计的重要前提和依据，依照《中华人民共和国仲裁法》第五十五条、《仲裁规则》第六十条的规定，应接受某建筑公司申请作出先行裁决的请求，仲裁庭遂对此作出先行裁决。深圳中院认为：综合本案情形，仲裁庭应某建筑公司的申请，就该条款的效力，在审理清楚后作出先行裁决，不违反《中华人民共和国仲裁法》第五十五条及《仲裁规则》第六十条的规定，亦不影响仲裁案件的正确裁决。故对联合建业公司的撤销仲裁裁决的申请不予支持。

问题 69：工程经竣工验收但工程款未确定，利息从何时开始计算？

◆ **有关规定** ◆

一、《最高人民法院关于审理建设工程施工合同纠纷案件适用法律问题的解释（一）》

第二十一条　当事人约定，发包人收到竣工结算文件后，在约定期限内不予答复，视为认可竣工结算文件的，按照约定处理。承包人请求按照竣工结算文件结算工程价款的，人民法院应予支持。

第二十七条　利息从应付工程价款之日开始计付。当事人对付款时间没有约定或者约定不明的，下列时间视为应付款时间：

（一）建设工程已实际交付的，为交付之日；

（二）建设工程没有交付的，为提交竣工结算文件之日；

（三）建设工程未交付，工程价款也未结算的，为当事人起诉之日。

二、《北京市高级人民法院关于审理建设工程施工合同纠纷案件若干疑难问题的解答》

第三十五条　发包人无正当理由拒绝结算工程款的，欠付工程款利息的起算点如何确定？发包人在施工合同约定的审核结算期限内无正当理由拒绝结算或故意拖延结算，在审核期限届满后也未支付工程款，承包人要求发包人从合同约定的审核结算期限届满的次日起计算欠付工程款利息的，可予支持，但合同另有约定的除外。

三、《江苏省高级人民法院关于审理建设工程施工合同纠纷案件若干问题的意见》

第十五条　发包人应及时审查承包人提交的工程竣工结算文件。发包人在合同约定的审核结算期限届满后，又以承包人提交的竣工结算文件不完整为由拒绝结算，承包人要求从合同约定的审核结算期限届满之日起计算工程价款利息的，人民法院应予支持。

◆ 实务提醒 ◆

一、建设工程合同纠纷案件中诉请的工程款通常数额巨大，拖欠时间较长，因此工程款利息的起算时间本应成为兵家必争之地。实务中经常看到，在工程早已竣工交付的情况下，因原告诉请的利息仅自"起诉之日"起，法院只能认定此为"当事人对自己权利的自由处分"，最终导致巨额利息损失未能主张。

二、《最高人民法院关于审理建设工程施工合同纠纷案件适用法律问题的解释（一）》第二十七条将利息视为工程款天然孳息，规定从应付工程价款之日即开始计付利息。该条规定对应付工程款之日区分为有约定和无约定两种情形。对有约定的情形，实务中可能还需要区分合同有效和无效两种，因为对于合同无效情形下工程款给付时间的约定是否可以参照无效合同适用的问题，在实务中也存在重大分歧。有观点就认为《中华人民共和国民法典》第七百九十三条只是规定："可以参照合同关于工程价款的约定折价补偿"，并未规定可以参照合同中关于工程款给付时间的约定。

三、《最高人民法院关于审理建设工程施工合同纠纷案件适用法律问题的解释（一）》第二十七条规定的适用条件必须是缺乏一个有效的付款时间的约定。如果有约定就要按约定时间付款。只有在没有约定的情况下，才适用第二十七条列举的三种情形：已交付的从交付之日起付；未交付但已提交竣工结算文件的，从提交之日起付；未交付也未结算的，从起诉之日起付。三种情形在逻辑上具有先后顺序，只有前一种情形条件不满足时，才能适用于后一种情形。

第一种情形并未以工程经验收合格为付款节点，因此竣工验收之日并非工程款及利息起付之日。第一种情形事实上包含了未竣工但发包人已实际使用的情形。《最高人民法院新建设工程施工合同司法解释（一）理解与适用》对此解释为，是比照《中华人民共和国民法典》第六百二十八条买卖合同的有关规定：付款时间约定不明的，买受人应当在收到标的物时支付价款，所以发包人收到工程、获得利益时，也应同时支付工程款。

第二种情形是工程未交付，还由承包人掌控，但承包人已提交竣工结算文件的情形。《最高人民法院新建设工程施工合同司法解释（一）理解与适用》对此解释为敦促发包人尽快审核承包人提交的结算文件，避免发包人故意拖延。但是，如果是承包人自己拖延的，则只能按照第三种情形确定起付时间，即从起诉之日起付。

实践中分歧最大的莫过于工程已交付、工程款未确定情况下的利息起算问题。例如，后附相关案例中，同样为已竣工交付的工程，法院即分别作出判决：从项目完成竣工验收的最后时间计算工程款利息；以鉴定机构出具鉴定意见之日起计算工程款利息；从起诉之日起计算工程款利息。之所以如此，是因为即便工程已竣工交付，工程款未结算也不一定都是发包方拖延所致。但是，无视工程已交付的事实，基于延迟结算理由作出判定，可能会导致法官自由裁量权的扩大，增加裁判的不确定性，故此种判决笔者认为并不值得嘉许。

四、基于以上分析可知，我们应尽量通过合同效力审查及付款时间约定的审查避免纠争。但即便是固定价格合同，事实上量价都不可能完全固定，都需要最终通过竣工结算才能确定工程款。因此竣工结算时间约定就显得尤为重要。实务中，对竣工结算时间，应注意必须通过专用条款或另行签订协议的方式约定，而且该约定必须明确具体，如"结算文件提交后，在约定时间内发包人不予审计的，视为认可结算资料"。出现约定不明或约定无法实现的情形，则应尽量通过补充协议或结算协议方式解决。基于以上裁判理由的考量，在协议内容上，不可忽视对背景、原因、目的的约定，这些内容可能成为判断结算延迟承担责任方的佐证。

◆ **相关案例** ◆

相关案例一：《某市鸿基房地产开发有限公司、新八建设集团有限公司建设工程施工合同纠纷》（最高院〔2020〕最高法民申 514 号）

判决摘录：关于利息起算点问题。2011 年《补充协议书》约定"整体工程全部结算（需审计部分完成后）支付至工程款总价款的 97%"，但对于何时完成工程结算并无明确约定。案涉工程实际竣工日为 2013 年 9 月 17 日，至今已长达六年之久。原审基于鸿基公司长期拖欠工程价款对于新八集团有失公允，认定从项目完成竣工验收的最后时间作为鸿基公司应给付新八集团工程款利息的起算点，并无不当。对鸿基公司再审申请关于应以判决生效时间作为利息起算点的主张不予支持。

相关案例二：《中建某建筑工程有限公司建设工程施工合同纠纷》（最高院〔2021〕最高法民申 4187 号）

判决摘录： 关于工程款利息起算日期的问题。案涉工程已经竣工，但双方并未依约进行结算。根据案涉施工合同约定，工程竣工验收后再根据约定进行工程款结算及支付。本案中，中建某公司申请对工程进行造价鉴定，故案涉工程造价应当以鉴定机构的鉴定意见为依据。据此，原判决以鉴定机构出具鉴定意见之日起计算工程款利息，有事实和法律依据。

相关案例三：《冯某某、重庆市某建设集团有限公司确认合同无效纠纷》（贵州省铜仁市中级人民法院〔2018〕黔06民终137号）

判决摘录： 根据《最高人民法院关于审理建设工程施工合同纠纷案件适用法律问题的解释》第十七条规定："当事人对欠付工程价款利息计付标准有约定的，按照约定处理；没有约定的，按照中国人民银行发布的同期同类贷款利率计算"，本案证据不能证明双方对欠付工程价款利息计付标准有约定，故对欠付工程款利息计付标准应按照中国人民银行发布的同期同类贷款利率计算。本案欠付工程款因双方未实际结算，参照《最高人民法院关于审理建设工程施工合同纠纷案件适用法律问题的解释》第十八条规定："利息从应付工程价款之日计付。当事人对付款实际没有约定或者约定不明的，下列时间视为应付款时间：（一）建设工程已实际交付的，为交付之日；（二）建设工程没有交付的，为提交竣工结算文件之日；（三）建设工程未交付，工程价款也未结算的，为当事人起诉之日。"结合本案案涉工程实际情况即工程已交付但未结算，双方当事人在本案中实际过错情况，以及平衡双方利益的原则，本院认定案涉工程款利息的起算点为一审法院立案之日，即从2016年9月13日开始计算本案欠付工程款利息。

问题 70: 承包人如何选择材料调差索赔路径？

◆ **有关规定** ◆

一、《最高人民法院关于适用〈中华人民共和国合同法〉若干问题的解释（二）》

第二十六条　合同成立以后客观情况发生了当事人在订立合同时无法预见的、非不可抗力造成的不属于商业风险的重大变化，继续履行合同对于一方当事人明显不公平或者不能实现合同目的，当事人请求人民法院变更或者解除合同的，人民法院应当根据公平原则，并结合案件的实际情况确定是否变更或者解除。

二、《最高人民法院关于当前形势下审理民商事合同纠纷案件若干问题的指导意见》（法发〔2009〕40号）

第一条第三款　情势变更是当事人在缔约时无法预见的非市场系统固有的风险。人民法院在判断某种重大客观变化是否属于情势变更时，应当注意衡量风险类型是否属于社会一般观念上的事先无法预见、风险程度是否远远超出正常人的合理预期、风险是否可以防范和控制、交易性质是否属于通常的"高风险高收益"范围等因素，并结合市场的具体情况，在个案中识别情势变更和商业风险。

三、《中华人民共和国民法典》

第五百三十三条　合同成立后，合同的基础条件发生了当事人在订立合同时无法预见的、不属于商业风险的重大变化，继续履行合同对于当事人一方明显不公平的，受不利影响的当事人可以与对方重新协商；在合理期限内协商不成的，当事人可以请求人民法院或者仲裁机构变更或者解除合同。人民法院或者仲裁机构应当结合案件的实际情况，根据公平原则变更或者解除合同。

第五百八十三条　当事人一方不履行合同义务或者履行合同义务不符合约定的，在履行义务或者采取补救措施后，对方还有其他损失的，应当赔偿损失。

第五百八十四条　当事人一方不履行合同义务或者履行合同义务不符合约定，造成对方损失的，损失赔偿额应当相当于因违约所造成的损失，包括合同履行后可以获得的利益；但是，不得超过违约一方订立合同时预见到或者应当预见到的因违约可能造成的损失。

四、《最高人民法院关于适用〈中华人民共和国民法典〉合同编通则若干问题的解释》

第六十条　人民法院依据民法典第五百八十四条的规定确定合同履行后可以获得的利益时，可以在扣除非违约方为订立、履行合同支出的费用等合理成本后，按照非违约方能够获得的生产利润、经营利润或者转售利润等计算。

非违约方依法行使合同解除权并实施了替代交易，主张按照替代交易价格与合同价格的差额确定合同履行后可以获得的利益的，人民法院依法予以支持；替代交易价格明显偏离替代交易发生时当地的市场价格，违约方主张按照市场价格与合同价格的差额确定合同履行后可以获得的利益的，人民法院应予支持。

非违约方依法行使合同解除权但是未实施替代交易，主张按照违约行为发生后合理期间内合同履行地的市场价格与合同价格的差额确定合同履行后可以获得的利益的，人民法院应予支持。

第六十一条　在以持续履行的债务为内容的定期合同中，一方不履行支付价款、租金等金钱债务，对方请求解除合同，人民法院经审理认为合同应当依法解除的，可以根据当事人的主张，参考合同主体、交易类型、市场价格变化、剩余履行期限等因素确定非违约方寻找替代交易的合理期限，并按照该期限对应的价款、租金等扣除非违约方应当支付的相应履约成本确定合同履行后可以获得的利益。

非违约方主张按照合同解除后剩余履行期限相应的价款、租金等扣除履约成本确定合同履行后可以获得的利益的，人民法院不予支持。但是，剩余履行期限少于寻找替代交易的合理期限的除外。

第六十二条　非违约方在合同履行后可以获得的利益难以根据本解释第六十条、第六十一条的规定予以确定的，人民法院可以综合考虑违约方因违约获得的利益、违约方的过错程度、其他违约情节等因素，遵循公平原则和诚信原则确定。

第六十三条 在认定民法典第五百八十四条规定的"违约一方订立合同时预见到或者应当预见到的因违约可能造成的损失"时，人民法院应当根据当事人订立合同的目的，综合考虑合同主体、合同内容、交易类型、交易习惯、磋商过程等因素，按照与违约方处于相同或者类似情况的民事主体在订立合同时预见到或者应当预见到的损失予以确定。

除合同履行后可以获得的利益外，非违约方主张还有其向第三人承担违约责任应当支出的额外费用等其他因违约所造成的损失，并请求违约方赔偿，经审理认为该损失系违约一方订立合同时预见到或者应当预见到的，人民法院应予支持。

在确定违约损失赔偿额时，违约方主张扣除非违约方未采取适当措施导致的扩大损失、非违约方也有过错造成的相应损失、非违约方因违约获得的额外利益或者减少的必要支出的，人民法院依法予以支持。

◆ **实务提醒** ◆

一、援引"情势变更原则"、公平原则进行材料调差索赔

1. "情势变更原则"构成要件。①首要要件：发生了"情势变更"的事实；②时间要件："情势变更"事实应发生在合同成立之后、合同义务履行完毕之前；③不可预见要件：当事人在订立合同时无法预见；④不可归责要件：非不可抗力造成的，不属于商业风险的重大变化，风险程度远远超出正常人的合理预期且不可防范和控制的；⑤核心要件：继续履行合同对于当事人一方明显不公平。

2. 适用"情势变更原则"，调整材料价差的诉讼困境。①证明非商业风险之难：对于承包人援引"情势变更原则"要求调整材料价差，司法案例中的争议焦点往往围绕在"材料价格上涨是否属于订立合同时不可预见情形""材料价格上涨是否属于商业风险"等方面，除非存在材料价格上涨幅度过大导致承包人施工成本激增的情况，法院才会合理分配当事人双方的涨价风险。否则，法院会以材料上涨属于商业风险为由而不适用"情势变更原则"。②适用"情势变更原则"程序之难：为防止"情势变更原则"被滥用而影响市场正常交易秩序，适用"情势变更原则"的条件极为严格，需要"由高级人民法院审核，必要时应报请最高人民法院审核"，程序较为严苛。③适用地方政府规章调整材料价差之难：安徽省出台的《关于加强建筑工程材料价格风险控制的指导意见》（建市函〔2021〕507号）、《关于印发〈合肥市建设工程主要材料价差调整实施细则〉的通知》（合建〔2019〕7号）、《关于加强建设工程材料价格风险管控的通知》（阜建标函〔2021〕25号）等文件，系在"情势变更"语境下发布，旨在对建设工程材料价格进行调整，但上述文件并非法律、法规或司法解释，人民法院在裁判案件时是否可以直接适用，仍应从"情势变更"法律适用的司法规则来重新审查和认定。另外，上述指导意见严格限定调整范围，需满足工程范围和材料种类。

二、运用"违约损害赔偿规则"进行材料调差索赔

1. "违约损害赔偿规则"适用要点。①原因：发生当事人一方不履行合同义务或者履

行合同义务不符合约定的情形；②后果：造成对方的损失。

2. 适用"违约损害赔偿规则"调整材料价差的诉讼困境。①发包人违约行为举证之难：首先，要证明发包人在工程项目运行中有导致工期延误的情况；其次，要证明因工期延误导致建筑材料上涨的事实；最后，合同中要有承包人工期索赔的程序约定，并保存了工期延误的证据材料。②合同限制性条款突破之难：依发包人缔结合同优势地位，一般会在《建设工程施工合同》专用条款中进行限制性约定，即"因发包人原因导致工期延误，发包人应同意工期相应顺延，但发包人不承担任何费用和损失。"尽管该约定与《中华人民共和国民法典》《新司法解释（一）》冲突，但《中华人民共和国民法典》《新司法解释（一）》相关规定并非是"效力性强制性规定"，且施工合同中免除发包人工期延误责任的限制性条款也不属于针对广泛性和不特定性对象的格式条款，故以约定无效为由突破该限制性条款存在一定的难度。③违约损失确定之难：依据《中华人民共和国民法典》第五百八十四条规定，损失赔偿额应当相当于因违约所造成的损失，包括合同履行后可以获得的利益；但是，不得超过违约一方订立合同时预见到或者应当预见到的因违约可能造成的损失。司法实践中，在固定总价合同情形下，申请司法鉴定和确定损失造价计算方式等都存在一定的难度。

三、两种索赔路径区别分析及建议

选择材料调差索赔路径，需考虑案件本身具体情况，对于不同索赔路径，会产生不同诉请。首先，两种路径的请求权基础不同。适用"情势变更原则"依据的是公平原则；适用"违约损害赔偿规则"依据的是合同约定；其次，调整结果不同。选择"情势变更原则"进行材料价差调整，根据当地住房城乡建设部门材料调差文件的规定，对于5%或10%以内的单价变化不予调整；选择"违约损害赔偿规则"，当事人可以一并主张所受损失，5%或10%以内的单价变化也是属于当事人的损失，可以一并主张。

2016年年底及2017年年初，建设工程材料在短期内大幅度上涨，发承包双方都无法预见，法院或可以根据"情势变更原则"调整双方利益；之后建设工程材料价格不断波动，2020年受国内新冠疫情及国外局势影响，导致建设工程材料价格涨幅和影响时间远超正常预期，若继续沿用"情势变更原则"、以签订合同时无法预见之词进行价差索赔，该路径势必存在障碍。作为承包人，采用何种手段保障自身利益至关重要，在材料调差指导文件指引下与发包人协商调价为首位，保存发包人工程违约证据材料是次之，最好的办法是能够在《建设工程施工合同》中关于市场价格波动引起的材料价格调整约定能够磋商成可调整形式。

◆ 相关案例 ◆

一、依据"情势变更原则"进行材料价差调整索赔不被支持

相关案例一：《重庆某集团股份有限公司、重庆市荣昌区某环保产业发展有限公司建设工程施工合同纠纷民事裁定书》（最高人民法院〔2019〕最高法民申5829号）

裁定书摘录：案涉《建设工程施工合同》专用条款第11.1条约定，市场价格波动不

调整合同价格，即市场价格上涨的风险由重庆某集团承担。合同签订后，市场价格确实因政策或市场环境的变化存在上涨的情况，但重庆某集团作为专业、理性的建筑工程施工企业是在仔细研究了招标文件的全部内容并综合考虑相应的商业风险和成本变动后才向某环保公司投标，其在明知案涉工程限定造价1.5亿元的前提下理应将建筑材料的市场环境以及价格变化纳为其是否投标以及如何投标应考虑的商业风险因素中。本案中建筑材料价格上涨应属于重庆某集团在投标和签订合同时应合理预见的商业风险，且上涨幅度并未超过市场价峰值，因此不应适用《最高人民法院关于适用〈中华人民共和国合同法〉若干问题的解释（二）》第二十六条的规定。

二、依据"违约损害赔偿规则"主张材料价差索赔，由法院依情况调整

相关案例二：《鄂尔多斯市某局、鄂尔多斯某公路建设开发有限公司建设工程施工合同纠纷民事裁定书》（最高人民法院〔2019〕最高法民申5628号）

裁定书摘录：《招标文件》虽然对正常施工工期内材料价格波动风险的承担作出了约定，但该约定并不适用于因发包方原因导致的工期延误期间的材料款调差，以双方当事人可以预期的合理风险负担约定调整单方违约造成的损失扩大，显然有违公平、有悖逻辑；某局、某公司没有证据证明其已经在工期因自身原因延误之前将材料款一次性全额支付给实际施工人或承包人，一次性全额支付也不符合建筑行业交易习惯，因此，某局、某公司以已经支付材料款为由主张不应负担因延误工期造成材料成本增加费用，没有事实依据。

相关案例三：《某发电有限公司、吉林某建筑基础工程公司建设工程施工合同纠纷民事裁定书》（最高人民法院〔2019〕最高法民申3386号）

裁定书摘录：本案审查的重点为某发电公司应否向某建筑公司支付水泥调差款及其利息。本院主要分析理据如下：①某发电公司违约造成某建筑公司额外增加支付购买水泥价款。在固定总价施工合同履行中，因发包人违约导致工程延期，造成承包人施工成本的增加，承包人请求发包人赔偿由此遭受的违约损失，人民法院应依法予以支持。②工程延期开工期间，水泥价格发生了双方在签订合同时无法预见的大幅上涨。吉林省住房和城乡建设厅于2011年12月1日下发的吉建造〔2011〕18号文件第二条规定："由于今年水泥市场价格上涨幅度较大，比2010年同期涨幅超过50%，发承包双方在招投标和签订合同过程中无法预测。发承包双方合同中对水泥价格未明确风险范围和超出风险范围未明确调整办法的，工程结算时可以按工程投标期信息价为基数，水泥结算差价10%以内部分由承包人承担，超过10%部分由发包人承担，签订补充协议协商解决。"该文件虽系行业指导性文件，不能直接作为人民法院审理案件的法律依据，但可以作为人民法院审理案件的参考。③本案证据可以证明某发电公司已收到水泥调差签证单。某建筑公司将提交给监理单位及某发电公司的签证单汇总制作《施工签证收发登记表》，其中包括水泥调差签证单，该水泥调差签证单已先期由监理单位签收并盖章确认。④某建筑公司为进行案涉工程施工采购水泥所支出的款项属于施工成本，可计入工程款中。因水泥价格上涨而产生的水泥调差款，其性质也属于工程款。某发电公司应向某建筑公司支

付水泥调差款而未予支付，二审法院判决某建筑公司支付水泥调差款的利息，并无不当。

问题 71：如何理解争议解决条款独立性：有效是独立性的前提条件

◆ 有关规定 ◆

一、《中华人民共和国民法典》

第五百零七条　合同不生效、无效、被撤销或者终止的，不影响合同中有关解决争议方法的条款的效力。

第一百四十三条　具备下列条件的民事法律行为有效：

（一）行为人具有相应的民事行为能力；

（二）意思表示真实；

（三）不违反法律、行政法规的强制性规定，不违背公序良俗。

二、《中华人民共和国仲裁法》

第十七条　有下列情形之一的，仲裁协议无效：

（一）约定的仲裁事项超出法律规定的仲裁范围的；

（二）无民事行为能力人或者限制民事行为能力人订立的仲裁协议；

（三）一方采取胁迫手段，迫使对方订立仲裁协议的。

第十九条　仲裁协议独立存在，合同的变更、解除、终止或者无效，不影响仲裁协议的效力。

三、《中华人民共和国民事诉讼法》

第三十五条　合同或者其他财产权益纠纷的当事人可以书面协议选择被告住所地、合同履行地、合同签订地、原告住所地、标的物所在地等与争议有实际联系的地点的人民法院管辖，但不得违反本法对级别管辖和专属管辖的规定。

四、《中华人民共和国涉外民事关系法律适用法》

第四十一条　当事人可以协议选择合同适用的法律。当事人没有选择的，适用履行义务最能体现该合同特征的一方当事人经常居所地法律或者其他与该合同有最密切联系的法律。

◆ 实务提醒 ◆

一、争议条款包括哪些

《中华人民共和国民法典释义》认为，本条所说的有关解决争议方法的条款包括以下几种：

1. 约定仲裁条款。仲裁条款是仲裁协议的一种表现形式，是当事人在合同中约定的用仲裁方式解决双方争议的条款。我国对合同争议采取或仲裁或诉讼的制度，仲裁条款有排除诉讼管辖的效力。如果当事人在合同中订有仲裁条款，则当事人在发生争议时，不能向人民法院提出诉讼。《中华人民共和国仲裁法》第十九条规定，仲裁协议独立存在，合同的变更、解除、终止或者无效，不影响仲裁协议的效力。

2. 选择受诉法院条款。《中华人民共和国民事诉讼法》第三十五条规定，合同或者其他财产权益纠纷的当事人可以书面协议选择被告住所地、合同履行地、合同签订地、原告住所地、标的物所在地等与争议有实际联系的地点的人民法院管辖，但不得违反本法对级别管辖和专属管辖的规定。当事人选择受诉人民法院的条款，不受合同效力的影响。

3. 选择检验、鉴定机构条款。当事人可以在合同中约定，若对标的物质量或技术的品种发生争议，在提交仲裁或者诉讼前，应当将标的物送交双方认可的机构或科研单位检验或鉴定。这种解决争议方法的约定出于双方自愿，不涉及合同的实体权利和义务，应当承认其效力。

4. 涉外选择法律适用条款。《中华人民共和国涉外民事关系法律适用法》第四十一条规定，对于具有涉外因素的合同争议，当事人可以协议选择合同适用的法律。当然，外国法律的适用将损害我国社会公共利益的，应当适用我国法律。当事人就法律适用条款所达成的协议的效力具有独立性，不受合同效力的影响。

二、争议条款独立有效的适用条件是争议条款本身有效

即便合同无效亦不影响无效合同中争议条款的约束力，并不意味争议条款本身无效也应当继续适用。争议条款本身有效是争议条款独立有效适用的前提条件（见相关案例）。

◆ 相关案例 ◆

《最高人民法院公报》2016 年第 7 期（总第 237 期）

裁判摘录：招行某分行提起本案诉讼，向人民法院提交了落款日期均为 2014 年 5 月 30 日的《委托定向投资协议》《同业存款协议》以及《投资指令》等材料。经吉林公正司法鉴定中心和无锡市公安局物证鉴定所鉴定，上述《委托定向投资协议》和《投资指令》尾部加盖的光大银行长春分行的印章及其法定代表人王守坤的名章均与送检的样本印文非同一印章盖印形成。招行某分行对该鉴定结论没有异议。招行某分行并未向人民法院提交光大银行某分行在其他场合使用了加盖在《委托定向投资协议》上的"公章"的证据，故不能认定《委托定向投资协议》上的"公章"是真实的。合同效力是对已经成立的合同是否具有合法性的评价，依法成立的合同，对当事人具有法律约束力。合同成立之前不存在合同效力的问题。《中华人民共和国合同法》第五十七条关于"合同无效、被撤销或者终止的，不影响合同中独立存在的有关解决争议方法的条款的效力"的规定适用于已经成立的合同，"有关解决争议方法的条款"亦应当真实存在，体现双方当事人真实意思表示，

且达成合意。招行某分行应当提交具备客观真实性、关联性、合法性的证据，足以证明其依据的"有关解决争议方法的条款"符合法定的成立条件。上述鉴定结论证明《委托定向投资协议》上并没有加盖真实的光大银行某分行的公章或法定代表人签章，故上述协议中管辖条款在成立要件上存在重大瑕疵，不能认定存在有效的管辖条款。招行某分行关于涉案管辖条款具有独立性，即便合同无效亦不影响无效合同中管辖条款的约束力的上诉请求，不能成立，本院不予支持。此外，合同经办人张某的行为是否构成表见代理以及表见代理与管辖协议的效力问题。在对当事人提出的管辖权异议进行审查的阶段，注重程序公正和司法效率，既要妥当保护当事人的管辖异议权，又要及时矫正、遏制当事人错用、滥用管辖异议权。此阶段一般结合诉讼请求对当事人提交的证据材料进行形式要件审查，以认定涉及确定管辖的要素，如原告住所地、被告住所地、合同履行地、合同签订地、财产所在地、侵权行为地、诉讼标的额、案件影响程度以及是否存在有效的管辖条款等。且确定管辖权以起诉时为标准。依据《中华人民共和国合同法》第四十九条"行为人没有代理权、超越代理权或者代理权终止后以被代理人名义订立合同，相对人有理由相信行为人有代理权的，该代理行为有效"以及本院《关于当前形势下审理民商事合同纠纷案件若干问题的指导意见》第13条"合同法第四十九条规定的表见代理制度不仅要求代理人的无权代理行为在客观上形成具有代理权的表象，而且要求相对人在主观上善意且无过失地相信行为人有代理权。合同相对人主张构成表见代理的，应当承担举证责任，不仅应当举证证明代理行为存在诸如合同书、公章、印鉴等有权代理的客观表象形式要素，而且应当证明其善意且无过失地相信行为人具有代理权"的规定，表见代理制度的举证责任较为严格。招行某分行在管辖权异议的审查阶段，并未提交形式上清晰明确、内容上无疑义、无争议的证据材料，以证明其有理由相信张某有代理权签订管辖协议条款，且对光大银行某分行构成约束，故其不能以表见代理成立为由主张管辖条款发生效力。即使经过实体审理认定表见代理成立，也只涉及案件当事人有关民事责任的承担，不影响人民法院对管辖权异议的处理。招行某分行上诉认为，"一审法院一方面认定《委托定向投资协议》对光大某分行不产生效力，另一方面认为如果张某的行为构成表见代理则该协议对光大银行某分行将产生效力，存在矛盾"，混淆了不同诉讼程序阶段的不同任务和不同认定标准，该上诉理由不能成立。

问题 72: 承包方如何正确行使停工权

◆ **有关规定** ◆

一、《中华人民共和国民法典》

第七百九十八条　隐蔽工程在隐蔽以前，承包人应当通知发包人检查。发包人没有及时检查的，承包人可以顺延工程日期，并有权请求赔偿停工、窝工等损失。

第八百零三条　发包人未按照约定的时间和要求提供原材料、设备、场地、资金、技术资料的，承包人可以顺延工程日期，并有权请求赔偿停工、窝工等损失。

第八百零四条　因发包人的原因致使工程中途停建、缓建的，发包人应当采取措施弥补或者减少损失，赔偿承包人因此造成的停工、窝工、倒运、机械设备调迁、材料和构件积压等损失和实际费用。

二、《第八次全国法院民事商事审判工作会议（民事部分）纪要》

32. 因发包人未按照约定提供原材料、设备、场地、资金、技术资料的，隐蔽工程在隐蔽之前，承包人已通知发包人检查，发包人未及时检查等原因致使工程中途停、缓建，发包人应当赔偿因此给承包人造成的停（窝）工损失，包括停（窝）工人员人工费、机械设备窝工费和因窝工造成设备租赁费用等停（窝）工损失。

33. 发包人不履行告知变更后的施工方案、施工技术交底、完善施工条件等协作义务，致使承包人停（窝）工，以至难以完成工程项目建设的，承包人催告在合理期限内履行，发包人逾期仍不履行的，人民法院视违约情节，可以依据合同法第二百五十九条、第二百八十三条规定裁判顺延工期，并有权要求赔偿停（窝）工损失。

◆ **实务提醒** ◆

一、承包人有权进行停工的情形主要有：

1. 开工许可或其他行政许可不完备引起的停工，如环境影响评价、文物保护、扰民、建筑垃圾处理等。

2. 发包人未按照约定的种类、规格、数量、单价、质量等级和地点等为承包人提供施工所需的原材料、设备，或所提供的材料、设备质量不合格。

3. 发包人未按照约定向承包人提供施工、操作、运输、堆放材料设备的场地、道路等。

4. 发包人未按照约定的时间和金额向承包人支付工程建设所需的资金，包括预付款、进度款等。

5. 发包人未按照约定的时间、份数向承包人提供符合要求的技术资料，主要包括勘察数据、设计文件、施工图纸以及说明书等。

6. 发包人对隐蔽工程，如地下管道的铺设、安装等，经承包人通知后，未及时检查验收。

7. 政府有关部门为防疫疫情或宏观政策调整而采取行政措施，导致合同不能履行。

二、承包人可能面临的停工损失主要包括：

1. 施工机具费用：包括停工期间因闲置产生的租赁施工机械租赁费、自有机械折旧费等。

2. 措施费：包括脚手架、模板等周转材料的租赁费，以及现场宿舍、办公室、食堂、厨房、厕所、仓库等临时设施的租赁或折旧费用、维护费用等。

3. 材料相关费用：包括已运至施工现场的材料（包括工程设备）在停工期间的特殊保管和仓储费用等。

4. 企业管理费：包括停工期间的管理人员工资，以及承包人垫资工程项目在停工期间的财务费用等。

5. 人工费：包括停工期间的工人工资等费用。

三、程序方面注意事项

1. 密切注意法定或约定停工事由的发生。

在施工过程中，承包人应严格按照约定全面履行合同中己方的义务，避免因个人原因导致施工无法继续进行，被发包人或主管单位责令停工的情形出现。在发生非因己方原因而导致施工无法继续进行的法定或约定事由，承包人须谨慎进行停工，结合合同约定及法律规定来判断是否满足停工依据，发包人的违约行为是否已构成合同履约的阻碍，避免无合同依据、事实依据而停工。

2. 书面催告。

在满足停工采取措施条件的前提下，承包人须向发包人进行书面催告，给予发包人合理的期间采取有效措施恢复履行。催告函中载明停工理由、停工开始时间、现场状况，包括工程界面、现场机械设备等情况，载明相应的法律后果、责任承担（包括不限于工程价款、利息、违约金等），明确己方的权利内容，如提出对工期顺延的要求、声明恢复施工的条件及对工程享有建设工程优先受偿权等。另外，催告函建议采取 EMS 邮寄的方式进行，并保留书面性往来文件的相应签收凭证。

3. 及时发出停工通知。

如发包人逾期仍未履行，承包方准备暂停施工，应向发包人发出停工通知书，通知书要载明停工的具体时间，并对停工原因作相应说明，对工期顺延作出安排，避免将来发包人就工期延误进行索赔。

4. 固定和搜集损失相关证据。

经催告在合理期间内，发包人仍未采取措施恢复履行，承包人可以采取暂停施工的方式来进行对抗。但承包人应对停工事由出现以来的来往函件进行搜集和整理；可采取拍照摄像等方式，对停工当天及过程中现场的人员、材料、机械设备和施工界面进行影像固定，影像要显示拍摄时间、拍摄地点。如有可能，建议采取公证方式进行。与此同时，对现场的设备设施以及未使用的各项材料进行统计列明清单，请监理或者发包人代表签字确认。

5. 采取有效措施避免损失扩大。

在停工事由久拖未决的情况下，如发包人资金链断裂或出现资不抵债等情形导致合同无法继续履行或合同目的无法实现，承包人应及时向发包人发出《解除合同通知书》，采取合理的措施避免损失的扩大，不能长期停工；同时，承包人应要求发包人对工程进行结算，要求发包人支付现场已完工程量对应的所有价款，及停工、窝工损失等。否则在工程停工后双方未采取有效措施导致损失不断扩大，就扩大损失的部分将无法得到法院的支持。

6. 及时启动司法程序。

如合同已出现无法继续履行的情况，发包人不进行结算或拒不支付工程款，承包人可根据双方合同中关于争议解决条款的约定提起诉讼或仲裁，并依法申请人民法院对发包人的财产采取查封、扣押、冻结等保全措施，以确保将来生效裁判文书的执行。

◆ 相关案例 ◆

云南某建筑工程集团有限公司、昆明某房地产开发有限公司建设工程施工合同纠纷二审案（云南省高级人民法院〔2019〕云民终179号）

判决书摘录：本院认为，双方当事人之间形成的多份《协议书》可以证实承包人中润公司于2015年3月26日停工，于2016年3月5日复工，停工原因系发包人昆明某房地产公司未按约支付工程款。同时，双方当事人在2013年8月2日《建设工程施工合同》专用条款第26条约定"若承包人未能及时付款，承包人不得停工，须保证工程进度继续施工，发包人必须在3个月内补清欠款。"而昆明某房地产公司自双方在2014年10月16日《协议书》中确定应付封顶进度款为5600万元后，至今仍然未付清相应款项。故承包人云南某建筑工程公司有权停止施工，昆明某房地产公司认为云南某建筑工程公司无权停工且停工原因为云南某建筑工程公司擅自停工的主张，不能成立，其据此主张云南某建筑工程公司承担延误工期损失500万元的上诉理由，亦不能成立，本院不予支持。

问题 73：发包人迟付工程款导致停工窝工，承包人及发包人应如何处理？

◆ 有关规定 ◆

《中华人民共和国民法典》

第七百八十八条　建设工程合同是承包人进行工程建设，发包人支付价款的合同。

第八百零三条　发包人未按照约定的时间和要求提供原材料、设备、场地、资金、技术资料的，承包人可以顺延工程日期，并有权请求赔偿停工、窝工等损失。

第八百零四条　因发包人的原因致使工程中途停建、缓建的，发包人应当采取措施弥补或者减少损失，赔偿承包人因此造成的停工、窝工、倒运、机械设备调迁、材料和构件积压等损失和实际费用。

◆ 实务提醒 ◆

一、发包方拖欠工程款原因分析

1. 资金流动性问题

财务困境：发包方可能因自身经营不善或市场环境变化而陷入财务困境，导致资金短缺。

资金链断裂：在某些情况下，发包方可能因为上游资金供应中断而无法按时支付下游款项。

2. 项目管理不善

预算超支：项目实际花费超出预算，导致发包方难以按原计划支付工程款。

进度延误：工程进度延迟可能使发包方认为尚未达到付款节点，从而推迟支付。

3. 合同履行争议

条款模糊：合同中关于付款条件的条款可能表述不清，导致双方对何时应付、付多少存在分歧。

变更索赔：施工过程中的设计变更或额外工作可能引发费用调整和索赔争议，影响正常支付流程。

4. 市场风险因素

经济下行：宏观经济环境恶化，如经济衰退或行业周期性调整，会影响发包方的支付能力。

政策变动：政府政策调整，如税收政策、土地政策等，可能给发包方带来额外负担。

5. 法律与合规问题

诉讼纠纷：发包方可能卷入其他法律纠纷，资产被冻结或用于赔偿，影响到其支付能力。

合规检查：面临严格的监管审查或合规检查可能导致部分资金被暂时冻结。

6. 信用风险

故意拖欠：少数情况下，发包方可能出于自身利益考虑，故意拖延付款以获取更多现金流或谈判筹码。

信用不良：发包方的历史信用记录不佳，习惯性拖欠款项。

7. 沟通不畅

信息不对称：承包方与发包方之间缺乏有效的沟通机制，导致付款要求和进度情况未能及时传达。

误解与偏见：双方可能存在误解或偏见，影响彼此信任和合作氛围。

8. 外部环境影响

自然灾害：地震、洪水等不可抗力因素可能导致工程暂停，进而影响付款安排。

社会事件：政治动荡、罢工等社会事件也可能干扰正常的经济活动，包括工程款支付。

二、从承包人角度看：处理步骤和注意事项的实务建议

1. 处理步骤

第一，催告义务。承包人首先应履行催告义务，要求发包人在合理的期限内支付工程款。根据《中华人民共和国民法典》第五百零九条规定，当事人应当按照约定全面履行自己的义务。当事人应当遵循诚信原则，根据合同的性质、目的和交易习惯履行通知、协助、保密等义务。

第二，停工权利。如果发包人依旧不支付工程款的，承包人可以进行停工，并可以向人民法院起诉或依据合同约定提起仲裁，要求发包人支付工程款或者将工程折价拍卖以获取工程款。

第三，赔偿请求。承包人有权要求发包人赔偿因停工、窝工等造成的损失，包括现场施工机械停滞费、现场人员的工资和周转材料的维护和摊销费等。

2. 注意事项

第一，合理期限。承包人在催告发包人支付工程款时，应给予发包人一个合理的期限，以避免立即采取法律行动。

第二，证据保存。发生停工、窝工情况时，承包人应及时收集并保存所有与窝工损失相关的证据，包括停工通知、工作日志、费用凭证等，以便在索赔过程中使用。

第三，协商解决。在采取法律行动之前，承包人和发包人可以尝试协商解决，以减少不必要的法律纠纷和成本。

三、从发包人角度看：处理步骤和注意事项

1. 处理步骤

第一，充分理解。作为发包人，应当深知工程建设过程中可能出现的各种不可预见因素，认识到停工、窝工损失是一个较为常见的索赔问题。对于承包方提出的停工、窝工损失的赔偿要求，发包方应当认在某些情况下，由于发包方的原因，如资金延迟支付、工程变更或其他不可抗力因素，确实可能导致承包方遭受窝工损失。在这种情况下，发包人应理解承包方的立场和观点，并愿意根据合同约定和相关法律规定承担相应的责任。

第二，合理抗辩。作为发包人也应当注意到，在一些情况下，承包方提出的停工、窝工损失赔偿可能并不完全合理。例如，有些承包方可能会夸大损失范围或虚构损失事实，以期获得更多的赔偿。此外，有些停工、窝工损失可能是由于承包方自身的原因造成的，如施工组织不善、人员配备不足等。在这种情况下，发包方不应承担全部责任。

2. 实务注意

第一，明确合同约定。在签订合同时，双方应明确约定窝工损失的计算方法和赔偿标准，以便在发生争议时有据可依。

第二，加强过程管理。发包方应加强对工程进度的监控和管理，及时发现并解决可能导致窝工的问题。同时，承包方也应积极配合发包方的管理，确保工程的顺利进行。

第三，客观评估损失。在处理窝工损失赔偿要求时，双方应客观评估损失范围和金额，避免夸大或虚构事实。必要时，可以邀请第三方专业机构进行评估和鉴定。

第四，友好协商解决。我们主张通过友好协商的方式解决窝工损失赔偿问题。双方可以充分沟通，共同寻求合理的解决方案，以维护双方的合法权益。

◆ 相关案例 ◆

《中铁某局集团第四工程有限公司与安徽某交通开发有限公司、安徽省某高速公路控股集团有限公司建设工程施工合同纠纷案》（最高人民法院〔2014〕民一终字第 56 号）

判决书摘录：

（三）关于某公司应否赔偿中铁公司停窝工损失，如应赔偿，则赔偿的数额是多少的问题。

关于 2004 年 3 月至 2005 年 3 月期间的停窝工损失问题。根据合同通用条款第 53 条约定，如果承包人根据合同条款中任何条款提出任何附加支付的索赔时，其应该在该索赔事件首次发生的 21 天之内将其索赔意向书提交监理工程师，并抄送业主；监理工程师在与业主和承包人协商后，确定承包人有权得到的全部或部分索赔款额。对于 2004 年至 2005 年第一次停窝工期间的确定部分造价为 6778661.54 元，经查明，是指既有现场监理人员签字确认的每日停窝工情况具体统计表，也有现场监理人员签字确认的每月停窝工情况统计表，这说明对于这部分损失，中铁公司已经按照索赔程序提出了索赔，且该索赔已经经过监理签字予以确认，故中铁公司的该索赔符合上述合同通用条款第 53 条的约定，一审法院判决某公司赔偿中铁公司此部分确定款项的损失，并无不当，应予维持。

（四）关于某公司应否赔偿中铁公司因 2004 年 3 月至 2005 年 3 月停工导致的原材料及油料价差损失，如应赔偿，则赔偿的数额是多少的问题。

本案中铁公司请求某公司赔偿 2004 年 3 月至 2005 年 3 月停工导致的原材料及油料价差损失，系以某公司违反合同约定导致案涉工程停工作为其诉请的基础。对此，如果确实存在如中铁公司所主张的某公司违约的全部原因或者部分原因，且中铁公司也确实存在由于某公司违约所导致的原材料及油料价差损失，则该请求符合《中华人民共和国合同法》第一百一十三条关于"当事人一方不履行合同义务或者履行合同义务不符合约定，给对方造成损失的，损失赔偿额应当相当于因违约所造成的损失"的规定，故一审法院对中铁公司在本案中关于某公司赔偿 2004 年至 2005 年 3 月停工所产生的原材料及油料价差损失的请求进行审理，并无不当。

问题 74：因违约造成守约方向第三人赔偿损失，守约方能否向违约方追偿？

◆ 有关规定 ◆

一、《中华人民共和国民法典》

第五百八十四条　当事人一方不履行合同义务或者履行合同义务不符合约定，造成对方损失的，损失赔偿额应当相当于因违约所造成的损失，包括合同履行后可以获得的利益；但是，不得超过违约一方订立合同时预见到或者应当预见到的因违约可能造成的损失。

二、《最高人民法院关于适用〈中华人民共和国民法典〉合同编通则若干问题的解释》

第六十三条　在认定民法典第五百八十四条规定的"违约一方订立合同时预见到或者应当预见到的因违约可能造成的损失"时，人民法院应当根据当事人订立合同的目的，综合考虑合同主体、合同内容、交易类型、交易习惯、磋商过程等因素，按照与违约方处于相同或者类似情况的民事主体在订立合同时预见到或者应当预见到的损失予以确定。

除合同履行后可以获得的利益外，非违约方主张还有其向第三人承担违约责任应当支出的额外费用等其他因违约所造成的损失，并请求违约方赔偿，经审理认为该损失系违约一方订立合同时预见到或者应当预见到的，人民法院应予支持。

在确定违约损失赔偿额时，违约方主张扣除非违约方未采取适当措施导致的扩大损失、非违约方也有过错造成的相应损失、非违约方因违约获得的额外利益或者减少的必要支出的，人民法院依法予以支持。

◆ 实务提醒 ◆

一、从裁判实践来看，大多数判例是支持的，但是前提是该损失系违约一方订立合同时预见到或者应当预见到的，如相关案例一、二。也有个别案例不予支持，理由是：根据合同相对性原则，向第三人承担的违约责任，属于自行承担的损失，不可以向违约方追偿；即使上诉人已向第三方赔偿违约金，亦不能要求被上诉人赔偿违约金，如相关案例三。

二、在合同订立时，注意在合同中明确约定因违约给第三方造成违约应当支付以及标准。

在合同条款中设置相关的违约条款，明确第三方的存在，明确约定因违约给第三方造成违约应当支付以及违约金的支付标准。

三、在合同履行过程中，尽量体现第三方的存在，注重保留相对方"预见或应当预见"对第三方违约的证据。

作为合同的守约方，往往因为无法提供能够证明违约方在订立合同时能预见到或者应当预见到向第三人承担违约责任的证据，从而承担不利结果。因此，应当保留合同履行过程中，尽早与违约方交涉，明确因原合同的违约而采取的补救措施以及采取补救措施所支出的费用提示对方即将面临向第三方违约的沟通记录，表明对方明知对第三人违约的可预见性。

◆ **相关案例** ◆

相关案例一：（2017）最高法民申 2535 号

判决摘录：从根源上看，原告与第三人的合同解除违约金系属于原、被告之间履行无效合同产生的损失，应当根据原、被告的过错程度进行分担。

相关案例二：（2020）沪 0106 民初 13956 号

判决摘录：原告向被告购买 LED 电子屏，又与第三人约定将按期交付 LED 电子屏用于广告投放。但由于被告未能按时制作完成 LED 电子屏，导致原告对第三人违约，为此原告向第三人额外补偿了价值 82 万元的 10 天广告投放。法院认为，被告明知原告定制显示屏系为第三人发布广告，综合考虑广告发布成本、发布环境、发布内容、发布周期、在商谈《补充协议》时的表态及原告对第三人违约的补救方式，酌定损失赔偿金额为 75 万元。

相关案例三：（2008）桂民四终字第 19 号

判决摘录：二审法院认为，根据合同相对性原则，即使上诉人已向第三方赔偿违约金，亦不能要求被上诉人赔偿违约金。

问题 75：停工损失或工期损失未在 28 天提出，是否失去索赔权？

◆ **有关规定** ◆

一、《中华人民共和国民法典》

第一百九十七条　诉讼时效的期间、计算方法以及中止、中断的事由由法律规定，当事人约定无效。

当事人对诉讼时效利益的预先放弃无效。

第四百九十七条　有下列情形之一的，该格式条款无效：

（一）具有本法第一编第六章第三节和本法第五百零六条规定的无效情形；

（二）提供格式条款一方不合理地免除或者减轻其责任、加重对方责任、限制对方主要权利；

（三）提供格式条款一方排除对方主要权利。

二、《建设工程施工合同（示范文本）》（GF—2017—0201）

19.1 承包人的索赔

根据合同约定，承包人认为有权得到追加付款和（或）延长工期的，应按以下程序向发包人提出索赔：

（1）承包人应在知道或应当知道索赔事件发生后天内，向监理人递交索赔意向通知书，并说明发生索赔事件的事由；承包人未在前述天内发出索赔意向通知书的，丧失要求追加付款和（或）延长工期的权利；

（2）承包人应在发出索赔意向通知书后天内，向监理人正式递交索赔报告；索赔报告应详细说明索赔理由以及要求追加的付款金额和（或）延长的工期，并附必要的记录和证明材料；

（3）索赔事件具有持续影响的，承包人应按合理时间间隔继续递交延续索赔通知，说明持续影响的实际情况和记录，列出累计的追加付款金额和（或）工期延长天数；

（4）在索赔事件影响结束后天内，承包人应向监理人递交最终索赔报告，说明最终要求索赔的追加付款金额和（或）延长的工期，并附必要的记录和证明材料。

◆ 实务提醒 ◆

一、注意实务中的观点争议：对于停工损失、工期损失未在28天提出，是否失去索赔权问题，实务中争议较大，支持和不支持的判决都有，观点和理由也各种各样。如：

观点一：合同约定的索赔权未在28天内行使而消灭，具有除斥期间的效果特征，以除斥期间消灭请求权有悖法律规定，故该期间约定应属无效（见案例一）。

观点二：施工合同中逾期失权的约定因违反法律关于"当事人对诉讼时效利益的预先放弃无效"的规定法而无效（见案例一、案例二、案例三）。

观点三：《建设工程工程量清单计价规范》（GB 50500—2013）是住房和城乡建设部和国家质检总局联合发布的一个国家标准，而非法律、行政法规，因此逾期失权的规定对当事人不具有约束力（见案例四）。

观点四：《建设工程施工合同》中承包人的索赔条款只规定了索赔程序，而未规定逾期索赔导致失权，故不能认为产生逾期失权的法律后果（见案例五、案例六）。

观点五：逾期索赔失权条款不违反法律的强制规定，合法有效，不仅是程序性限制，也具有时效性限制。如果在建设工程施工合同中有明确的规定，应当适用（见案例七、案例八）。

观点六：索赔失权条款属于格式合同，发包人利用该条款限制对方主要权利，是无效的。

二、注意签订施工合同时尽量明确约定逾期失权的法律后果。在约定工程索赔条款时，不仅应当约定索赔程序、索赔期限，还应当明确如果不按照程序、期间进行索赔时的后果。

三、注意签订施工合同尽量在合同专用条款中进行约定。如有必要，可以以粗线或不同字体进行提示，同时进行解释说明，以防止在特定条件下构成格式合同或格式条款。

◆ **相关案例** ◆

相关案例一：（2020）最高法民终 941 号

判决摘录：关于湖南某建工集团是否索赔失权。虽然案涉《公路工程专用合同条款》《合同通用条款》对索赔程序进行了约定，但据双方原审中提交的证据，湖南某建工集团在施工过程中已通过报告、工程联系单、说明等方式向监理单位反映相关情况，已积极主张权利。《最高人民法院关于审理建设工程施工合同纠纷案件适用法律问题的解释（二）》第六条第一款规定："当事人约定顺延工期应当经发包人或者监理人签证等方式确认，承包人虽未取得工期顺延的确认，但能够证明在合同约定的期限内向发包人或者监理人申请过工期顺延且顺延事由符合合同约定，承包人以此为由主张工期顺延的，人民法院应予支持"。据此规定，湖南某建工集团可就因工期顺延而增加的施工费用向贵州某高速集团主张权利。此外，案涉合同对索赔程序的约定仅系双方对于解决纠纷的程序性约定，承包人未在约定时限内主张权利，并非直接丧失实体权利。如果承包人有充分证据证明其权益受损，在未超过法定诉讼时效期间的情况下，不应剥夺其索赔的权利。因此，湖南某建工集团有权就双方争议款项主张权利。原审判决仅以湖南某建工集团未按合同约定索赔程序索赔而不予支持其权利主张，系认定事实和适用法律错误，本院予以纠正。

相关案例二：（2020）藏民终 67 号

判决摘录：本院认为，首先，就本案而言，索赔权是合同一方要求违约方赔偿损失的权利，其内容是要求获得民事赔偿，其实现需要被索赔人配合，因而其性质属民事债权请求权，并非依行为人单方行使就能实现其意思和目的形成权。其次，案涉合同约定的索赔权未在 28 天内行使而消灭，具有除斥期间的效果特征，以除斥期间消灭请求权有悖法律规定，故该期间约定应属无效。最后，本案索赔权应受诉讼时效保护。虽然双方当事人在合同中约定了索赔权未在 28 天内行使而消灭，但根据《中华人民共和国民法总则》第一百九十七条第二款："当事人对诉讼时效利益的预先放弃无效"的规定，该约定期间因短于法律规定的诉讼时效期间而无效。故上诉人西藏某公司未在约定的 28 天索赔期限内主张权利，并不导致权利丧失，其该项上诉理由成立，本院予以支持。被上诉人江苏某公司青海分公司的抗辩不符合法律规定，本院不予支持。

相关案例三：（2019）最高法民申 2708 号

判决摘录：二审判决依据《中华人民共和国民法总则》第一百九十七条第二款、第一百九十九条（现《中华人民共和国民法典》第一百九十七条第二款、第一百九十九条）、《最高人民法院关于审理民事案件适用诉讼时效制度若干问题的规定》第 4 条的规定，以诉讼时效利益的预先放弃无效、某民生公司在一审期间并未提出诉讼时效的抗辩为由，驳回某民生公司诉讼时效的抗辩具有事实和法律依据。某民生公司关于某公司未在 28 日内发出索赔意向通知书，丧失索赔权利的再审申请理由亦不能成立。

相关案例四：（2019）浙 10 民终 625 号

判决摘录：《建设工程工程量清单计价规范》（GB 50500—2013）是住房和城乡建设部和国家质检总局联合发布的一个国家标准，而非法律、行政法规，对当事人不具有约束力。而双方签订的建设工程施工合同第二部分通用条款 36 条只规定了索赔程序，未规定逾期索赔失权。故鼎某公司主张根据《建设工程工程量清单计价规范》（GB 50500—2013）规定和建设工程施工合同约定，汉尔斯公司已丧失索赔权利，没有法律、合同依据，本院不予支持。

相关案例五：（2019）晋 10 民终 1380 号

判决摘录：涉案《建设工程施工合同》中有关索赔的通用条款约定，索赔事件发生后的 28 天内，承包人向工程师发出索赔意向通知，但是，该条款没有明确逾期提出索赔应承担何种法律后果，如果超期提出索赔导致索赔失权，那么原告将物化于涉案工程中的材料、人工等成本费用将由被告无偿获得，这不仅严重违背了公平原则，也严重侵害了原告的合法权益。综上，被告提出的索赔失权不予支持。

相关案例六：（2021）辽 06 民终 1812 号

判决摘录：一方面，案涉《装修工程施工合同》仅约定施工中发生索赔事件后的索赔程序事项，并未约定未按程序索赔则丧失索赔权；另一方面，索赔期限条款系当事人对解决纠纷的程序性规定，亚某公司关于逾期索赔即丧失索赔权的上诉意见缺乏法律依据，本院不予采纳。

相关案例七：（2016）鄂民终 1543 号

判决摘录：因新某公司对栏杆设计变更，导致南通某公司在施工过程中出现停、窝工，系新某公司的原因所致，故该部分损失应当予以赔偿。双方签订的《建设工程施工合同》第 59 条约定："索赔事件发生后超过 28 天承包人未向发包人提出相关索赔要求，即视为承包人放弃追索之权利，并不得于结算时再要求增加索赔"。根据该约定，南通某公司应当在栏杆设计变更事件发生后 28 日内，向新某公司提出索赔申请，但南通某公司未提交证据证实其已按约定提出了索赔申请，故应当视为该公司已经放弃了该部分损失的追索权利，故对南通某公司要求新某公司赔偿栏杆设计变更造成的损失，不予支持。

相关案例八：（2018）最高法民终 827 号

判决摘录：《施工合同》"通用条款"第 36 条规定，一方向另一方索赔，要有正当的索赔理由，且需提供索赔发生的有效证据；因工期延误等情形造成经济损失时，需在索赔事件发生后 28 天内向工程师发出索赔意向通知；发出索赔意向通知 28 天内，向工程师提出延长工期或补偿经济损失的索赔报告及有关资料；在索赔事件持续进行时，承包人应当阶段性向工程师发出索赔意向，并于索赔事件终了后 28 天内，向工程师送交索赔的有关资料和最终索赔报告。本院认为，窝工索赔的时间限制和相关要求是窝工索赔事实能够被准确确认的前提，也是判断合同当事人处理实际施工问题真实意思表示的依据，对控制施工成本和进行施工管理均具有重要意义，具有一定的时效性和程序性限制。中铁某局未及时主张土石方及桥涵工程施工期间的停、窝工损失，应承担相应的不利后果。据此，本院对中铁某局有关土石方、桥涵停、窝工损失及相应的管理费损失的上诉请求，不予支持。

> # 问题 76：停窝工损失纠纷常见的争议焦点以及签订工程停窝工协议需要注意的问题？

◆ 相关规定 ◆

《中华人民共和国民法典》

第七百九十八条　隐蔽工程在隐蔽以前，承包人应当通知发包人检查。发包人没有及时检查的，承包人可以顺延工程日期，并有权请求赔偿停工、窝工等损失。

第八百零三条　发包人未按照约定的时间和要求提供原材料、设备、场地、资金、技术资料的，承包人可以顺延工程日期，并有权请求赔偿停工、窝工等损失。

第八百零四条　因发包人的原因致使工程中途停建、缓建的，发包人应当采取措施弥补或者减少损失，赔偿承包人因此造成的停工、窝工、倒运、机械设备调迁、材料和构件积压等损失和实际费用。

第八百零五条　因发包人变更计划，提供的资料不准确，或者未按照期限提供必需的勘察、设计工作条件而造成勘察、设计的返工、停工或者修改设计，发包人应当按照勘察人、设计人实际消耗的工作量增付费用。

◆ 实务注意 ◆

一、停工、窝工损失赔偿纠纷，常见的争议焦点有以下 10 个方面：

1. 停窝事实：存在停工或窝工的事实。承包人应当对存在停工或窝工的事实，负有举证责任。

2. 原因事件：可能造成停工或窝工的原因事件。承包人应当对可能导致停工或窝工的原因事件，进行举证。比如：发包人未按时支付工程款、未提供必要的材料或设备、施工现场部分房屋没有拆迁完毕等等。

3. 责任归属：可能造成停工或窝工的原因事件的责任归属。发、承包双方可能会对停工或窝工原因事件的责任归属存在争议，承包人需要证明责任完全或部分归咎于发包人。比如：施工现场部分房屋没有拆迁完毕，但是拆迁并不一定属于发包人的责任，也可能是由于承包人的责任。比如：合同中约定，工程款已经包含拆迁款，拆迁由承包人自行负责与被拆迁人协调、谈判和拆迁。

4. 损失范围：承包人需要准确计算停工或窝工损失的范围。包括直接损失和间接损失，如人工费、材料费、机械设备租赁费等。

5. 损失计算：停工、窝工损失的金额是如何计算的。计算方式或计算公式是什么。

6. 损失的合理性：停工、窝工损失赔偿纠纷审理中，还要审查损失的合理性。损失中不存在承包人自己的行为导致的扩大损失。

7. 因果关系：原因事件与停窝、停窝与损失之间的因果关系。因果关系，包括两个方面：一是停工或窝工的原因事件与停工或窝工之间是否具有因果关系；二是停工或窝工的事实与损失结构之间有无因果关系。比如，施工过程中，出现部分房屋没有拆迁完毕，但是该部分房屋没有拆迁完毕，并不一定就必然导致停工或窝工（比如，承包人可以在其他施工段或作业区域进行施工）；停工或窝工并不一定造成承包人举证证明的损失。

8. 原因力大小：停窝原因与损失之间原因力大小。比如，施工过程中，出现部分房屋没有拆迁完毕。但是该部分房屋没有拆迁完毕，并不一定就是导致停工或窝工的唯一原因，也有可能是承包人内部班组之间出现矛盾，导致停工或窝工。

9. 合同条款：合同条款中关于停工损失赔偿的约定可能存在歧义或漏洞，导致双方对于赔偿范围和金额存在争议。

10. 法律依据：法律规定也是索赔的依据。

二、停工协议的主要条款，或签订停工协议实务中需要注意的有：

1. 停工原因：明确停工的具体原因，如不可抗力因素、发包人原因。

2. 停工范围：尽可能具体详细描述停工的范围。

3. 停工时间：停工开始和结束时间。

4. 停工责任：规定双方在停工期间的责任，包括现场保护和管理工作。

5. 停工期间费用处理：明确停工期间相关费用（如设备、人员等）的支付。

6. 恢复施工条件和时间：约定恢复施工的条件、时间、费用和通知方式。

7. 合同解除的条件和时间：如超过一定时间无法复工，则考虑解除合同。

8. 违约责任：规定违约方应承担的后果，如支付违约金等。

9. 争议解决方式：约定争议解决的方式和程序。

10. 明确各方身份：甲、乙及其他各方的全称、地址、法定代表人等信息。

◆ **相关案例** ◆

相关案例一：《温州某矿山建设有限公司、某黄金矿业集团股份有限公司楚雄小水井金矿等建设工程施工合同纠纷其他民事民事裁定书》（〔2021〕最高法民申 2549 号）

裁判摘录：本院经审查认为，温州某公司的申请再审事由不成立。温州某公司与小水井金矿于 2014 年 11 月 13 日签订《停工协议书》，双方对井巷工程停工达成合意，协议约定小水井金矿在完成阶段性验收、付款和退还约定数额的履约保证金后，温州某公司承诺在 2015 年 3 月 31 日之前不再要求小水井金矿对之前的停工期间进行补偿，并且小水井金矿不再承担任何违约责任。虽然该《停工协议书》并非解除合同协议书，只是进行阶段性验收，但该《停工协议书》系双方真实意思表示，协议书中明确约定"小水井金矿不再承担任何违约责任"，小水井金矿也已按照协议约定履行了义务。

相关案例二：《四川省某电力工程有限公司、四川某投资有限公司建设工程施工合同纠纷民事二审民事判决书》（四川省成都市中级人民法院〔2021〕川01民终8009号）

裁判摘录：某投资公司与四川某医院建设工程项目的承包方四川省某建筑工程公司于2015年12月签订的《四川某医院建设工程项目停工协议书》明确载明停工的原因是周边市政配套未能按时交付及项目外立面装饰方案设计变更迟迟未能完成，故决定从2015年12月1日起全面暂停四川某医院建设工程项目的施工。从上述内容可以看出，工程停工并非某电力工程公司的原因而是某投资公司的原因。

下篇 "三驾马车"理论在实务中的运用实例四则

【实例一】 以"三驾马车"理论为视角，看无效合同以及多份合同下，工程款结算问题的处理思路

由于建设工程案件的复杂性，一项工程中合同无效的情况非常普遍，而且也可能会出现多份合同。而这些合同中，有可能是故意为了达到某种目的，如规避法律或政策而签订的"阴阳合同"，也有可能是因为管理混乱等原因而签订的合同；有可能是多份合同均无效，或者多份合同均有效，或者部分合同有效部分合同无效。在同一工程存在着无效合同以及多份合同的情形下，应该以哪一份合同为准来认定、结算工程款，就是一个摆在法律工作者面前亟待解决的疑难问题。笔者尝试从"三驾马车"理论的角度去探究一下这个问题，意在抛砖引玉，给大家提供另外一个思考问题的窗口。

"三驾马车"是指三匹马拉的一辆车。中国古代以拉车的马匹的多少来区分地位。所谓"三驾马车"，不是指的三辆马车，而是指的三匹马一组一辕，分前、中、后三组来拉的车。

"三驾马车"中的三匹马分别指的是"法律""客观事实"和"当事人的意思表示"（以下简称"法律"之马、"事实"之马、"意思"之马），而公平、正义则是这辆马车的最终目的地。任何案件的裁判都应该坚持尊重法律、坚持尊重事实、坚持尊重当事人意思表示，在这"三个坚持"的基本原则下，尽量达到公平、正义的目的。司法裁判的过程就是裁判者驾驶"三驾马车"到达"公平、正义"这个目的地的过程。

三匹马的关系，"法律"之马是中间的那匹称之为"辕"的马，"事实"之马、"意思"之马分别是"辕"两边的那两匹马。"辕"的作用是掌握着中心，控制着两边两匹马的总体方向，控制着马车的平衡。

第一章　一份无效合同情况下，合同无效后的处理

一、"法律"之马：原则上参照"合同价"

《最高人民法院关于审理建设工程施工合同纠纷案件适用法律问题的解释》第二条规定："建设工程施工合同无效，但建设工程经竣工验收合格，承包人请求参照合同约定支付工程价款的，应予支持。"

为什么是参照呢？依据《中华人民共和国合同法》的规定，参照是无效合同的折价补偿原则的体现。合同无效的后果是互相返还，不能返还的折价补偿。建设工程具有自身的特殊性，工人的劳动、各种原材料都物化在施工过程中，最终形成了叫作"工程"的东西。这是无法互相返还的，所以只能折价补偿。这里的折价补偿，只是合同无效的一种处理方式，而不是无效合同按照有效合同处理。

从"三驾马车"的视角来看，为什么要参照"合同价"呢？"三驾马车"里的"法律"这匹马的方向是必须首先要坚持的，自然最高人民法院以司法解释的形式规定"参照合同价"。那么，在一般情况下，就应当坚持这个规定。坚持这个规定就是坚持了"法律"之马。法律规定应当而且必须遵守；非特殊情况下，不得排除遵守。

二、"意思"之马：参照"合同价"，而不是"定额价"或"市场价"等其他价

当事人只能参照合同价，没有选择按照"定额价"或"市场价"等进行结算的权利。这是为什么呢？实践中，合同价是双方当事人的真实意思表示，合同无效是违反了法律强制性规定而无效，无效的合同也是当事人的真实意思表示，只不过这种意思表示虽然真实，但不被国家法律所认可。

从"三驾马车"的视角来看，三匹马中的"意思"之马也是起着重要作用的，是驾车人应当重点考虑的，坚持"意思"之马就要坚持当事人合意约定的"合同价"。

三、"事实"之马：参照"合同价"的例外情形

其一，符合《建设工程司法解释（一）》第十九条第二款规定的情形，即因设计变更导致工程量或者质量标准发生变化，通过评估鉴定据实结算工程款。

其二，合同双方另行协商同意按照定额价或市场价据实结算的，可以不参照合同约定支付工程价款。

先看第一种情况。因设计变更导致工程量或者质量标准发生变化，为什么不再继续参照合同约定价款来处理，而是要通过评估鉴定据实结算工程款呢？以事实为依据，以法律为准绳，实事求是，尊重客观事实，这个原则一向是我们法律所追求的原则。自然工程量、工程标准等客观事实发生了根本的变化，那么这个客观事实就要被尊重，而不能再固守原来的规定或约定来处理已经变化了的事情。这一点从"三驾马车"的视角来看，就是尊重了"客观事实"这匹马。

再看第二种情况。合同双方另行协商同意按照定额价或市场价据实结算的，可以不参照合同约定支付工程价款。这是为什么呢？如果以"三驾马车"的理论来解释，这就变得很简单，因为合同双方另行协商同意签订了补充协议，这当然是当事人双方的真实意思。

"当事人的真实意思"也是拉着马车走向公平正义目的地的一匹马。

相关案例：《莫某某、深圳市某工程有限公司与东莞市某房地产开发有限公司建设工程合同纠纷案》判例支持——（最高人民法院〔2011〕民提字第235号）

判决摘录：最高人民法院认为："关于涉案工程款是应按照合同约定结算还是据实结算。鉴于建筑工程的特殊性，虽然合同无效，但莫某某与深圳某公司的劳动和建筑材料已经物化在涉案工程中，依据《最高人民法院关于审理建设工程施工合同纠纷案件适用法律的解释》第二条的规定，建设工程无效合同参照有效合同处理，应当参照合同约定来计算涉案工程款。莫某某与深圳某公司主张应据实结算工程款，其主张缺乏依据。莫某某与深圳某公司不应获得比合同有效时更多的利益。涉案工程款应当依据合同约定结算。"

一审法院认为：本案工程款如何确定问题。《中华人民共和国合同法》第五十八条规定："合同无效或者被撤销后，因该合同取得的财产，应当予以返还；不能返还或者没有必要返还的，应当折价补偿。鉴于建设工程合同的特殊性，尽管合同被确认无效，但已经履行的内容不能适用返还的方式使合同恢复到签约前的状态，故只能按折价补偿的方式处理。本案虽然合同无效，但仍应按照实际完成的工程量以合同约定的结算办法来计算工程造价，增加、减少或变更的工程造价应参考合同约定及鉴定单位通常做法来计算，一审法院只能参照合同约定和参考专业机构鉴定结论来确定。"

第二章 多份无效合同情况下，合同无效后的处理思路

一、"事实"之马："实际履行"的合同

《最高人民法院关于审理建设工程施工合同纠纷案件适用法律问题的解释（二）》第十一条第一款规定：当事人就同一建设工程订立的数份建设工程施工合同均无效，但建设工程质量合格，一方当事人请求参照实际履行的合同结算建设工程价款的，人民法院应予支持。

二、"意思"之马："最后签订"的合同

《最高人民法院关于审理建设工程施工合同纠纷案件适用法律问题的解释（二）》第十一条第二款规定：实际履行的合同难以确定，当事人请求参照最后签订的合同结算建设工程价款的，人民法院应予支持。

"实际履行"的合同无法确定的情况下，参照"最后签订"的合同，这是为什么呢？最后签订的合同推定为当事人的真实意思表示。

第三章 "最后签订"的合同也无法查清，如何处理

一、"事实"之马：通过鉴定，参照市场价

案件名称：《齐河某钢结构有限公司与济南某物资有限责任公司建设工程施工合同纠纷案》（最高人民法院〔2011〕民提字第104号民事判决书）

案件特点：三份合同均无效，价格各不相同，签署时间均为同一天，无法辨别真伪。

判决书摘录：

1. 通过鉴定确定工程款

"尽管当事人签订的三份建设工程施工合同无效，但在工程已竣工并交付使用的情况下，根据无效合同的处理原则和建筑施工行为的特殊性，对于环盾公司实际支出的施工费用应当采取折价补偿的方式予以处理。本案所涉建设工程已经竣工验收且质量合格，在工程款的确定问题上，按照《最高人民法院关于审理建设工程施工合同纠纷案件适用法律问题的解释》第二条的规定，可以参照合同约定支付工程款。但是，由于本案双方当事人提供了由相同的委托代理人签订的、签署时间均为同一天、工程价款各不相同的三份合同，在三份合同价款分配没有规律且无法辨别真伪的情况下，不能确认当事人对合同价款约定的真实意思表示。因此，该三份合同均不能作为工程价款结算的依据。一审法院为解决双方当事人的讼争，通过委托鉴定的方式，依据鉴定机构出具的鉴定结论对双方当事人争议的工程价款作出司法认定，并无不当。"

2. 不应参照定额价

"第二，本案不应以定额价作为工程价款结算依据。首先，建设工程定额标准是各地建设主管部门根据本地建筑市场建筑成本的平均值确定的，是完成一定计量单位产品的人工、材料、机械和资金消费的规定额度，是政府指导价范畴，属于任意性规范而非强制性规范。在当事人之间没有作出以定额价作为工程价款的约定时，一般不宜以定额价确定工程价款。其次，以定额为基础确定工程造价没有考虑企业的技术专长、劳动生产力水平、材料采购渠道和管理能力，这种计价模式不能反映企业的施工、技术和管理水平。本案中，环盾公司假冒中国第九冶金建设公司第五工程公司的企业名称和施工资质承包涉案工程，如果采用定额取价，亦不符合公平原则。再次，定额标准往往跟不上市场价格的变化，而建设行政主管部门发布的市场价格信息，更贴近市场价格，更接近建筑工程的实际造价成本。最后，根据《中华人民共和国合同法》第六十二条第（二）项规定，当事人就合同价款或者报酬约定不明确，依照《中华人民共和国合同法》第六十一条的规定仍不能确定的，按照订立合同时履行地的市场价格履行；依法应当执行政府定价或者政府指导价的，按照规定履行。本案所涉工程不属于政府定价，因此，以市场价作为合同履行的依据不仅更符合法律规定，而且对双方当事人更公平。"

3. 参照市场价更合理

"第三，以市场价进行鉴定的结论应当作为定案依据。"

通过该案不难看出，该案的裁判思路是按照"三驾马车"理论中"事实"之马指示的方向而进行的。

二、综合考虑三匹马：结合质量、过错、诚信原则综合考虑

案例名称：《江苏省某建筑安装集团股份有限公司、唐山市某房地产开发有限公司建设工程施工合同纠纷二审民事判决书》（〔2017〕最高法民终 175 号）

裁判观点：在当事人存在多份施工合同且均无效的情况下，一般应参照符合当事人真实意思表示并实际履行的合同作为工程价款结算依据；在无法确定实际履行合同、无法确

定哪一份合同是最后签订的合同的时候，可以根据两份争议合同之间的差价，结合工程质量、当事人过错、诚实信用原则等予以合理分配。

判决书摘录： 在合同被确认无效后，只能按照折价补偿的方式予以返还。本案当事人主张根据《建设工程施工合同司法解释》第二条规定参照合同约定支付工程价款，案涉《备案合同》与《补充协议》分别约定不同结算方式，应首先确定当事人真实合意并实际履行的合同。

在无法确定双方当事人真实合意并实际履行的合同时，应当结合缔约过错、已完工程质量、利益平衡等因素，根据《中华人民共和国合同法》第五十八条规定"由各方当事人按过错程度分担因合同无效造成的损失"，一审法院认定本案中无法确定真实合意履行的两份合同之间的差价作为损失，基于某房地产开发公司作为依法组织进行招标投标的发包方，江苏某建筑安装集团公司作为对于招标投标法等法律相关规定也应熟知的具有特级资质的专业施工单位的过错，结合本案工程竣工验收合格的事实，由某房地产开发公司与江苏某建筑安装集团公司按6∶4比例分担损失并无不当。

通过该案不难看出，该案的裁判是综合平衡了"事实"之马、"法律"之马、"意思"之马，正是平衡了这三匹马的综合力量，达到了司法裁判的"公平正义"这个目的地。

第四章　黑白合同均无效的情形下，各地法院如何处理

一、坚持"意思"之马，得出以黑合同为依据

比如，《北京市高级人民法院关于审理建设工程施工合同纠纷案件的指导意见》规定："备案的中标合同与当事人实际履行的施工合同均因违反法律、行政法规的强制性规定被认定为无效的，可以参照当事人实际履行的合同结算工程价款。"（笔者注：实际履行的合同才是当事人真实的意思表示。）

二、坚持"法律"之马，得出以"白"合同为依据

比如，《山东省高级人民法院关于建设工程施工合同纠纷会谈纪要》规定："审判实践中曾经出现了当事人双方请求按照黑合同作为工程款结算依据的情形，对此，会议认为，白合同是依据招标投标这一法定形式确认的，虽然黑合同可能是当事人的真实意思表示，但由于合同内容规避法律规定、合同形式不合法，不能代替白合同即中标备案的效力，即不能依据黑合同作为结算工程款的依据。"（笔者注：法院认为虽然黑合同是当事人的真实意思，但是其真实意思是为了规避法律，所以不能按照当事人的意思来。）

三、坚持"事实"之马，得出按照施工当时市场价作为结算

持此种观点的认为，无论"黑"高"白"低还是"黑"低"白"高，均不应作为结算依据，而应以市场价为准。理由如下：

1. "黑"高"白"低

"黑"合同的价款有时候高于"白"合同的价款，是当事人为了排挤竞争对手，获取了非法利益，违背了公平的市场秩序，对于当事人非法获利的部分，法律不应当支持，应

当按照市场价结算工程款。

2. "黑"低"白"高

"黑"合同的价款有时候低于"白"合同的价款，这种情形是发包人利用市场优势地位，在不公平的前提下与承包人签订的合同。承包人在建筑市场中处于弱势地位，有时候为了承接工程，不顾风险而签订合同。因此，在黑合同价款低于备案施工合同价款的情况下，为保证工程质量合格，应当按照市场价结算工程款。

第五章　多份合同情形下工程款如何结算

一、工程款结算依据的顺序总结

1. 备案的中标合同或者中标的合同。

摆在面前的多份证据之中，首先要考虑的就是哪一份合同是备案的中标合同（取消备案后，只有中标的合同）。考虑的因素和证据有：是否进行了招标投标、是否有中标通知书、是否按照招标文件签订并进行了备案。综合考虑以上因素和证据，从这些合同中梳理出哪一份合同是备案的中标合同或者中标的合同。

2. 多份合同中，哪些合同是无效的合同，哪些是有效的合同。

3. 哪一份是当事人真实意思表示的合同。

考虑的因素和证据有合同签订的先后顺序，比如：签订的时间、背景、内容衔接。通过综合考虑这些因素或证据，梳理出哪一份合同接近当事人的真实意思表示。

（1）多份合同均有效或者部分合同有效的情况下，找出哪一份是有效的，并且是当事人真实意思表示的合同。

（2）多份合同均无效的情况下，找出哪一份是当事人的真实意思表示的合同。

4. 哪一份是实际履行的合同。

考虑的因素和证据有实际施工的内容、工程签证、工程量确认、结算单。综合考虑这些因素和证据，找出哪一份是实际履行的合同。

（1）多份合同均有效或部分合同有效的情况下，找出哪一份是有效的，并且又是实际履行的合同。

（2）多份合同均无效的情况下，找出哪一份是实际履行的合同。

5. 经过多方查证，均无法查明合同是否真实，是有效还是无效，互相矛盾，而且约定不明。

可以在尊重客观事实的基础上，按照市场价结算；或者可以在尊重当事人意思的原则下，推定最后一份合同为当事人的意思表示；到底以哪一种结算，还是要结合案件具体情况，综合法律、事实和当事人的意思表示三者之间的平衡。

二、司法裁判的三驾马车的理论的具体体现

1. 坚持备案的中标合同，就是坚持三匹马之中的"法律之马"。

摆在面前的多份证据之中，首先要考虑的就是哪一份合同是备案的中标合同，坚持备案的中标合同，就是坚持三匹马之中的"法律之马"，因为《最高人民法院关于审理建设工程施工合同纠纷案件适用法律问题的解释》第二十一条就是这样规定的，如果不坚持这一条规定，就违背了法律规定（当事人就同一建设工程另行订立的建设工程施工合同与经过备案的中标合同实质性内容不一致的，应当以备案的中标合同作为结算工程价款的根据）。

2. 下面两种情况，都是坚持三匹马之中的"意思之马"。

（1）多份合同均有效或者部分合同有效的情况下，找出哪一份是有效的，并且是当事人真实意思表示的合同。

（2）多份合同均无效的情况下，找出哪一份系当事人的真实意思表示的合同。

3. 下面的两种情况，都是坚持三匹马之中的"事实之马"。

（1）多份合同均有效或部分合同有效的情况下，找出哪一份是有效的，并且又是实际履行的合同。

（2）多份合同均无效的情况下，找出哪一份是实际履行的合同。

4. 下面的这种情况，是坚持三匹马力量之综合平衡的最好诠释。

经过多方查证，均无法查明合同是否真实，是否有效还是无效，互相矛盾，而且约定不明。可以在尊重客观事实的基础上，按照市场价结算；或者可以在尊重当事人意思的原则下，推定最后一份合同为当事人的意思表示。

到底以哪一种方式结算，还是要结合案件具体情况，综合法律、事实和当事人的意思表示三者之间的平衡。

结束语

建设工程案件没有绝对正确的唯一标准答案，只有接近公平正义的相对答案。作为律师，作为裁判者，既要坚持法律，守住法律的底线，坚决不能违法，又要尊重客观事实，尊重当事人的意思表示，更要兼顾公平的原则。三驾马车的终极目的地是公平正义。如果你坚持法律，按照法律来判得出一个不符合公平正义的结论，那肯定不是法律的错，是你用错了法律；如果你强调事实，按照事实来判得出一个不符合公平正义的结论，那你断定的事实肯定不是事实，而只是一个角度；如果你坚持当事人意思表示，得出一个不符合公平正义的结论，那这个意思表示肯定是被掩盖了的虚假表示，看到的仅仅是一种角度，听到的仅仅是一种观点。任何一个案件，都要综合考虑三匹马的平衡，既要坚持法律，又要坚持事实，还要坚持尊重当事人的意思表示，只有三者平衡，公平正义的马车才不会跑偏或颠覆，才能达到接近公平和正义的目的。

【实例二】 以中标后让利条款的效力为例，看"三驾马车"理论的运用

让利条款当然实际上改变了中标文件对工程价款的约定，但是这种约定是否必然构成对中标结果的实质性改变，是否属于无效呢？如果是非强制招标项目，其不涉及国家以及社会公共利益的，不应当仅因为让利而认定无效，这已经是较为通行的观点。但是对于强制性招标，争议就很大了。全国各地法院观点不一，判决也有很大区别。

观点一：坚持法律：只要是让利条款，无论让利多少，均违反了招标投标法的强制性规定，应属无效。

比如：山东高院《2011 年民事审判工作会议纪要》（鲁高法〔2011〕297 号）认为，招标人和中标人按照中标文件签订建设工程施工合同后，中标人单方出具让利承诺书，承诺对建设工程予以让利，实质上变更了中标合同中的价格条款，构成对中标价格的实质性背离，故属于"黑合同"的性质，因其违反了招标投标法的强制性规定，应当认定让利承诺书无效。编者注：坚持和尊重法律！

观点二：坚持当事人意思表示：无论让利多少，都不属于实质性变更，只要是当事人真实意思表示，都是有效的。强制招标的根本目的在于国家干预，控制质量和价格，只要保证这一前提下，让利条款为什么就是无效的呢？编者注：坚持和尊重当事人的意思！

观点三：综合考虑：让利幅度必须较大，才构成实质性变更，才能认定无效。而多大算较大，各地法院更不一致。

1. 最高法院：2％让利构成实质性变更。案例参见《北京中铁某建筑工程有限公司与三河某房地产开发有限公司建设工程施工合同纠纷二审判决书》。

2. 北京高院：3％让利构成实质性变更。案例参见《北京某工程建设有限公司与北京某房地产开发有限公司建设工程施工合同纠纷二审民事判决书》（〔2013〕高民终字第 1039 号）。

3. 安徽高院：3％尚不构成实质性变更。安徽高院认为：承包人就招标投标工程承诺对工程价款予以大幅度让利的，属于对工程价款的实质性变更，应认定无效。案例《安徽某食品有限公司与安徽钢构股份有限公司承揽合同纠纷上诉案民事判决书》中，安徽高院认为：《钢构补充协议》中约定，某钢构公司在全部工程完工后承诺让利 3％为最终结算价款，是其真实意思的表示，该承诺虽对备案的《建设工程施工合同》工程价款做了变更，但 3％的让利幅度尚不构成对备案合同实质性内容的变更。某钢构公司的承诺没有违反法律和行政法规的强制性规定，也不损害国家和社会公共利益，应依法确认有效。

【实例三】 以"规划许可证与合同效力的关系"为例，看"三驾马车"理论的运用

一、没有取得建设工程规划许可证，建设工程施工合同无效——坚持"法律之马"

1.《中华人民共和国城乡规划法》

第四十条　在城市、镇规划区内进行建筑物、构筑物、道路、管线和其他工程建设的，建设单位或者个人应当向城市、县人民政府城乡规划主管部门或者省、自治区、直辖市人民政府确定的镇人民政府申请办理建设工程规划许可证。

2.《最高人民法院关于审理建设工程施工合同纠纷案件适用法律问题的解释（二）》

第二条第一款　当事人以发包人未取得建设工程规划许可证等规划审批手续为由，请求确认建设工程施工合同无效的，人民法院应予支持，但发包人在起诉前取得建设工程规划许可证等规划审批手续的除外。

二、故意拖延不办证，恶意无效不支持——拉紧"诚信"和"善意"两根缰绳

1. 最高法院司法解释

《最高人民法院关于审理建设工程施工合同纠纷案件适用法律问题的解释（二）》第二条第二款　发包人能够办理审批手续而未办理，并以未办理审批手续为由请求确认建设工程施工合同无效的，人民法院不予支持。

2. 最高法院案例

《山西某房地产开发集团有限公司、山西某国际大酒店有限公司与江苏南通某建设集团有限公司其他合同纠纷二审民事判决书》（中华人民共和国最高人民法院民事判决书〔2014〕民一终字第 181 号）

判决要旨：发包人主张合同无效具有恶意因素，法院认定合同有效

本案虽然存在南通某建设集团公司进场施工后，某房地产开发公司方将案涉工程进行招标投标的事实，但一审判决基于某房地产开发公司、某国际大酒店公司并未提供证据证明上述招标投标具有《中华人民共和国招标投标法》规定的中标无效情况，同时结合案涉工程属于区政府招商引资项目"希尔顿大酒店"的相关配套工程，某房地产开发公司作为发包方为获得南通某建设集团公司垫资施工利益，未经招标投标即允许南通某建设集团公司进场施工，诉讼中为避免承担合同风险，主张合同无效，具有恶意的因素，认定案涉《施工合同》及《补充合同条款》有效，并无不妥。

【实例四】　**从《九民会议纪要》的"约定解除条件"看"三驾马车"理论的运用**

《全国法院民商事审判工作会议纪要》（简称《九民会议纪要》），备受关注。该会议纪要以及最高人民法院民二庭负责人答记者问中，多处出现"契约自由""诚实信用""当事人的真实意思""依法为据""以理服人""公平正义""恶意违约""不让不诚信的人从合同无效中获利"等词语，这些都是法律的基本原则。如何使这些原则融会贯通、综合运用，笔者结合《会议纪要》中的"约定解除条件"的规定内容，看"三驾马车"的理论的实践运用些体会。

一、《九民会议纪要》中有关"约定解除权条件"的规定

《九民会议纪要》关于"合同纠纷案件的审理"中"关于合同履行与救济"之第四十七条规定："【约定解除条件】合同约定的解除条件成就时，守约方以此为由请求解除合同时，人民法院应当审查违约方的违约程度是否显著轻微，是否影响守约方合同目的的实现，根据诚实信用原则，确定合同应否解除。违约方的违约程度显著轻微，不影响守约方合同目的的实现，守约方请求解除合同时，人民法院不予支持；反之，则依法予以支持。"

二、"三驾马车"理论在《九民会议纪要》"约定解除权条件"规定中的具体体现

1. 坚持当事人的意思表示，即"意思之马"。一般情况下应予充分尊重当事人的意思表示。合同中可以约定解除合同的具体条件。当违约方出现合同中约定的违约行为时，即"合同约定的解除条件成就时，守约方以此为由请求解除合同"一般应予支持。

2. 坚持法律规定，即"法律之马"。当事人的意思表示，必须符合法律规定。符合法律规定的约定才会得到法律的支持。

3. 坚持诚实信用原则，即拉紧"诚信"和"善意"两根缰绳。正确把握"当事人的意思表示""违约行为"与"合同目的实现"之间的关系。诚实信用原则是合同法的基本原则，即便当事人在合同有明确的意思表示约定，即便违约方有违约行为，也未必一定要解除合同。是否解除合同，还要考察"违约程度""合同的目的"，结合"诚实信用原则"。《九民会议纪要》规定："人民法院应当审查违约方的违约程度是否显著轻微，是否影响守约方合同目的实现，根据诚实信用原则，确定合同应否解除。违约方的违约程度显著轻微，不影响守约方合同目的实现，守约方请求解除合同的，人民法院不予支持。"

后　记

　　首先，本书是笔者在平时读书学习和办案工作中的笔记和心得，观点肯定不是绝对正确的，意在抛砖引玉，共同学习；其次，由于当时做笔记的时候，引用的文章没有标注作者和出处，所以难免遗漏，在此特别鸣谢，如有侵权，请及时告知；最后，感谢所有关心支持、理解帮助我学习进步的老师和朋友们，特别感谢中国建筑工业出版社周娟华老师的专业指点和大力帮助，从草稿到定稿付出了大量的辛勤劳动。

作者简介（排名不分先后）

1. 石言兵，江苏威达建设集团有限公司（公司律师），18860851719
2. 石艳田，山东加仓律师事务所，13706362035
3. 梁勤勤，上海至合律师事务所，18964243231
4. 刘红芬，山东致公（周村）律师事务所，13969341399
5. 戚兆波，北京海润天睿律师事务所，13911299209
6. 王波涛，上海至合律师事务所，13671845106
7. 张霄霄，北京策略律师事务所，13601197247
8. 郭力，河南郭力律师事务所，18003947567
9. 兰新华，江西新青年律师事务所，18970554966
10. 欧阳赞，中量工程咨询有限公司，13809891279
11. 吴立宏，北京康普律师事务所，15810359525
12. 王恒俊，上海通茂律师事务所，18752717128
13. 陈清标，四川日昌建设工程有限公司，13981771877
14. 丁庆林，北京盈科（成都）律师事务所，13518152132
15. 傅蕾蕾，北京仁道律师事务所，15117995151
16. 韩淼，广东广信君达（上海）律师事务所 13905586197
17. 李兴，江苏苏砝律师事务所，18963641869
18. 凌秀红，上海宝冶集团有限公司，13817779740
19. 刘飞，中国铁建股份有限公司，13709288761
20. 刘智声，河南省潢川县声达法律服务所，13837673882
21. 彭自力，湖北夷水律师事务所，13451019966
22. 王军，安徽中蘅工程咨询有限公司，15255209455
23. 吴立成，大元建业集团股份有限公司，13630848822
24. 原鹏，中建科工集团有限公司，17735761790
25. 张培连，河南千知鼎律师事务所，13503813115

26. 张素玲，疆海工程项目管理有限公司，15820001188

27. 周君席，河北通和律师事务所，13292709003

28. 赵军，上海润居技术服务有限公司，13815261177

29. 濮新民，江苏国颂律师事务所，18626461277

30. 卢鹏鹏，河北冀华律师事务所，15733119377

31. 陈雷，河南鑫豫达律师事务所，13673623248

32. 李莉，上海至合律师事务所，13955883004

33. 高俏，上海至合律师事务所，15721560126

34. 吴咸亮，上海至合律师事务所，15216772626